解讀張君勱

楊照 策劃｜主編

三民書局

「展讀民國人文」總序

文／楊照

三民書局的「展讀民國人文」出版計畫特別著重「民國」作為清楚的時代標記，「民國」的前半場域是中國大陸，時間從一九一二年到一九四九年；「民國」還有後半，那是一九四九年之後搬遷到臺灣來所經歷的關鍵變化。

在大陸的前半與在臺灣的後半，共同的特色是快速的變化與動盪，時局混亂打破了所有的現成答案，以至於逼迫人人困思問題解決方案，同時卻也打開可以進行破壞性或建設性種種實驗設計的大空間。

因而「民國」是出人物的時代，尤其是出人文思想人物的時代。並不是因為那些人都吃了神藥大力丸，不是因為他們遺傳了天賦異稟，而是時代的動盪與糾結，逼出了他們的智慧與活力。他們沒有固定的位子，沒有往後看、往前看能夠有把握的軌道或方向，他們只能去找出、創造出自己的道路，往往是前人沒走過，甚至是前人認定絕對不可能走的道路。

作為「民國人物」的陳寅恪，可以自由地在歐美遊學，不顧念、不追求學位，立志要培養自己研究「西北史」的所有學術配備；然後回到中國，受到變化時局的衝激，竟然也就快速轉型，將學術重心移轉到中古史上，成為中古史的大家。而這只是陳寅恪生命中大約二、三十年間發生的事。

又例如胡適，他到上海進了學堂才開始學英文，沒多久就去了美國留學，在康乃爾念農學，才第一年，他就開始用英文寫日記，還用英文對美國人宣講、解釋「中國是什麼」。他很快放棄了農學，轉到哥倫比亞大學念哲學，沒等到完全辦好博士學位手續，就又回到中國，不到三十歲的年紀已成為北京大學最受歡迎的教授。那麼短的時間內，他的生命走出那麼多不同的風景。

這絕對不單純是陳寅恪、胡適了不起，而是他們活在「民國」，得到了如此了不起、能夠成為「人物」的機會。「民國」是考驗、是挑戰，現實的條件使得在這個動盪空間中生活的人，沒有辦法做長期計畫，沒有資源完成具體社會建設，卻也因此鼓舞、刺激了豐富的人文思想。那不是關在象牙塔裡的哲思，也不是閑靜漫步的沉穩產物，而是從再切身不過的存在困窘中逼擠出來的看法與論點。國家可能被瓜分，故鄉可能被強占，家庭可能徹底拆解，生活的最後據點明天可能就要消失……每一項都是真實的威脅，無從逃躲，非面對、非提出對自己、對群體的解釋不可。

我長期以來不斷呼籲：「民國」不該被遺忘，忽略「民國」我們就無從弄清楚臺灣歷史的來龍去脈；更重要的，拋棄「民國」也就拋棄了這由眾多人存在苦痛換來的豐富人文思想資源。

二〇二一年史家余英時先生去世後，我受「趨勢教育基金會」之邀，錄製了一系列共十五講的課程，完整講述余英時主要的史學論著；次年，又受北京「看理想」機構之託，製播了共九十集的

「溫情與敬意：錢穆學思總覽」節目，在過程中廣泛涉獵與錢穆、余英時同代的相關學者論著，產生了對於「民國人文學術」更深刻的珍視。在臺灣，三民書局是錢穆和余英時著作出版的關鍵交集機構，於是出於對時代與自身歷史背景負責的考量，對劉仲傑總經理提出了編選這套系列叢書的想法。很幸運地，我的構想獲得劉總經理的大力支持，配備了充分的編輯專業人才協助參與，得以在一年多的準備之後，到二〇二三年中實現為和讀者相見的精編選集。

「民國」的歷史狀況使得這段時期的思想，很明顯地以原創性與多樣性見長，相對地缺乏大規模系統建構的成就，因此最適合以選文的方式來呈現。系列中每一本選集基本上都是在通覽目前能找到的作者著作全集後編定的，盡量保留個別篇章的完整面貌，避免割裂斷章取義。體例上，每本選集前面附有長篇「導讀」，向讀者充分說明這位作者的時代意義，以及其思想、經歷的重點，減少閱讀隔閡，幫助大家得到更切身的體會。另外按照文章性質分若干輯，每輯之前備有「提要」，既提供文章出處背景，也連繫「導讀」內容，進一步刻畫作者的具體思想面貌。

「展讀民國人文」系列第一批共十本，提供了從一八六九年出生的章太炎，到一八八五年出生的熊十力，包括梁啟超、陳垣、呂思勉、歐陽竟無、王國維、蔣夢麟、馬一浮、張君勱等民國學術人文思想人物的作品精華，希望能讓讀者興發對這段歷史的好奇，如果得到足夠的支持，我們將會在未來擴大人物系列，期望能開創出一片「毋忘民國」的繁華勝景來。

解讀張君勱

目次

第二輯　憲政之道　161

第三輯　明日之中國文化　223

第四輯　新儒家思想史 295

導讀

1

一九四六年十二月二十五日，特別為訂定憲法而在南京召開的國民大會三讀通過了《中華民國憲法》，也就是今天仍然在臺灣施行（經過多次重大修訂），作為中華民國國家存在理由基礎的根本大法。這部《憲法》是由張君勱起草，主要經王寵惠、吳經熊修改的。

這照理說應該給予張君勱崇高的歷史定位，然而事實卻非如此。在一九四九年建立的中華人民共和國，張君勱創設這部《憲法》的事蹟，當然不被承認，更糟的是，因為他在國共內戰時期和國民黨合作，曾公開反對共產黨，毛澤東親自將他列入「頭等戰犯」的名單。

那在繼承中華民國，號稱實施《中華民國憲法》的國民黨這邊呢？張君勱得到的待遇也沒好到那裡去。早年他組織「國家社會黨」挑戰國民黨和蔣介石的權威，不只因而被軟禁，甚至還遭到暴力綁架。國民黨失去大陸江山之後，張君勱沒有來臺，輾轉去印度、印尼、澳洲，又在美國待了很長時間，並且積極參與在香港的「第三勢力」。他提倡民主就必然批判蔣介石和國民黨，別說得到「憲法之父」的隆崇尊敬，甚至被在臺灣的中華民國政府視為仇敵。

從一個角度看，這樣的人生轉折實在是倒楣得沒有道理，不過如果仔細追索張君勱一生思想行事，會得到相反的結論：他如此投入於憲法的研究，衷心相信憲法法理，那麼在複雜扭曲的民國政治局勢中，幾乎就必然得到這樣悲劇性待遇。他的一生最清楚地映照出了什麼是民國政治，以及在民國歷史現實中，要思考政治道理、要設計政治體制、進而還要依照道理參與政治，是何等困難的事。即使聰明、認真、努力如張君勱者，都只能在困難中換得悲涼與遺憾的人生際遇。

2

張君勱起草的《中華民國憲法》在大陸只存在了短短的三年時間，然而甚至不用等到一九四九年這部《憲法》在大陸被取消，不用等到毛澤東宣布張君勱為戰犯，表面上張君勱的憲法學者生涯到達高峰頂點的一九四六年年底，他的處境其實就已經很艱難了。

一九四六年初，為了處理抗戰結束後的國政，尤其是解決國民黨和共產黨間的緊張，國民政府在重慶召開了「政治協商會議」。張君勱接獲催告通知，從法國趕回參加。會議在一月十日開幕，十四日的第四次會議中，將張君勱選為「憲法草案組」的委員，而一直到十七日下午，張君勱才首次出席會議，「政協會議祕書長」雷震宣布張君勱到場，會上響起了熱烈掌聲。

「政協會議」的目的，是促成國共合作，於是非國非共的「民主人士」扮演了重要角色，擴大歷史的視角看，這其實是之前「國民參政會」功能的延伸、轉型。

一九四〇年，蔣介石遭遇了空前的挫折與挑戰。汪精衛從重慶出走，經河內去到了南京，以國民黨的名義和日本人合作，成立新的政權。抗戰進入艱苦的第四年，而歐洲也爆發了大戰，美國仍然置身事外，於是在重慶有了愈來愈高的呼聲，認為從現實上看，蘇聯幾乎是唯一還有可能提供奧援的力量。

三月五日，張君勱在《大公報》發表文章，明確主張中國、蘇聯兩國密切合作，「中國強盛之後，足以防阻帝國主義之聯合反蘇運動；蘇聯之強盛亦足以保障中國之自由，不致再受外力之侵凌。」期待在《蘇芬（芬蘭）和約》成立之後，蘇聯能增加對華援助，並支持中國之立憲運動。

此文的奧妙在於為什麼和蘇聯合作會扯到「中國之立憲運動」？那是因為國民政府要「聯蘇」，不能不通過中國共產黨，也就不能不解決過去從「清共」、「剿共」一直到「西安事變」的新仇舊恨，而「立憲」被視為是能夠終結國民黨一黨專政，容納共產黨的方式，「立憲」、「行憲」而能讓共產黨參加政府，再推而能引入蘇聯對中國戰局的援助。

這不是張君勱一人的空想，而是切中當時現實難局的必要辦法。「國民參政會」在一九三八年成立，張君勱從第一屆就被遴選為參政員，並被推定為「第一審查委員會召集人」，這個委員會是負責審查軍事、國防議案的。到一九三九年九月第一屆國民參政會第四次大會閉會式時，蔣介石以「議長」身分宣讀閉會詞，並宣布成立「憲政期成委員會」，委員名單中張君勱列名第一。

到一九四〇年三月，「憲政期成會」的第三屆會議中，就通過了一共一百三十八條的《憲法草案》，由張君勱撰寫草案說明書，接著在四月五日召開的「國民參政會」第五次大會中，正式討論「『憲政期成會』草擬中華民國憲法草案修正案與建議案」。

和「立憲」同時推動、進行的，是國民政府的開放政策，於是一九四〇年年底，就在重慶新村張君勱家的一場聚會中，有了成立「中國民主政團同盟」的構想。

與此關聯並進的，是勸說、拉攏中國共產黨派代表參加「國民參政會」。這步驟與架構很清楚：以「憲政」結束國民黨專政的「訓政」，擴大戰時政治參與；由「中國民主政團同盟」扮演折衷緩衝角色，讓共產黨也能加入；再透過共產黨去尋求中國當前迫切需要的蘇聯援助。

然而要再造國共合作基礎，不是那麼容易。雖然周恩來特別到重慶負責協商，但一九四一年初，中共中央還是否決了加入「國民參政會」的提議。幾經折衝，到三月一日第二屆「國民參政會」正式開會，共產黨仍然確定缺席。不過另一方面，受到相對開放局勢的鼓舞，「民主政團同盟」持續推進，三月十三日仍是在張君勱家中，開了第一次籌備會，具體通過了十二條《同盟綱領》。

三月十九日，代表「國家社會黨」、「中國青年黨」、「第三黨」、「中華職業教育社」、「鄉村建設派」的十三人進行祕密會議，確定以「民主政團同盟」來統合國民黨、共產黨以外的「第三勢力」。而且還決定，因為在國統區不方便立即公開活動，所以派梁漱溟到香港辦報，建立言論陣地，宣傳「民盟」的政治主張，造成既成事實，逼蔣介石承認。

3

不過這波的努力，遭遇了重重困難。首先是中共態度強硬，絕不加入「參政會」，只願意考慮參與「特別委員會」，必須掛黨的招牌，而且不隸屬於政府。很顯然蔣介石不可能同意這樣的條件，於是由「第三勢力」協調拉攏國、共合作的構想終究無功破局。

其次，蔣介石沒有那麼容易放鬆管制。二月二十五日，有五十家分店的「生活書店」突然被關，「生活書店」的創辦人、經營者，民國出版史上的傳奇人物鄒韜奮當時甚至還擁有「參政員」的身分，他憤而辭職，並且遠走香港，在給張君勱的信中說：「一部份文化事業被違法摧殘之事小，民權毫無保障之事大。在此中殘酷壓迫之情況下，法治無存，是非不論，韜奮苟猶列身議席，無異之侮……」

八月時，蔣介石又下令將第一任的「民盟」主席黃炎培派往南洋募集救國公債，黃炎培不得已，在出國前將主席一職交給了張君勱。蔣介石又透過張君勱的弟弟張嘉璈，表示願給予重金讓張君勱去雲南。

「民盟」仍然持續活動，先是提出了《十大綱領》，到十一月二十一日，又以張君勱領銜，和張瀾、左舜生、羅隆基等人共同發表了「實現民主以加強抗戰力量樹立建國基礎案」，明白要求：結束訓政、成立正式民意機關、不以國庫供黨費、勿強迫入黨、勿在文化機關推行黨務、保障人民種種自由、停止特務機關活動等，得到了涵蓋在野各黨派共二十三位參政員連署，讓蔣介石為之暴怒，甚至口不擇言對王世杰說出：「張君勱與德國及汪精衛有勾結！」的話。

對「民盟」和張君勱最徹底的打擊，發生在十二月八日，日本偷襲珍珠港，美國正式對日宣戰，蔣介石企盼已久的美國援助實現了，當然就不再需要「民盟」—中共—蘇聯這條線的資源了。

一九四二年一月，張君勱本來要到香港，透過王世杰拿到了機票，卻在要前往機場時接獲通知，機票被取消了。然後原本為拉攏張君勱而特別成立的「大理民族文化書院」被勒令停辦，籌辦中的「民主政團同盟」機關半月刊停辦，更誇張地，從此有兩年時間，張君勱實質被限制行動，不能離開重慶汪山，就連出席「國民參政會」時，都有特務人員跟監。

這種情況到抗戰後期才得到改善。一九四四年九月，「中國民主政團同盟」召開全國代表大會，決定將組織名稱改為「中國民主同盟」，張君勱被選為中央常務委員及國際關係委員會主任。

在這段期間，張君勱的弟弟張公權（即張嘉璈）在國民黨內的影響力與日俱增，尤其獲得了蔣介石高度信任，大有助於緩和蔣介石對張君勱原本抱持的敵意。一九四四年年底，張君勱得以參加「太平洋學會」會議名義，和蔣夢麟等人一起出國，經印度前往美國。

一九四五年八月十五日，日本宣布無條件投降時，張君勱仍在北美。戰後中國局勢首要處理的，第一是原淪陷區如何「接收」，第二是抗戰期間形成的「國統區」與「蘇區」（中共統治區域）如何整合，而兩者又盤結相關，不將後者安排處理好，必然會發生國共雙方爭奪「接收」之事。

因而從該年年底就準備召開「政治協商會議」，「民盟」的能見度與重要性陡升，成為未來國政能否形成可運作秩序的關鍵因素。

4

由抗戰勝利激發的樂觀心態，促使「政協會議」在很短的時間內，獲致高度成就。各有武力，也都有統治地盤的國共兩黨，同意形成聯合政府，共產黨派人擔任國府委員，並且初步商定了軍事復員計畫，原本一般認為最困難達成的裁軍後比例，竟然也在共產黨明確退讓下，到「政協會議」閉會前有了結論。

如此戰後中國很快有了一份藍圖，可以立即展開下一步行動。先組聯合政府，然後一邊推動裁軍，一邊在聯合政府內進行種種體制改革。

然而光明的未來圖像，只存留了幾天。「政協會議」剛由蔣介石親臨主持閉會儀式，國民黨就召開了同樣由蔣介石主持的中央委員全會，幾天會議過程等於以黨的立場推翻了「政協會議」的結論。

所以國民黨是要依照自己派代表參加的「政協會議」結論，還是依照黨內部中全會決議來行事？握有大權，而且在戰爭勝利後聲望到達最高峰的蔣介石到底做何打算？

迷疑、猜測引發了連環反應。國民黨推翻「政協會議」結論，共產黨就報復打破在熱河、察哈爾延伸到東北地區的「停戰協定」；國共在北方開火，當然又使得原本的裁軍復員計畫成為具文；接著蘇聯在東北由消極觀望轉而積極協助中共「接收」，引發國軍下一波戰事布局……

在「政協會議」閉幕式上，張君勱曾代表「民盟」致詞，說：

> 本人此次自海外歸來，深切知道國際方面期望中國和平統一很切。要知道中國自身負有治國的義務，一個國家在國際上的第一種責任，先要把自身整理好，保持和平與秩序，然後在國際上成為有能力的分子。如自己不能整理好，天天內亂，如何在國際上盡其應盡的義務？此次協商會已走上和平統一之路，以後不至有內亂，不至內戰，這是中華民國最光明的一條大道。……民主政治的實現，不是一天可以完成的，……我們相信要走上民主階段，首先要保持和平，以逐漸改良方法，求得民意的實現，……千萬不要因為一、二件事情失敗，就認為民主與自由的失敗。這種看法是危險的。我們對民主的信仰要徹底，要全盤的，唯有本政治解決，改良法律，才會使民主政治的基礎確定。……所以我們要和平，和平之後才可以統一，才可以民主。

「政治協商會議」被推翻，內亂一觸即發，「民盟」受到了極大壓力。「政協會議」成功，他們居間溝通功勞最大；「政協會議」失敗，他們承受的打擊也最深。

「政協會議」決議形成「聯合政府」是以國民黨開放「國府委員」名額的形式來進行，共產黨得到加入政府的裡子，但國民黨要保有主控政府的面子。經過討價還價，最後的決議是將十四個名額交給共產黨和「民主同盟」，他們是「黨外」的委員。如此第一項困擾出現在非國民黨名額的分配上，尤其「民主同盟」本質上還是「政團同盟」，例如內部青年黨的意見就一時擺不平了。等到國民黨片面推翻「政協會議」結論，共產黨當然不願意參加聯合政府了，於是新的難題來了：「民主同盟」還要去參與沒有共產黨的聯合政府嗎？

國共兩黨可以輕易推翻「政協會議」方案，因為他們都有軍隊、都有地盤，但「民盟」沒有。於是轉而「民盟」的前後待遇損失最重。原本他們有機會成為聯合執政的一股力量，突然他們又要跌回只能以間接形式參與政治的情況。

於是「民盟」內部產生了足可使組織分裂的拉鋸。關鍵決策問題：在共產黨拒絕參與後，要或不要派人參加沒有共產黨的聯合政府？讓這個問題更複雜的，還有蔣介石和國民黨提出了後續開立憲國民大會的計畫，那「民盟」要參加還是不要？

處於國共兩大勢力之間，「民盟」其實已經沒有任何機會保持中立了。共產黨拒絕加入政府在先，嚴詞指責國民黨「一黨立憲」不具合法性在後，於是選擇參與政府、參與立憲國大，那就是站到國民黨那邊了；相對地，如果不參加政府、不參加立憲，那又必然被解讀為是支持共產黨立場的。

「政協會議」閉幕致詞大概就預示了張君勱會有的選擇。期待的和平統一沒有發生，以為不會來的內亂來了，該如何自處？張君勱視和平統一為實現民主的前提條件，表示他衷心最深切的政治目標是民主。於是他也就傾向於將國共和談破裂當作是「一、二件事情失敗」，不應該因此而阻斷了對於民主自由的長期追求。

尤其是他信奉「憲法」既是民主自由的終極保障，也是落實民主自由的必要手段，有著立憲國民大會在眼前，他很難拒絕說不。

5

多事之秋，張君勱身處漩渦中心，飽受多方衝擊。

在國民黨和「民盟」關係上，一九四六年六月發生了與「民盟」關係密切的《秦風日報．工商日報聯合版》遭暴徒搗毀，無法繼續出刊，而且還有王任、李敷仁兩位「民盟」成員在事件中遇害，張君勱與梁漱溟、章伯鈞、羅隆基等「民盟」領袖聯名向國民黨提出抗議。接著又發生了更嚴重、使社會譁然的聞一多、李公樸遇害事件，大部分的人都相信是政府情治單位下手，於是「民盟」成員愈來愈多人不信任蔣介石和國民黨，愈發傾向反對參與政府和立憲國大的立場。

在政黨經營方面，這年八月，張君勱領導的「國家社會黨」，也就是參加「民盟」的單位，宣布和海外的「中國民主憲政黨」合併，改組為「中國民主社會黨」，張君勱仍然擔任主席。

在這節骨眼上進行黨的擴張，增加了黨內意見紛爭的變數，先是在原本張君勱、黃炎培領導的「南派」之外，又有「北派」，「北派」累積了對「南派」的不滿，後來組成了「改革委員會」與黨中央對峙，再來又有「本土派」與「海外派」的緊張拉扯。

「民盟」第三勢力居中斡旋國共的同時，另有美國扮演類似的角色，美國特別派了地位崇高的馬歇爾為特使來華，加上原本就積極活動的駐華大使司徒雷登，他們手握美國政府對華援助的龐大資源，加上美蘇國際抗衡的考量，使得國、共是和是戰更為難以預料。而張君勱以其過往豐富的外國經驗，以及流利的英語溝通能力，也自然地被牽涉進這個領域的活動中。

十月二十一日，好不容易安排了國民黨、共產黨、「第三勢力」代表齊聚南京，要針對排定召開的國民大會進行討論，政府代表吳鐵城、王世杰還到南京明故宮機場迎接從上海飛去的張君勱諸人。等周恩來從延安飛抵後，大家前往會晤蔣介石。沒想到蔣介石一身戎裝，見面就說自己原訂兩天前就要去臺灣，特別改行程等大家，現在要出發了，接見代表前後只有八分鐘時間。

經蔣介石如此冷水一潑，共產黨確定不參加國民大會，「民盟」也不參加了。張君勱卻沒有放棄，仍然努力於促成有共產黨參加的國民大會。為了爭取機會，張君勱主張要求國大延期，另外特別往訪司徒雷登，表明「民盟」協調任務失敗，請美國恢復居間斡旋。

十一月十一日，在「民盟」會議中，張君勱提議寫信給蔣介石要求國大延期一個月，在一個月間國共停戰和談，並且回到「政協會議」決議改組政府，那麼由第三勢力保證會提名出席國大。這封信寫了、送了，卻落得兩面不討好。周恩來知道了大怒，斥責第三勢力擅自替共產黨退讓，共產黨沒有要提名參加國大。而蔣介石接信後，當天下午四點迅速回應：尊重「民盟」意見，延期三天開會，那麼「民盟」就一定照承諾提名出席會議，並應勸青年黨、民社黨也參加。蔣介石的回應惹惱了許多「民盟」中人，轉而遷怒張君勱。

讓張君勱陷入糾結的，主要原因在制憲心切，不能接受中華民國轉型為立憲正常國家的機會白白從眼前溜過；其次另一項因素則是弟弟張公權不斷奉蔣介石之命來進行勸說。

十一月十三日，郭沫若、范樸齋、朱蘊山等人齊聚張君勱家中，施壓勸阻他再和蔣介石合作。談話中，張君勱不得不表示：「一、民社黨不會交參加國大的名單；二、我就是我，不受任何人（包括張公權）影響；三、我請公權轉問政府，拆了第三方面，於政府有何好處？」

然而政府透過張公權拉攏張君勱的行動沒有停下來，而且明顯奏效。將張君勱拉過來造成「第三方面」的分裂，當然對政府有好處。十一月十五日國民大會開幕，拖到第二天下午，張君勱送出了一封給蔣介石的信，才下了最後的決心。信中提出四項參與國大的條件：一、繼續徹底執行停戰命令；二、通過憲法草案；三、結束黨治；四、改組國府與行政院。

十一月二十三日，民社黨提出了四十位參加國大的名單，張君勱不在其中。雖然張君勱自己不參加，「民盟」成員已經視此舉為明顯的背叛了。到十二月二十四日，「民盟」祕書處發函通知張君勱，中常會決議，「認為民主社會黨已確難在本盟內繼續合作，……有民主社會黨黨籍之盟員而參加『國大』，應予退盟。」張君勱立即與蔣匀田聯名發表「中國民主社會黨退出中國民主同盟的聲明」。

對終究參與了制憲國大的行動，張君勱只能如此辯護：「若國大能順利通過這部憲法，最低限度的可以結束一黨專政，在中國政治史上不能不說是一個進步，相信政府行憲的誠意與決心。」

到一九四七年初，張君勱再度申言「個人不參加政府工作，只願代表政府赴各地演講憲法要義，並希望政府解釋憲法、闡述憲法要有統一的辦法。」但在政黨立場上，他則進一步退讓，同意「民社黨既已參加制憲，則依照憲法參加政府，實屬義不容辭。」

至此，民社黨和青年黨，加上由莫德惠、王雲五等人代表的「社會賢達」被視為投靠國民黨，不只是和「民盟」其他成員正式分道揚鑣，更引發了共產黨的敵意，因而會有一九四八年年底共黨「新華社」以「權威人士」名義發布的四十三名「戰犯」中張君勱赫然在列之事。而當時所有人都知道，所謂「權威人士」就是毛澤東。

6

完成制憲，成為「中華民國憲法之父」時，張君勱剛好六十歲。他是一八八七年一月出生，和蔣介石同歲。四歲入私塾，但到十歲就開啟了特殊的教育歷程。他從家鄉江蘇嘉定去到了上海，入「廣方言館」。

「廣方言館」的前身是「上海同文館」，從專門翻譯西書的機構衍生出培養通曉外國語文人才的學校。在科舉仍然被視為正途，對於西方知識仍然充滿陌生歧視的時代，這種學校還必須提供生活津貼才能招到學生。

「同文館」提供的教育內容讓張君勱不只打下了英文的基礎，而且還上了很不一樣的國文課。配合「自強運動」的政策方向，認定中國最需要的，是關於西方政治制度方面的知識，於是教國文的袁觀瀾選擇了「三通」——《通典》、《通志》、《文獻通考》——作為主要教材。這段學習經驗對於張君勱後來成為憲法學者，有著既長且深遠的關鍵影響。

一九〇三年張君勱一度轉入「震旦學院」就讀一學期，主要是在《新民叢報》上看到梁啟超寫的一篇頌揚馬項伯辦「震旦學院」的文章而激發了衝動，不過熱血抵不過現實，「震旦學院」學費太貴，張君勱只好再轉入南京「江南高等學堂」。

那是清廷積極推動「廢科舉改學校」的時期，頒發了《鼓勵游學畢業生章程》，明文規定：在日本普通中學畢業等同秀才，日本高等學堂畢業等同舉人，日本大學堂畢業等同進士。中國掀起了留日潮，張君勱也加入其中，終於克服了家庭反對，在一九〇六年到了日本進入早稻田大學，選擇了政治經濟科。

從「三通」到梁啟超到政治經濟科，這條人生道路極為明確，到日本後，十九歲的張君勱也就開始在《新民叢報》上發表文章，最早的一篇寫的是〈穆勒約翰議院政治論〉，他部分翻譯、部分改寫了 John Stuart Mill 在一八六一年出版的 *Considerations on Representative Government*，由此初步奠定了政治思想與實踐的立場。

一九一〇年從早稻田大學畢業，回國後依照《鼓勵游學畢業生章程》獲授進士，又參加「殿試」獲授翰林院庶吉士，成為清朝最後一次「殿試」的末代翰林。

民國肇建，張君勱加入了奉梁啟超為精神領袖的政治團體，在一九一二年九月因過去在日本和梁的密切關係，受新成立的「民主黨」委託去接流亡十多年的梁啟超回國，開始積極參與了複雜的北洋政局。更重要的，從這時候就加入了新憲法起草的活動中。

民國二年，在梁啟超的協助安排下，張君勱前往德國留學。北京有「憲法新聞社」，聘用了張君勱為「旅德通訊員兼憲法起草員」，提供了所需的費用。張君勱先轉到俄羅斯聖彼得堡及莫斯科，然後在五月抵達柏林大學入學。

很快地，張君勱就在中國取得了相當的知名度。《憲法新聞》上稱他「於四月七日抵俄後，俄國報界歡迎為中國第一記者之西游，各報紛紛往訪。」並且鄭重其事報導了張君勱對中國時局的看法：「眾議院議長選出時，張君正抵柏林，復有電致湯議長（湯化龍）云：『公長眾院，為國為黨賀，目前大計：首憲法，次總統，三新內閣，四地方制，其他無關國憲者，應緩議。』」

此時張君勱二十六歲，而貫串一生關注憲法，以憲法為政治前提與基礎的立場，已經牢固確立。

7

從一九一三年到一九一六年，張君勱待在歐洲，其間獲得了柏林大學博士學位，一度移居到倫敦半年，從一九一四年後，又親歷了歐戰爆發到擴大為第一次世界大戰，歐洲局勢的戲劇性轉變。他從來都不是單純的留學生身分，不只是常有文章在中國發表，而且遠距參與了中國詭譎的政治體制動盪，還和當時中國駐德公使顏惠慶過從甚密，等於是顏的顧問幕僚，顏也提供經費給他使用。

一九一六年，張君勱受梁啟超之招返回中國，中國正處於袁世凱復辟到失敗的新變局中，回歸皇帝制度當然不可行，然而要繼續走共和的道路，卻也處處荊棘。辛亥革命藉各省獨立而推翻滿清，洪憲復辟又掀起了另一波各省獨立風潮，張君勱回國後，也擔任過獨立的浙江省交涉署署長，中央政府與地方政府關係如何安排，尤其難以解決。

儘管張君勱主張「其他無關國憲者，應緩議」，但時局當前，有雖「無關國憲」卻無法緩議，甚至將張君勱深深牽扯進去的議題，那就是中國如何在世界大戰中自處？一九一七年八月，北洋政府改組，設立「國際事務委員會」，聘張君勱為委員，同時兼任總統府祕書。祕書職到年底辭去，但張君勱持續將心力投注在國際事務上，編寫大學「國際法」課程講義，到北京大學擔任法科研究所研究教員，講授「國際法」。

張君勱人生與思想的下一個重要轉折，出現在一九一八年世界大戰結束。該年秋天，以梁啟超、張東蓀、蔣百里、張君勱等人為核心，發起組織了「新學會」，因應國際大變化，「新學會」的第一件大事，就是籌畫到歐洲考察。

一九一八年十二月二十八日，此考察團從上海出發，經香港、新加坡、錫蘭等地前往歐洲，一九一九年二月十一日抵達倫敦，二月十三日張君勱就在《時事新報》上發表了第一篇〈歐游隨筆〉，文後還附有梁啟超所寫的「跋」。

這趟旅程主要的目的是觀察在巴黎召開的戰後和會，他們還在巴黎期間，中國就因和會處理德國在中國山東利權方式，爆發了「五四運動」。梁啟超等一行人沒有參與「五四」，陳獨秀、胡適取代了梁啟超，成為新一代的文化領袖，是中國現代思想史上極為重要的典範轉移事件。

不過梁啟超並沒有因此就淡出中國知識界，他在歐洲期間開始撰寫的《歐游心影錄》，等他一九二〇年回國後出版，帶來了新一波的刺激震撼。曾經如此激越號召中國社會要積極學習西方來更新自我才能通過競爭考驗的梁啟超，在《歐游心影錄》中卻描述了戰後歐洲的心靈殘破，進而分析西方文明的種種問題，導出徹底相反的結論：世界大戰證明了西方文明的根本不足，要解決當前的世界困局，要避免力與力競爭的衝突再度演發為全面戰爭，東方文明是唯一的治方。

《歐游心影錄》引發了許多討論，將公眾的注意力從現實轉到文明論上，並且開啟了眾多重新肯定東方文明，尤其是中國文化的觀點。最明確、也最強烈的作用，是創造了一種東西比對的論述方式，西方如何如何、東方如何如何，並且要比出孰優孰劣，就成了當時思想界最流行的談論內容。

在這樣的潮流中，而有了轟動一時，讓張君勱名聲翻上一個層級的「科學與人生觀論戰」。

8

「科學與人生觀論戰」起自於一九二三年二月在清華大學的一場演講，面對的是一群即將赴美深造科學的學生，張君勱講題為「人生觀」，提出了科學不能解決人生觀問題的看法。

科學追求的是統一的答案，不因人、因觀點而異，然而「天下古今之最不統一者，莫若人生觀」。將科學與人生觀比較，得出五個極端差異：第一，科學是客觀的，人生觀是主觀的；第二、科學由邏輯方法所支配，人生觀則來自直覺；第三、科學主要是分析性的，人生觀則是綜合的；第四、科學知識遵循因果律，人生觀則由自由意志主宰；第五、科學起於外在的相同現象，人生觀則起於個人獨特的人格。

張君勱如此對比科學與人生觀，有時代背景因素。其中一個就是前面提到《歐游心影錄》引發的討論，所以他強調：「方今國中競言新文化，而文化轉移之樞紐，不外乎人生觀。吾有吾之文化，西洋有西洋之文化。西洋之有益者如何採之，有害者如何革除之；凡此取捨之間，皆決之於觀點。

觀點定，而後精神上之思潮，物質上之制度，乃可按圖而索。此則人生觀之關係於文化者所以若是其大也。」

另外一個更切近的背景是，發表這場演講時，張君勱正陪同德國學者 Hans Driesch（杜里舒）在中國訪問。杜里舒原是研究胚胎學的生物科學家，後來轉而提倡「生命力論」，他的哲學主張，和當時在歐洲甚受歡迎、重視的 Rudolf Christoph Eucken（倭伊鏗）和 Henri Bergson（柏格森）有近似、呼應之處，都強調生命與物質的根本差異，尤其重視直覺、而非分析，在關於人的理解、研究上的重要性。

倭伊鏗在一九〇八年獲頒諾貝爾文學獎，柏格森也在一九二七年得到同一個當時代表歐洲人文領域至高榮譽的獎項。張君勱受倭伊鏗思想折服，歐遊其間到了 Jena 訪問倭伊鏗，決定留在那裡，沒有隨梁啟超一行人回國，一直到一九二一年年底才搭船歸航，那時已經和倭伊鏗合作寫成了《中國與歐洲的人生問題》一書。

受杜威及羅素訪華掀起的旋風感染，張君勱一直力邀倭伊鏗到中國來，不過當時倭伊鏗年過七十，不適合長途跋涉，於是才轉介和他關係密切的杜里舒到中國講學。

將回國前，張君勱寫過一篇〈懸擬之社會改造同志會意見書〉，思考仿效英國「菲賓社」（Fabian Society 費邊社）成立一個改造運動的團體，揭示了他此階段的思想主軸：

然人類性質中有一種惰性，常好將五官心思之用，流為機械性。其在社會，則為習俗。其在學術，則為師統。其在政治，則為古今成法。……人類進化之大動力，曰生命的奮進，曰衝動，曰意力，三者名雖異，而實則一，總之則向上心耳。……美詹姆斯 (William James) 之言曰：「明知其難而為之者，是為理想的行為、道德的行為。」故此二種行為，即向抵抗力最大方面進行之行為也。法柏格森以為人類之自覺，至道德範圍而登峰造極。故其言曰：「道德的人，是為至高之創造者 (It is the moral man who is the creator in the highest degree)。此人也，其行為沈雄，故能使他人之行為因之而沈雄。其心地慈祥，故能燃及他人慈祥之火，使之炎炎而上。」吾讀兩哲之言，而知所致力矣，曰：世界改造大動力，厥在道德精神耳，厥在道德精神耳。

張君勱的人生觀演講內容在《清華周刊》發表後，引來了丁文江的批評。丁文江本是相熟老友，也是和梁啟超一起去考察戰後歐洲的團員之一，但張君勱對於科學無助於解決人生觀的論斷，違背了丁文江的科學信念，於是起而表達反對意見。

丁文江的文章中多有輕蔑攻擊之語，包括將哲學家稱為「玄學鬼」，並說他們之所以捨科學而就玄學，是「以其襲而取之易也」。張君勱顯然被這樣的態度激怒了，在一九二三年四月底五月初，發表了連載長文，嚴詞反駁丁文江，就此掀開了後來引動多人參與，餘波盪漾久遠的論戰。

9

論戰中，張君勱的基本立場很清楚，首先，科學的能力是有限的。科學對於不受嚴格因果律支配的心理學與社會、歷史領域，例如「文學之創作，思想之途徑，乃至個人之意志與社會進化之關係」方面，是無能為力的。

科學只能研究感官資料，對於感官以外，如「倫理學上善惡是非之標準，以及人類之美德，如忠信篤敬之類」則管不到。科學知識都必須設有前提，物理學以物質為前提，不回答「物質何自來」的問題，所以不能徹底探究。科學只能帶來物質文明，不能帶來精神文明。

第二，不能只重視科學，而忽視人生觀問題。人生在世，有五個面向的關懷：形上、審美、意志、理智、身體，前四者都是心靈的問題。科學主義注重身體與理智，忽略了形上與情義。「若專恃有益於實用之科學知識，而忘卻形上方面，忘卻精神方面，忘卻藝術方面，是決非國家前途之福。方今歐美先知先覺，在精神方面提倡內生活，在政治方面提倡國際聯盟，這種人已經不在少數；只看我國人如何響應他，必可以達到一種新境界。」

由此而衍伸出第三點，也就是密切呼應大戰後局勢以及《歐游心影錄》引發思潮方向的：要重新認識、調整看待歐洲文化的態度。「若以歐洲已往之思潮為官覺主義，而以吾人之思潮作為一種超官覺主義，則其利害得失……第一，官覺主義之結果：實驗科學發達，側重理智，工商立國，國家主義。第二，超官覺主義之結果之預測：重精神（或內生活）之修養，側重情意，物質生活外發達藝術，國際主義。今後吾國將何去何從，是文化發端之始的極大問題……。」

張君勱實質上提出了看待東西文化比較的新觀點。他主張東方文化不同於西方文化，而自有其價值，並以新鮮的「官覺主義／超官覺主義」架構來描述東方文化的特色。進而他視「超官覺主義」為「歐美先知先覺」在戰後所提倡，正在西方開始流行的。因而「官覺主義」的結果為已知，「超官覺主義」之發達則只能預測，也就是東方文化的特色帶有高度的未來性，而且愈來愈受西方重視。

這個更龐大的東西文化比較論題加上「現實／未來」辯證，超越了知識層次的「科學／哲學」爭議，將許多人捲入由張君勱和丁文江開啟的這場論戰。

也是在論戰中，張君勱明白宣示自己的信念，認定人生的進化是自由的，心性發展至為關鍵，所以應該提倡新的「心性之學」，他又將之稱為「新宋學」。

在這裡浮現了張君勱除了憲法專家之外的另一個身分，那就是現代「新儒家」運動中的關鍵人物，「新儒家」歷史陣營中不可或缺的要角。

10

不過打完「科玄論戰」的張君勱無暇開展「新宋學」，此時接踵而來的，私人方面他遇到了比他小十歲的王世瑛，為她離婚再娶；公共事務方面，又有「自治學院」的籌辦事務，以及後來在國民黨統一中國後組黨、建黨的活動。

關於「自治學院」的辦學理念，張君勱有明文解釋：「自遜清之末以至今日，國人誤信法治之說，若條文早頒則治效夕至。今民治之法令已蔚然為全書，而實際效果如何，國人共見。何也？無撐持之人故也。……蓋國號共和，而共和之人元素，上自政府下至人民，其缺也不具，未有若吾國也。……所以養人才者如何乎？曰自治而已；所以確立法制者如何乎？曰自治而已。」

「自治學院」由江蘇省主辦，背後的支持力量來自於江蘇紳商代表反對中央政權，因而所謂「自治」有著地方對抗中央的政治意味，要在地方培養政治人才，進而推動各省省憲，至少為各省擁有更大分權基礎做準備。

張君勱擔任校長，講授「英倫政治」和「唯物史觀之批判」等課程。最特別的，是設計了政治實踐訓練，張君勱要將學校辦成「民主政治的實驗所」，有議會實踐的「自治會」和辯論會等，而且鼓勵「自治會」中成立政黨，校長會親自關切各種「政黨活動」。

然而在一九二五年新校舍竣工後，地方經費不足，還是必須由中央介入，改制為「國立政治大學」，再到一九二七年，當國民黨軍隊占領江蘇，就將「國立政治大學」予以接收，並以張君勱是「進步黨餘孽」的理由予以免職。「國立政治大學」後來改為「中央幹校」，幾經波折，到臺灣後又再改為「國立政治大學」。

張君勱和國民黨的關係一路風風雨雨，少有平靜。國民黨控制上海後，一九二七年五月四日有所謂「上海各界請國民政府通緝學閥案」，建議應該通緝的「學閥」，包括了章太炎、張君勱、黃炎培、張東蓀等人。張君勱被迫沉潛低調行事，要出版在政治大學的講稿《蘇俄評論》，也只得將作者名改為「世界室主人」。

一九二八年年初，張君勱和新認識的李璜合辦了一份祕密雜誌《新路》半月刊，以夾在《申報》或其他書刊中郵寄的方式發行，到第三期就被國民黨中執會下令停刊，然而仍堅持辦到第十期，才在找不到印刷廠敢承印的清況下，終於黯然停辦。

李璜創辦了「中國青年黨」，附屬其下有一所「學術式的黨務學校」，叫「知行學院」，李璜特別聘請了一些「不滿南京方面措施」的學術人物，包括張君勱、張東蓀、潘光旦、梁實秋等人到「知行學院」暢所欲言。「南京方面措施」和原本北洋政府最大的不同之處至少有兩個，一個是進行了實質的黨禁，將國民黨以外的其他政黨都視為仇敵，必欲除之而後快；另一個是黨內有著非常發達的祕密特務系統，以特務手段對付政敵。

張君勱在「知行學院」講學四個月後，一九二九年的五月三十一日晚上，突然在上海靜安寺路口被兩名「匪徒」挾持入汽車中，綁架到一間暗房裡。依據他後來的回憶：

……我甚至被國民黨的一些嘍囉綁架，給囚禁在上海警備司令部附近的一間房子裡。囚居期間，我每天早晨可聽到警備司令部傳來的起床號，關了將近一個月。……每日有所謂參謀長者，夜十時來，令我跪在鐵鍊圈上，加以訊問，曰：你在上海辦學反對國民黨，意欲何為？我答以此為政治問題，我無法在此解釋，不如將我解至南京，我自能說明理由。每日室內四人看守，晝夜不休，以布裹眼，不令張目。

其間張君勱的弟弟張禹九（張嘉鑄）奔走請託章太炎、杜月笙向「綁匪」交涉，最後交付了三千元的「贖金」。被囚中所受之傷，後來還使得張君勱一生走路都受影響。經此恐嚇打擊，張君勱先是遠走滿洲，然後在十月公開去國，到德國 Jena 大學擔任客座教授。

驚惶難定，一九三〇年十月，張君勱所翻譯的《政治典範》一書列入「萬有文庫」，由商務印書館出版，作者署名改為「張士林」。

11

張君勱在一九三一年九月返回中國，在「九一八事變」的前一天到達北平。這次得以回國，是因為收到了燕京大學校務長司徒雷登的邀請，到燕大去講授黑格爾哲學。不過雖然任職於和美國關係密切，由美國人擔任校務長的大學，張君勱還是逃躲不了國民黨對他的迫害。

一九三二年「一二八事變」發生時，張君勱人在上海，回到北平後，應邀對燕大師生說明在上海所親見親歷過程。他提到了中央政府將張治中的部隊派往上海，是為了監督十九路軍。學生筆記內容登在校刊上，卻引來校方大費周章收回已發刊物，並由校長出面，指責張君勱涉及毀謗中央政府，應予免職。

張君勱忍無可忍，聚集了幾位原本「研究系」的成員，祕密另立「再生社」，徐圖組織「國家社會黨」。當時黨禁甚嚴，就連要參加在「松坡圖書館」的這場聚會，與會者都需分批前往，人到齊立刻宣讀立社宣言，散會後再分批離開。

「再生社」初期先辦了《再生》雜誌，一九三二年五月的創刊號中，刊登了張君勱、張東蓀、胡石青合寫的長文〈我們所要說的話〉，那其實就是《中國國家社會黨宣言》。文章共分六段，除前言外，針對政治、經濟、教育、思想文化與軍隊，提出了具體主張。

以此為綱領，往後的《再生》雜誌作為「國社黨」祕密機關報，刊登了許多文章闡揚「國家社會主義」的立場。其實「國社黨」以德國法西斯主義為仿效對象的主張，和國民黨並無太大的差別，但因為不加入國民黨而和國民黨競爭民族主義、國家主義旗幟，反更引起國民黨的仇視。最諷刺的是，一九三四年十二月二十六日，北平當局模仿德國納粹做法，公開焚燒「反動書籍」一萬兩千八百一十九冊，其中《再生》雜誌就占了三千一百二十冊。

一九三三年四月，「再生社」召開臨時代表大會，後來追認為國家社會黨第一次全國代表大會，通過政綱與黨章，「國社黨」正式成立，張君勱擔任第一屆總祕書（不設黨主席）。

這段時期張君勱身分曖昧、遊走各方，他不遵從蔣介石路線，不投靠國民黨主流，同時又具備甚高的知識、學術聲望，對教育、研究機構有一定的吸引力。這種狀況最清楚反映在和中山大學的關係上。一九三四年，中山大學校長、國民黨元老鄒魯邀張君勱前往擔任文學院哲學教授兼法學院政治教授，張君勱特別主動提及：他的黨政活動和辦雜誌寫文章，「與其時所謂『黨外無黨』、『黨內無派』之旨，決不相容」，鄒校長表示沒有關係。但張君勱前往任教一學期後，鄒魯撤回了原本的支持，警告「某方將有謀殺舉動」，請張君勱自己辭職。

接著一九三五年，廣州新立了「學海書院」，由張東蓀當院長，張君勱前往教授宋明理學。然而到了一九三六年六月，廣東地方勢力陳濟棠，也就是「學海書院」背後的支持力量，聯合了廣西的李宗仁、白崇禧要求蔣介石抗日，有了反對行動，在被蔣介石平息後，陳濟棠下臺，「學海書院」也就被國民黨關閉了。張君勱又離開廣州轉到香港。

七月，張君勱回到上海，參加國家社會黨第二次全國代表大會，大會宣言要求立即抗日，張君勱擔任黨的「總務祕書」，同時決議將總部從北平搬遷到上海。

這樣的情況，到一九三六年年底發生「西安事變」，蔣介石被迫停止剿共，轉而和共產黨合作抗日，而有了急遽變化。原本被蔣介石視為挑釁國民黨統治權的國社黨，轉而變成了可以用來沖淡共產黨影響、作為的因素。如果必須接受「黨外有黨」，那麼從蔣介石和國民黨的立場看，就絕對不願意「黨外」只有一個共產黨，更多的黨一起參與抗日聯合陣線，對國民黨的領導地位才是更有利的安排。

於是有了從一九三七年參加「廬山會談」一路發展到成為「國民參政會」成員，張君勱和國民黨、蔣介石之間下一階段的複雜政治合作關係。

12

張君勱選擇參加制憲國大，從此就和「民社黨」一起陷入了國共對決的泥沼中，再也無法脫身了。從支持制憲、行憲，一年後再參加選舉總統的第一屆國民大會，「民社黨」和「青年黨」漸次失去了原本的「第三勢力」性質，名義上好聽的「三黨合作」非常明顯並不對等，到後來民、青兩黨被視為純象徵性作用，用來掩飾國民黨一黨專政的事實，兩黨也就被諷刺稱為「花瓶黨」了。

對始終以憲法為根本信念的張君勱來說，情何以堪。一九四八年目睹了國大選舉總統、副總統的亂象後，張君勱受邀到武漢大學演講，演講當天狂風大作，江渡封航，張君勱只能乘坐特殊登陸艇因而遲到，他的演講題目是——「吾國思想界的寂寞」。

一九四八年年底，張君勱給蔣介石寫了一封信，說：「我的建議是，您身為民國總統，最好出國一行。您應該把權力交給別人，讓他有充分權力幫您打掃房間。您出國後，可以在反共陣營裡多交朋友，這樣您還有東山再起的機會。」信件送出後，張君勱告訴友人自己做好了被捕的心理準備。不過隨即情勢急轉直下，各方壓力接踵而至，蔣介石不得不在一九四九年一月下野，但他堅持拒絕出國。

因為有這段插曲，所以張君勱後來明確拒絕隨國民黨到臺灣，他不願再和蔣介石、國民黨糾纏在一起，局勢的敗壞，蔣和國民黨應該自行負責。

一九四九年七月十二日，中共中央宣布民社黨、青年黨為非法組織，發出取締令，在大陸待不下去了，民社黨在香港開中常會決議「支持政府的反共政策」，將黨部遷到臺北。

早已被宣布為「戰犯」的張君勱更不可能留在大陸，十一月五日，他只隨民社黨黨部到臺灣兩天，就又到香港，然後轉往印度。之後一直到一九六九年去世，他沒有再踏上臺灣土地，國民黨幾度邀請他，他都不為所動，只有一次明白提出限時由當時行政院長陳誠寫親筆邀請函為條件，國民黨和陳誠沒有接受，就徹底斷絕了他去臺灣的念頭。

二十年間，張君勱主要住在美國灣居留，也申請了美國居留，他主要的活動是以三重身分大量撰稿。他是北美《世界日報》的社論主筆，他是國際事務專家，他也是中國儒家思想的整理者、傳播者。

張君勱於一九六九年二月二十三日去世，他的最後一篇文章，是前一年十二月一日發表於自己所創辦、所主編的《自由鐘》雜誌上的。辦雜誌的資金主要來自妹妹張幼儀，張幼儀比張君勱小十三歲，三歲時開始纏足，因疼痛大哭，當時已經很有主見的二哥張君勱作主中止繼續綁小腳。二哥承諾，將來這個小妹如果因為沒有纏足而嫁不出去，願意照顧她一輩子。

張幼儀後來嫁給了徐志摩，又成為民國最知名的「文明離婚」案主，靠自己的事業經營能力獲得了相當資產，倒過來幫助了晚年的二哥。

張君勱最後的文章標題為「歷史之壓力」。

第一輯

科學與人生觀

提要

第一輯選文呈現了「科學與玄學論戰」中張君勱的完整主張，可以看出他自認為「理性主義者」的明確態度，以及他綿密、清晰的行文風格。同時我們能看清楚，之所以燎原而為「論戰」，實非張君勱在「人生觀」方面提出了什麼過激、聳動的意見，毋寧是源自那一邊丁文江近乎刻意挑釁的表達方式。

回應丁文江文章中，張君勱特別說：「吾於反駁之始，先與讀者諸君相約：國人質難文字，隨在而有，然彼此相詆之語，多於辨析義理之文，我認為此種論調，非學者所宜出。」

丁文江原文確實有不少「相詆之語」。說張君勱和許多哲學家是「玄學鬼」，用了「鬼上身」、「義和團」、「張獻忠之妖孽」等語，又說人家選擇哲學是偷懶方便抄襲等，相當辛辣。受此刺激，張君勱在「上篇」維持冷靜語氣，耐心說理，畢竟還是要接著寫口氣和重點都大不相同的「中篇」，對丁文江反唇相譏，抓出丁文江太方便多次「襲取」Karl Pearson《科學原理》一書內容的證據。

這裡清楚顯示的，是民國思想的激進化、極端化、絕對化。本來就沒有堅實理性辯論基礎的文化環境中，累積添加了失敗、挫折、危機感，使得知識界瀰漫著愈來愈濃厚的急躁氣氛，急著想要找到可以依賴、並立刻可以實行的答案。

賽先生（科學）是當時最權威的答案，因而其信奉者如丁文江，絕對不願意見到任何挑戰科學權威的主張，甚至會狂熱地尋找、塑造敵人，藉由激進、極端地打擊敵人，來確認科學的崇高地位。在這樣的氣氛下，原本相對平和的張君勱被推到了「論戰」的最前線，而且也被刺激出同樣朝激進、極端方向走的「相詆之語」。

張君勱的反駁文章還有「下篇」，將關懷的重點轉向「哲學教育」與「科學教育」，也同樣反映了那個時代的流行觀念，也就是魯迅在《狂人日記》小說最後發出的吶喊：「救救孩子吧！」時局烏煙瘴氣，到處是令人失望的光怪陸離景象，讓人很難維持樂觀希望。要不落入絕望或不走向過激，就只能寄託在能夠創造更好未來的教育上。民國的思想人物，因而幾乎沒有任何一位不同時具備教育家的身分，曾經投身在各式教育工作上。

如果要對張君勱有概略的認識，可以先讀由不同時期多篇文章節錄集合的〈生平・思趣・人格・境界〉，文章中也有對哲學科學對比的簡要解說。

人生觀

諸君平日所學，皆科學也。科學之中，有一定之原理原則，而此原理原則，皆有證據。譬如二加二等於四；三角形中三角之度數之和，等於兩直角∴此數學上之原理原則也。速度等於以時間除距離，故其公式為 $S=\frac{d}{t}$；水之元素為 H_2O∴此物理化學之原則也。諸君久讀教科書，必以為天下事皆有公例，皆為因果律[1]所支配。實則使諸君閉目一思，則知大多數之問題，必不若是之明確。而此類問題，並非哲學上高尚之學理，而即在於人生日用之中。甲一說，乙一說，漫無是非真偽之標準。此何物歟？曰，是為人生。同為人生，因彼此觀察點不同，而意見各異，故天下古今之最不統一者，莫若人生觀。

人生觀之中心點，是曰我。與我對待者，則非我也。而此非我之中，有種種區別。就其生育我者言之，則為父母；就其與我為配偶者言之，則為夫婦；就我所屬之團體言之，則為社會、為國家；就財產支配之方法言之，則有私有財產制、公有財產制；就重物質或輕物質言之，則有精神文明與

1 因果律指所有事物間最重要、最直接的關係。表示任何一種現象或事物都有必然之原因。

物質文明。凡此問題，東西古今，意見極不一致，決不如數學或物理化學問題之有一定公式。使表而列之如下：

(一)就我與我之親族之關係
- 大家族主義
- 小家族主義

(二)就我與我之異性之關係
- 男尊女卑
- 男女平等
- 自由婚姻
- 專制婚姻

(三)就我與我之財產之關係
- 私有財產制
- 公有財產制

(四)就我對於社會制度之激漸態度
- 守舊主義
- 維新主義

(五)就我在內之心靈與在外之物質之關係
- 物質文明
- 精神文明

㈥就我與我所屬之全體之關係
- 個人主義
- 社會主義（一名互助主義）

㈦就我與他我總體之關係
- 為我主義[2]
- 利他主義[3]

㈧就我對於世界之希望
- 悲觀主義
- 樂觀主義

㈨就我對於世界背後有無造物主義之信仰
- 有神論
- 無神論
- 一神論
- 多神論
- 個神論
- 泛神論

---

2 為我主義即唯我論，是一種哲學理論，認為只有自己的心靈是唯一可以確認為真實存在。

3 利他主義是倫理學及心理學的一項主張。是一種無私、為他人著想、以別人利益為目標的行為，在許多思想及文化中被視為一種道德美德。

凡此九項皆以我為中心，或關於我以外之物，或關於我以外之人，東西萬國，上下古今，無一定之解決者，則以此類問題，皆關於人生，而人生為活的，故不如死物質之易以一例相繩也。試以人生觀與科學作一比較，則人生觀之特點，更易見矣。

第一，科學為客觀的，人生觀為主觀的。科學之最大標準，即在其客觀的效力。甲如此說，乙如此說，推之丙丁戊己無不如此說。換言之，一種公例，推諸四海而準焉。譬諸英國發明之物理學，同時適用於全世界。德國發明之相對論，同時適用於全世界。故世界只有一種數學，而無所謂中國之數學，英國之數學也；世界只有一種物理學化學，而無所謂英法美中國日本之物理化學也。然科學之中，亦分二項：曰精神科學，曰物質科學。物質科學，如物理、化學等；精神科學，如政治學、生計學、心理學、哲學之類。物質科學之客觀效力，最為圓滿；至於精神科學次之。譬如生計學中之大問題，英國派以自由貿易為利，德國派以保護貿易為利，則雙方之是非不易解決矣；心理學上之大問題，甲曰智識起於感覺，乙曰智識以範疇為基礎，則雙方之是非不易解決矣。然即以精神科學論，就一般現象而求其平均數，則亦未嘗無公例可求，故不失為客觀的也。若夫人生觀則反是：孔子之行健與老子之無為[4]，其所見異焉；孟子之性善[5]與荀子之性惡[6]，其所見異焉；楊朱之為我[7]與墨

---

4 無為是中國先秦時期道家的中心思想。指經過有為的思考，作出順勢而為的行為，使事物保持其天然的本性而不人為做作，從而達到「無為而無不為」的境界。

5 性善為中國戰國時期儒家代表孟子的人性學說主張，其認為人初生之始，本性即為善。

子[8]之兼愛，其所見異焉；康德[9]之義務觀念與邊沁[10]之功利主義，其所見異焉；達爾文[11]之生存競爭論與哥羅巴金[12]之互助主義，其所見異焉。凡此諸家之言，是非各執，絕不能施以一種試驗，以證甲之是與乙之非。何也？以其為人生觀故也，以其為主觀的故也。

第二，科學為論理的方法所支配，而人生觀則起於直覺。科學之方法有二：一曰演繹[13]的，一曰

---

6 性惡為中國戰國時期儒家代表荀子的主張，認為人生本來是惡的，為善是後天教育的結果。

7 楊朱（約西元前四四〇—前三六〇年），字子居、子取，生平不可考，屬於中國戰國時期的道家學派，有傳聞其為老子之弟子，創楊朱學派。

8 墨子（約西元前四六八—前三七六年），子姓，墨氏，名翟，提出兼愛、非攻、尚賢、節葬、節用等觀點，創立墨家學說，著有《墨子》一書傳世。

9 康德 (Immanuel Kant, 1724–1804)，為啟蒙時代著名哲學家，德國哲學思想界代表人物，開啟德國唯心主義等流派學說。

10 邊沁 (Jeremy Bentham, 1748–1832)，英國哲學家、法學家和社會改革家。著有《政府論片簡》(*A Fragment Government*, 1776)、《道德與立法原理》(*An Introduction to the Principles of Morals and Legislation*, 1780) 等書。他反對君主專制，提倡普選制度，同時他也是最具影響力的古典自由主義者之一。

11 達爾文 (Charles Darwin, 1809–1882)，英國博物學家、地質學家及生物學家，其最著名之理論為天擇演化、物種起源及適者生存的原理。

12 今譯為克魯泡特金 (Peter Kropotkin, 1842–1921)，為俄國作家、革命家、社會學家及歷史學家，致力於提倡無政府共產主義。

歸納[14]的。歸納的者，先聚若干種事例而求其公例也。如物理、化學、生物學所採者，皆此方法也。至於幾何學，則以自明之公理為基礎，而後一切原則推演而出，所謂演繹的也。科學家之著書，先持一定義，繼之以若干基本概念，而後其書乃成為有系統之著作。譬諸以政治學言之，先立國家之定義，繼之以主權、權利、義務之基本概念，又繼之以政府內閣之執掌。若夫既採君主大權說於先，則不能再採國民主權說於後；既主張社會主義於先，不能主張個人主義於後。何也？為方法所限也，為系統所限也。若夫人生觀，或為叔本華[15]、哈德門[16]的悲觀主義，或為蘭勃尼孳[17]、黑格爾[18]之樂觀主義，或為孔子之修身齊家主義，或為釋迦之出世主義，或為孔孟之親疏遠近等級分明，或為墨子、耶穌

---

13 演繹為一種純粹形式的推理方法，要求前提與結論間具有必然性之可推關係。

14 歸納，由一系列特殊或具體的事例中，推求出普遍性的原則。

15 叔本華（Arthur Schopenhauer, 1788–1860），德國哲學家，為唯意志論主義的創立者，將悲觀主義哲學與之連結，認為被意志支配最終只會帶來虛無及痛苦，影響日後精神分析學及心理學的發展。

16 今譯為哈特曼（Karl Robert Eduard von Hartmann, 1842–1906），為德國哲學家，著有《無意識哲學》（*Philosophie des Unbewussten*）。

17 今譯為萊布尼茲（Gottfried Wilhelm von Leibniz, 1646–1716），為德國哲學家、數學家，屬於全能型通才，因此又有「十七世紀的亞里斯多德」之美譽，與牛頓先後各自發明出微積分。

18 黑格爾（Georg Wilhelm Friedrich Hegel, 1770–1831），為德國哲學家，是德國十九世紀唯心論哲學之代表人物。

之泛愛。若此者，初無論理學之公例以限制之，無所謂定義，無所謂方法，皆其自身良心之所命起而主張之，以為天下後世表率，故曰直覺的也。

第三，科學可以以分析方法下手，而人生觀則為綜合的。科學關鍵，厥在分析。以物質言之，昔有七十餘種元素之說，今則分析尤為精微，乃知此物質世界不出乎三種元素：曰陰電，曰陽電，曰以太。以心理言之，視神經如何，聽神經如何，乃至記憶如何，思想如何，雖各家學說不一，然於此複雜現象中以求其最簡單之元素，其方法則一。譬如羅素氏[19]以為心理元素有二：曰感覺，曰意象。至於杜里舒氏[20]，則以為有六類，其說甚長，茲不贅述。要之皆分析精神之表現也。至於人生觀，則為綜合的，包括一切的，若強為分析，則必失其真義。譬諸釋迦之人生觀，曰普渡眾生。苟求其動機所在，曰，此印度人好冥想之性質為之也；曰，此印度之氣候為之也。如此分析，未嘗無一種理由，然即此所分析之動機，而斷定佛教之內容不過爾爾，則誤矣。何也？動機為一事，人生觀又為一事。人生觀者，全體也，不容於分割中求之也。又如叔本華之人生觀，尊男而賤女，並主張一

19 羅素 (Bertrand Arthur William Russell, 1872–1970)，為英國哲學家、數學家和邏輯學家，曾前往中國及日本進行講學，對中國學術界有極大影響力，著有《西方哲學史》(*A History of Western Philosophy*, 1946)、《中國問題》(*The Problem of China*, 1922) 等書。

20 杜里舒 (Hans Driesch, 1867–1941)，為德國生物學家、哲學家，早期從事胚胎學試驗和新生命力論哲學，曾受梁啟超等人邀請前往中國講學。

夫多妻之制。有求其動機者，曰，叔本華失戀之結果，乃為此激論也。如此分析，亦未嘗無一種理由。然理由為一事，人生觀又為一事。人生觀之是非，不因其所包含之動機而定。何也？人生觀者，全體也，不容於分割中求之也。

第四，科學為因果律所支配，而人生觀則為自由意志的。物質現象之第一公例，曰有因必有果。譬諸潮汐與月之關係，則因果為之也。豐歉與水旱之關係，則因果為之也。乃至衣食足則盜賊少，亦因果為之也。關於物質全部，無往而非因果之支配。即就身心關係，學者所稱為心理的生理學者，如見光而目閉，將墜而身能自保其平衡，亦因果為之也。若夫純粹之心理現象則反是，而尤以人生觀為甚。孔席何以不暇暖[21]，墨突何以不得黔[22]，耶穌何以死於十字架，釋迦何以苦身修行；凡此者，皆出於良心之自動，而決非有使之然也。也乃至就一人言之，所謂悔也，改過自新也，責任心也，亦非因果律所能解釋，而為之主體者，則在其自身而已。大之如孔墨佛耶，小之如一人之身，皆若是而已。

第五，科學起於對象之相同現象，而人生觀起於人格之單一性。科學中有一最大之原則，曰自

21 孔席何以不暇暖，原文出自漢淮南王劉安及其門客所編寫之《淮南子》一書。指孔子坐的席子都還沒變暖，他就起身離開了，表示停留時間極短暫，演變形容奔走極為忙碌，沒有休息時間。

22 墨突何以不得黔，指墨子落腳處的煙囪都還沒因炊爨被熏黑，他就得離開趕到別的地方，形容人奔波忙碌，汲汲於行道，沒有休息的時候，常與「孔席何以不暇暖」連用。

然界變化現象之統一性 (Uniformity of the course of nature)。植物之中，有類可言也。動物之中，有類可言也。乃至死物界中，亦有類可言也。既有類，而其變化現象，前後一貫，故科學中乃有公例可求。若夫人類社會中，智愚之分有焉，賢不肖之分有焉，乃至身體健全不健全之分有焉。因此之故，近來心理學家，有所謂智慧測驗 (Mental Test)，社會學家，有所謂犯罪統計。智慧測驗者，就學童之智識，而測定其高下之標準也。高者則速其卒業之期，下者則設法以促進之，智愚之別，由此見也。犯罪統計之中所發見之現象，曰冬季則盜賊多，以失業者眾也；春夏秋則盜賊少，以農事忙而失業者少也。如是，則國民道德之高下，可窺見也。竊以為此類測驗與統計，施之一般群眾，固無不可。若夫特別之人物，亦謂由統計或測驗而得，則斷斷不然。哥德[23] (Goethe) 之《佛烏斯脫》(*Faust*)，但丁[24] (Dante) 之《神曲》(*Divine Comedy*)，沙士比亞[25] (Shakespeare) 之劇本，華格那[26]

---

23 哥德 (Johann Wolfgang von Goethe, 1749–1832)，為十八、十九世紀時期神聖羅馬帝國之戲劇家、詩人、自然科學家及政治人物，為威瑪古典主義代表人物，代表作有《少年維特的煩惱》、《佛烏斯脫》（現譯為《浮士德》）。

24 但丁 (Dante Alighieri, 1265–1321)，中世紀義大利詩人，為現代義大利語的奠基者，開啟義大利文藝復興時代的人物之一，著有《神曲》。與佩脫拉克、薄伽丘二人並稱為文藝復興三傑。

25 即莎士比亞 (William Shakespeare, 1564–1616)，英國最具代表性之戲劇家、文學家及作家，其喜劇作品知名者有《威尼斯商人》、《仲夏夜之夢》、《暴風雨》等，悲劇作品有《馬克白》、《哈姆雷特》、《奧賽羅》等。

26 華格那 (Wilhelm Richard, 1813–1883)，德國作曲家、劇作家，以歌劇作品聞名，其承接莫札特歌劇傳統，

(Wagner)之音樂，雖主張精神分析，或智慧測驗者，恐亦無法以解釋其由來矣。蓋人生觀者，特殊的也，個性的也，有一而無二者也。見於甲者，不得而求之於乙；見於乙者，不得而求之於丙。故自然界現象之特徵，則在其互同；而人類界之特徵，則在其各異。唯其各異，吾國舊名詞曰先覺，曰豪傑；西方之名曰創造，曰天才，無非表示此人格之特性而已。

就以上所言觀之，則人生觀之特點所在，曰主觀的，曰直覺的，曰綜合的，曰自由意志的，曰單一性的。唯其有此五點，故科學無論如何發達，而人生觀問題之解決，決非科學所能為力，唯賴諸人類之自身而已。而所謂古今大思想家，即對於此人生觀問題，有所貢獻者也。譬諸楊朱為我，墨子兼愛，而孔孟則折衷之者也。自孔孟以至宋元明之理學家，側重內心生活之修養，其結果為精神文明。三百年來之歐洲，側重以人力支配自然界，故其結果為物質文明。亞丹斯密[27]，個人主義者也；馬克斯[28]，社會主義者也；叔本華、哈德門，悲觀主義者也；柏拉圖[29]、黑格爾，樂觀主義者也。

後啟浪漫主義作曲浪潮。知名歌劇作品有《尼伯龍根的指環》、《齊格非》等。

27 今譯為亞當・斯密 (Adam Smith, 1723–1790)，為蘇格蘭哲學家及經濟學家，著有《國富論》一書，為第一本試圖闡述歐洲產業及商業發展歷史之著作，提供現代自由貿易、資本主義等理論基礎。

28 今譯馬克思 (Karl Marx, 1818–1883)，為哲學家、社會學家及歷史學家，為馬克思主義及唯物主義之創始者，第一國際組織者、領導者，也是國際共產主義運動之提倡者。

29 柏拉圖 (Plato, 429B.C.–347B.C.)，為古希臘哲學家，著有《理想國》一書，為蘇格拉底之學生，亞里斯多德之老師，三人又被合稱為希臘三哲，其主張具備真知之人，方能成為國家領袖。

彼此各執一詞，而決無絕對之是與非。然一部長夜漫漫之歷史中其秉燭以導吾人之先路者，獨此數人而已。

思潮之變遷，即人生觀之變遷也。中國今日，正其時矣。嘗有人來詢曰，何者為正當之人生觀。諸君聞我以上所講五點，則知此問題，乃亦不能答復之問題焉。蓋人生觀，既無客觀標準，故唯有返求之於己，而決不能以他人之現成之人生觀，作為我之人生觀者也。人生觀雖非製成之品，然有關人生觀之問題，可為諸君告者，有以下各項：曰精神與物質，曰男女之愛，曰個人與社會，曰國家與世界。

所謂精神與物質者：科學之為用，專注於向外，其結果則試驗室與工廠遍國中也。朝作夕輟，人生如機械然，精神上之慰安所在，則不可得而知也。我國科學未發達，工業尤落人後，故國中有以開紗廠、設鐵廠、創航業公司自任，如張季直[30]、聶雲台[31]之流，則國人相率而崇拜之。抑知一國偏重工商，是否為正當之人生觀，是否為正當之文化，在歐洲人觀之，已成大疑問矣。歐戰終後，有結算二三百年之總帳者，對於物質文明，不勝務外逐物之感。厭惡之論，已屢見不一見矣。此精神與物質之輕重，不可不注意者一也。

30 張謇（一八五三－一九二六年），字季直，號嗇庵，中國近代實業家、政治家及教育家，為立憲運動之領導人物，主張「實業救國」。

31 聶其杰（一八八〇－一九五三年），字雲台，中國企業家，曾提出「中華民國是聯省共和國」之主張。

所謂男女之愛者：方今國內，人人爭言男女平等，戀愛自由，此對於舊家庭制度之反抗，無可免者也。且既言解放，則男女社交，當然在解放之列。然我以為一人與其自身以外相接觸，不論其所接所觸者為物為人，要之下免於占有衝動存乎其間，此之謂私，既已言私，則其非為高尚神聖可知。故孟子以男女與飲食並列，誠得其當也。而今之西洋文學，十書中無一書能出男女戀愛之外者，與我國戲劇中，十有七八不以男女戀愛為內容者，正相反對者也。男女戀愛，應否作為人生第一大事，抑更有大於男女戀愛者，此不可不注意者二也。

所謂個人與社會者：重社會則輕個人之發展，重個人則害社會之公益，此古今最不易解決之問題也。世間本無離社會之個人，亦無離個人之社會。故個人社會云者，不過為學問研究之便利計，而乃設此對待名詞耳。此問題之所以發生者，在法制與財產之關係上尤重。譬諸教育過於一律，政治取決於多數，則往往特殊人才為群眾所壓倒矣。生計組織過於集中，則小工業為大工業所壓倒，而社會之富集中於少數人，是重個人而輕社會也。總之，智識發展，應重個人；財產分配，應均諸社會；雖其大原則如是，而內容甚繁，此亦不可不注意者三也。

至於國家主義與世界主義之爭：我國向重平和，向愛大同，自無走入偏狹愛國主義之危險，然國中有所謂國貨說，有所謂收回權利說，此則二說之是非尚在未決之中，故亦諸君所應注意者也。

方今國中競言新文化，而文化轉移之樞紐，不外乎人生觀。吾有吾之文化，西洋有西洋之文化。西洋之有益者如何採之，有害者如何革除之；凡此取捨之間，皆決之於觀點。觀點定，而後精神上之思潮，物質上之制度，乃可按圖而索。此則人生觀之關係於文化者所以若是其大也。諸君學於中國，不久即至美洲，將來溝通文化之責即在諸君之雙肩上。所以敢望諸君對此問題時時放在心頭，不可於一場演說後便爾了事也。

（張君勱先生清華大學演講，一九二三年二月十四日）

科學之評價

……今天講題是近來我和人家開戰的中心問題。觀戰的人，或許不知道我們戰爭目的是什麼，所以我今天將戰場消息略為報告諸君。

有人說科學能支配人生；然即就人類對於科學，研究其成績得失一端，可以證科學是為人所用，而非人為科學所用。因為我們對於自己所手造的事物，甲時覺得好，至乙時又覺得壞；科學既是人造的，故亦不能逃人類好惡範圍以外。即此一端，科學能否解決人生，已可想見。數學上面，二加二等於四；化學上面，氫二氧成為水；……這都是科學公例，使我們以後做事情計算便捷。但是科學自產生到現在，其於人生的利害究竟如何呢？在吾國人或不覺得此是問題，因為認科學一定有益的；在歐洲則成為問題，已有數十年之久了。

自從文藝復興後，以為用科學就可以發見宇宙真理，昔日議論紛如之事件，甲以為是，乙以為非，就是一二人的意見是了。自有實驗的科學，而後有真正明確的條件，——公例——這就是科學(Science)的成績。譬如天體之運行，化學之元素，力學上之運動公例，生物學上說的人類進化的淵源，乃至於社會學上社會之原始，都要找出一定的公例來。科學的目的也就在此。

但是，自十九世紀下半期後，對於科學，漸由信仰而趨於懷疑，尤其是法國人懷疑最烈。蓋世界各國中感覺最銳之民族，莫如法國；在他國所未覺到者，而法人則已覺到。譬如主權不可分之說，創自十六世紀之布旦[1](Bodin)；布氏所以創此說者，意在壓倒藩侯，尊崇王室。及帝王神權之說過盛，流於專制，於是盧梭[2]創國民主權論。近年以來，厭惡國家之思潮大盛，於是又有法人狄驥[3]氏(Duguit)欲去國民主權而代以社會互助說。此三人者，皆能見及幾先，發前人所未發，故法國人之先知先覺，真令人五體投地。

十九世紀之初期，崇拜科學最烈者，有法之孔德氏[4]。孔氏之推尊科學，可見之於其思潮時代分類法。孔氏分人類思潮為三時期：

---

1 布旦(Jean Bodin, 1530–1596)，為法國律師、國會議員和法學家，在政教衝突的背景下，主張國家採君主制，批判教宗介入政府權威。著有《了解歷史的方法》(*Methodus ad facilem historiarum cognitionem*)、《經濟思想》(*Réponse de J. Bodin aux paradoxes de M. de Malestroit*)、《共和六書》(*Les Six Livres de la République*)。

2 盧梭(Jean–Jacques Rousseau, 1712–1778)，為啟蒙時代之哲學家、政治理論家，其關於人民主權及民主政治哲學思想影響深遠，如美國獨立、法國大革命皆受其學說影響。著有《社會契約論》、《愛彌兒》等書。

3 狄驥(Léon Duguit, 1859–1928)，為法國法學家，其主張社會聯帶說，自稱為實證主義者或實在主義者。

4 孔德(Auguste Comte, 1798–1857)，為法國哲學家、社會學及實證主義創始者，最知名理論為三階段定律，主張人類從神學階段、形上學階段，來到實證階段（或稱科學階段）。

第一，神學時期。一切現象都以神話解釋。

第二，形上學時期。欲求最後之原因解釋一切。

第三，實證主義時期。捨去最後原因說，只研究現象相互之關係，而成一種公例。

與孔氏同時者，有藍能[5] (Renan)、戴恩[6] (Taine) 皆崇拜科學的著名文學家。然十九世紀中葉以降，懷疑的人很多。隨便舉幾個例，則有哥爾諾[7] (Cournot)、李諾維[8] (Renowier)、蒲脫羅[9] (Boutroux)、柏格森[10] (Bergson) 諸人。此類人之立說雖各不同，要不外科學之能力是有一定之限界之一義。這就是我今天所要說的評價。

---

5 藍能 (Ernest Renan, 1823–1892)，為法國東方學家、哲學家及作家，撰寫《閃族語言比較史》、《基督教起源史》等書。

6 戴恩 (Hippolyte Taine, 1828–1893)，為法國歷史學家及哲學家，為社會學實證主義支持者。

7 今譯為庫諾 (Antoine Augustin Cournot, 1801–1877)，為法國數學家、哲學家及經濟學家，提出庫諾競爭（亦稱古諾模型）的一項經濟學獨占理論。

8 李諾維 (Charles Bernard Renouvier, 1815–1903)，首位提出完整唯心主義體系之法國哲學家，對法國哲學思想影響深遠，影響涂爾幹的社會學理論。

9 蒲脫羅 (Émile Boutroux, 1845–1921)，為十九世紀法國著名的宗教哲學家及哲學史學家，他是科學唯物論的反對者，積極捍衛宗教與科學相容之觀點。

10 柏格森 (Henri Bergson, 1859–1941)，為法國哲學家，一九二八年以《創造進化論》獲得諾貝爾文學獎。

第一，科學目的，在求一定之因果關係，將這些關係化為分量的。譬如物體下墜，第一秒多少，第二秒多少，第三秒多少，皆有一定比例。一球之上，左右各加一力，則所行線路為平方形之對角線，如是因有多少，則果有多少。故科學方法最成功之地，無過於物理界。

雖然，我們生活於世界上，是否一切事都可以分量計算？照科學說，馬力多少，則蒸汽機之運轉力有多大；發電機多少強，則電燈可點若干盞；雖然，此種方法，能否用在生物學與心理學上。生物學心理學上僅言因果，已屬不易，又如何說得到分量的因果。譬如細胞之分裂，由一而二，而四，而八，而十六，而三十二，以至於千；於是而有腸胃有筋骨。其所以成為生機體者，學者求其原因於細胞，而細胞之中，無因可求，故杜里舒氏創為生機主義以解釋之。至於心理學，近來有智慧測驗之法，對於孩童授以若干題目，限時解答，最敏捷者認為最聰明，稍遲者次之，又遲者又次之。其意所在，無非要使心理學上的因果關係，一如物理學。這是我決不能相信的。何以故呢？人類為血肉之軀，五官之感覺，如何由耳目而傳遞於腦神經，當然有因果可求；且饑思食，寒思衣，倦思睡，皆為生理所支配，是無可免的。社會之中，有種種習慣以支配之，見客則問姓名，由聲音笑貌可以推定人之喜怒，一事之開始前與終了後，可以測定人之行為如何，凡以此故，心理學上有若干種公例。然謂一人之心理，若其意志力強弱之由來，與其因意志力之強弱而定其成功與失敗。此外如文學之創作，思想之途徑，乃至個人之意志與社會進化之關係，謂其可以一一測定，這是科學家的夢語了。

第二，科學家但說因果，但論官覺之所及，至於官覺之所不及則科學家所不管。物理學者以物性及物性之變化為出發點，植物學者以草木為出發點，生物學者以有生之物為出發點，此皆有形的，而為人耳目所及。然各種科學最高原則，如論理上之公例，如因果律，已不是耳目之力所能及。倫理學上善惡是非之標準，以及人類之美德，如忠信篤敬之類，哪一事是有形的？進化論之學者欲以內界之精神化為有形的，乃採所謂沿革的方法(Genetic method)，謂人類之道德可見之於社會制度，亦是進化而來。如此做法，無非要使一切無形者悉求之於有形之中。吾以為沿革的方法之是非，係另為一事。若謂論理的推理由於習慣而來（經驗派哲學之言），道德為環境所支配，這是科學欲以有形解釋無形之故，乃將人類精神之獨立一筆抹殺了。

第三，科學家對於各問題，不能為徹底的回答。譬如物理學家以物質為出發點，物質何自來，則為科學家所不問，此就自然科學方面言之也。政治學家以國家為出發點，至國家主義與國際主義之利害比較，則非科學家所問。生計學以財物之產生為出發點，至物質文明之利害問題，則非科學家所問。此就社會生活之變遷言之也。夫物質之本性為何，生命何自來，此等問題，誠哉其為紛爭不決。然既為人類，即對此諸事不能不生疑問；解決不解決，另為一事；而其不能不問，則人類之天性也。譬之達爾文之書雖以實證為方法，然於生命之原始，則歎為不可知。其所以歎者，則心中有此疑問為之也。乃至國家主義之利害，物質文明之利害，雖科學家以分科研究之故，勢不能旁及題外之文。然人類前進方向與其行動大有關係，故於其所達之境之利害得失，常不勝其低徊往復。

然科學家於事物之本體與夫人類向上之途徑，既不能與人以滿足之解決，而猶傲然以萬能自居，此則引起人類對科學惡感之最大原因。

第四，我所欲言者，非科學本身問題，乃科學的結果。西歐之物質文明，是科學上最大的成績。人生原不能離開物質，然一國之文明，致令人以物質文明目之，則是有極大原因在。而其原因之可數者，利用科學之智識，專為營利之計，國家大政策，以拓地致富為目的，故人謂之為物質文明。

歐洲各國以工商立國之故，派領事、派銀行團代表，投資外國滅人家國。國家既以此為方針，故其教育人民，亦不外教以智識，授以技能，以達國際間兵戰商戰之目的而已。要知道專求向外發展，不求內部的安適，這種文明是絕對不能持久的。甲以工商主義侵乙，則乙必起而獎勵工商，以求等於甲或凌駕而上之；甲乙之工商既相等，爭投資於未開發之地，則甲乙必各爭海陸軍之強弱；而其參謀部又持先發制人之計，於是事端朝起，宣戰之書夕至，此則一九一四年大戰之由來，彰彰明甚者也。吾以為國際間之所求，專在有限之物質，則物質有限，而人欲無窮，謂如此而可為國家久安計為人類幸福計，吾不信焉。

諸君聽我的話，或不明白我意思所在。我的意思，就是要諸君認清今後發展之途徑，不可蹈前人覆轍。什麼國家主義、軍閥主義、工商主義，都成過去；乃至思想方面，若專恃有益於實用之科學知識，而忘卻形上方面，忘卻精神方面，忘卻藝術方面，是決非國家前途之福。方今歐美先知先覺，在精神方面提倡內生活，在政治方面提倡國際聯盟，這種人已經不在少數；只看我國人如何嚮應他，必可以達到一種新境界。而亞、美兩洲之中國、美國，尤為地大物博，非若歐洲地小國多，故適於提倡大同主義，觀之威爾遜[11]之熱心國際聯盟，與吾國大同思想之發達，是其明證。敢告諸君，我所說的並非夢話，歐美知識界之新學者，都已趨向我所說的新路上來了。

假令以上評價之標準不謬，則教育之方針，可得而言：人生在世，計有五方面：曰形上，曰審美，曰意志，曰理智，曰身體。

㈠形上：人類在世，若但計官覺界所及之得失，而不計內界之心安理得；以言乎個人，則好為功名富貴之爭，而忘君子為己之學；以言乎國家，則好為開疆拓土之謀，而忘民胞物與之義。欲矯此習，唯有將天地博厚高明悠久之理教學生，是之謂形上。

㈡美術：人類終日勞動，走至郊外空氣新鮮地方，就覺得胸中非常愉快；及入油畫館，又覺得人巧可奪化工，可知美術與人生幸福有莫大關係。

㈢意志：往往有理智的判斷上，以為極不可能的事，而靠著意志的力量，竟可以實現。李廣之矢可以貫石，及知為石，則屢試不中，可知知識與意力是兩事。而任何難事，意志力強者往往可以通過。以近年德俄革命之成功言之，皆其政治家意志教育之結果。一九一八年少數德國社會黨竟能推翻數百年愛戴之皇室。一九一七年俄之革命之成功亦出人意料之外。可知政治潮流，苟有意志堅

---

11 威爾遜（Woodrow Wilson, 1856–1924），為美國第二十八任總統，在第一次世界大戰後提出「十四點和平原則」，為了避免世界再次爆發戰火，因而籌建國際聯盟，其主張的國際主義又被稱為威爾遜主義。

強之人，自有轉移之法。若認為事事受環境之支配，則唯有一步不能行而後已。獨惜今之教育家受外交家之流毒，專以遷就社會為長策，故其唯一立腳點，則在「維持現狀」(Status Quo)。在此種主義之下，人類之心能，潛伏而不見者，正不知其幾何。總之，意志教育可以改造社會，惜焉教育家不加注意，而徒委之社會革命黨之手，是一件大不幸事。

至於理智身體方面，現代教育自有相當之成績，不可以抹殺的。

我的講演，現在差不多要完了，但是我更要為諸君總結幾句。若以歐洲已往之思潮為官覺主義，而以吾人之思潮作為一種超官覺主義，則其利害得失當如下表：

第一，官覺主義之結果：實驗科學發達，側重理智，工商立國，國家主義。

第二，超官覺主義之結果之預測：重精神（或內生活）之修養，側重情意，物質生活外發達藝術，國際主義。

今後吾國將何去何從，是文化發端之始的極大問題。望諸君再三注意。

（張君勱先生在中國大學講，一九二三年五月）

再論人生觀與科學並答丁在君

二月十四日，我之清華學校演講中，所舉人生觀與科學之異點五：

一曰，科學為客觀的，人生觀為主觀的。

二曰，科學為論理的方法所支配，而人生觀則起於直覺。

三曰，科學可以以分析方法下手，而人生觀則為綜合的。

四曰，科學為因果律所支配，而人生觀則為自由意志的。

五曰，科學起於對象之相同現象，而人生觀起於人格之單一性。

吾友丁在君，地質學家也，夙以擁護科學為職志者也，讀我文後，勃然大怒，曰：誠如君言，科學而不能支配人生，則科學復有何用？吾兩人口舌往復，歷二時許，繼則以批評之文萬餘字發表於《努力週報》。科學能支配人生乎？抑不能支配人生乎？此一問題，自十九世紀之末，歐美人始有懷疑之者，今尚為一種新說，故在君聞我說而駭然，本無足怪。蓋二三十年來，吾國學界之中心思想，則曰科學萬能。教科書之所傳授者，科學也。耳目之所接觸——電燈、電話、自來水——科學也。乃至遇有學術之名，以 ics 或 logy 結尾者，無不以科學名之。一言及於科學，若臨以雷霆萬鈞之力，唯唯稱是，莫敢有異言。國人之著書，先之以定義，繼之以沿革，又繼以分類、分章、分節，眉目了然，則曰是乃科學的也。在此空氣之中，我乃以科學能力有一定界限之說告我青年同學，其為逆耳之言，復何足異。以吾友在君之聰明，乃竟以我言為異端邪說，一則曰無賴鬼，再則曰鬼上身，三則曰義和團，四則曰張獻忠之妖孽。此等口調，與中世紀羅馬教士之鞫訊[1]蓋律雷[2] (G. Galilei, 1564–1642)（丁稿譯嘉列劉）後之宣告有何以異？自己中了迷信科學之毒，乃責人為鬼怪，為荒唐，此真所謂自己見鬼而已。

在君之文所反對者，則在人生觀無論理，無科學公例一語。誠能舉出一二事，示我以人生觀之公例，則我之清華講演，拉雜摧燒可也，治以妖言惑眾之罪可也。顧其縷縷萬言中，乃並一事而不能反證，而字裡行間，唯見謾罵之詞。嗚呼！號為求證之科學家，其立言乃若是乎？

吾於反駁之始，先與讀者諸君相約：國人質難文字，隨在而有，然彼此相詆之語，多於辨析義

1 鞫訊，即審問窮究。

2 今譯伽利略，為義大利物理學家、數學家、天文學家及哲學家，科學革命的重要人物之一，後世譽其為現代物理學之父。

理之文，我認為此種論調，非學者所宜出，故在君之開口便罵，唯有置之不理。抑有一語當聲明者，則超於官覺以上，在君既謂不可知，故存而不論，自號曰存疑的唯心論。既已存疑，則研究形上界之玄學，不應有醜詆之詞。不知自謂存疑，而實已先入為主，此則在君先已自陷於矛盾而不自知。

我所欲與在君討論者，則有以下各問題：

第一，物質科學中何以有公例？

第二，精神科學公例何以不如物質科學公例之明確？

第三，人生觀何以不為論理方法與因果律所支配？

（以上為上篇）

第四，所謂科學的知識論是否正確？

第五，科學家根據推論公例所得之「真」以外，是否尚有他項事物可認為真的？

第六，玄學在歐洲是否「沒有地方混飯吃」（用丁語）。

（以上為中篇）

第七，我之對於科學與玄學之態度。

第八，我之對於物質文明之態度。

第九，我對於心性之學與考據之學之態度。

第十，私人批評之答覆。

（以上為下篇）

（上　篇）

一、物質科學精神科學之分類

國人迷信科學，以科學為無所不能，無所不知，此數十年來耳目之習染使之然也。雖然，試詢以何謂科學，則能為明確之答覆者甚鮮。乃至同為科學，有為物質科學，有為精神科學，二者異同之故安在，則其能為明確之答覆尤鮮矣。數學名 Mathematics，物理學名 Physics，生計學名 Economics，統計學名 Statistics，四者同以 ics 結尾，則以為四種科學所得之結論與其效力必相等也。生物學名 Biology，心理學名 Psychology，社會學名 Sociology，三者同以 logy 結尾，則以為三種科學所得之結論與其效力必相等也。國人之思想混沌若此，乃欲語以科學原理，語以科學與人生觀之異同，宜其扞格而不相入。即以在君言之，於我所舉九者（指頁三六－三七）之外，為之增加兩項如下：

(十)就我對於天象之觀念
- 星占學
- 天文學

(十一)就我對於物種之由來
- 上帝造種
- 天演論

我所舉之九項，其標準安在，在君全不知曉，妄為人點竄，以自鳴得意，而不知適以證其自昧於科學原理，自昧於物質科學精神科學之區別而已。蓋我所舉九者，皆屬於精神方面，皆可以主觀作用消息其間。若夫天體之運行，則有力學天文學之原理以範圍之。物種由來雖至今尚無定論（詳後），然生物學中一部分之現象，則亦有公例可求。故關於天象，關於物種，當然在科學範圍以內，而不屬人生觀。此種限界至為明晰，而在君偽為不知，乃欲以「陰陽五行」之徽號加人，以為藉此四字可以亂人觀聽。不知舊醫學及新醫學之異同，與人生觀及科學之異同，有不可以相提並論者。

雖然，在君則云「有什麼精神物質科學的分別」。以吾淺學之所見及，世界科學家、哲學家，無不承認科學之可以分類。斯賓塞[3]有斯賓塞之分類法，孔德有孔德之分類法，英國生物學家托摩生[4] (J. A. Thomson) 有托摩生之分類法，乃至德哲學家翁特[5] (Wundt) 有翁特之分類法，英槐特亨[6] (Whethem)

3 斯賓塞 (Herbert Spencer, 1820–1903)，為英國哲學家、社會達爾文主義之父，其將「適者生存」之理論應用於社會學。

4 托摩生 (John Arthur Thomson, 1861–1933)，為英國博物學家、生物學家，撰寫多本著名書籍，如《達爾文主義與人類生活》(*Darwinism and Human Life*, 1909)、《科學概要》(*The Outline of Science*, 1922)。

5 今譯為馮特 (Wilhelm Maximilian Wundt, 1832–1920)，為德國心理學家、生理學家及哲學家，為實驗心理學、認知心理學之創立者。

6 槐特亨 (John Whetham Boddam-Whetham, 1843–1918)，為英國博物學家，於一八七〇年代遊覽美國西部、澳洲、夏威夷群島及中南美洲等地，著有《太平洋珍珠》(*Pearls of the Pacific*)、《橫跨中美洲》(*Across

則有槐特亨之分類法。若夫我之分類曰物質科學與精神科學之分，取材於翁特氏論理學中之二分法，曰確實科學 (Exakte Wissenschaft)，曰精神科學 (Geiste Wissenschaft)。吾所以不取確實科學之名者，以物質二字與精神相對待，為明曉計，故取而代之。然各科學之所隸屬，則吾與翁特所見，絕無二致。翁特氏之分類法如下：

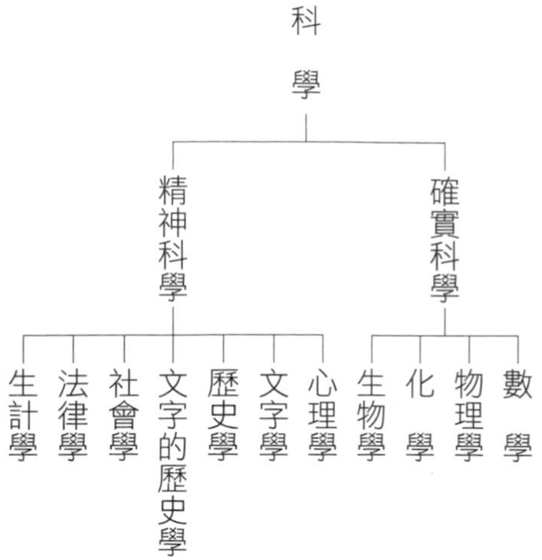

由確實不確實之標準觀之，可知二者已有差別。吾之清華講演，側重人生觀，故不能節外生枝，來講科學分類與科學公例之強弱。然精神科學，依嚴格之科學定義，已不能認為科學，則即此標準，

Central America) 等遊記。

已足以證之。其理由當俟後詳。而在君乃以心理內容與科學本身混為一談，故有不認二者差別之怪論。誠如在君言科學材料同為心理內容，則尚何物理學、生物學、心理學（槐特亨之三分法）之可言？在君立言之目的，豈不曰吾推諸認識之源，則物質精神本無區別。然不知死物自死物（物理學），活物自活物（生物學），活物之中，又有心理現象（心理學）；故物理學、生物學、心理學之區別，乃科學之鴻溝，而不容抹殺者也。夫何謂物，何謂心，誠有爭執之可言，然因爭執之故，乃並物質科學精神科學之分類而否認之，此世界之所未聞，有之自在君始。

二、科學發達之歷史及自然公例之性質

科學家之最大目的，曰擯除人意之作用，而一切現象，化之為客觀的，因而可以推算，可以窮其因果之相生。故在君最得意之證據，則為伽利略之地動說，為達爾文之物種由來。其意若曰，昔人以天文現象屬之神意，自有伽利略、克魄雷[7](Kepler)與奈端[8](I. Newton, 1642–1727)，而後神意之說

7 今譯克卜勒 (Johannes Kepler, 1571–1630)，為天文學家、數學家，他是十七世紀科學革命的關鍵人物，其成果克卜勒定律主張行星運動軌道為橢圓形而非圓形，打破當時的天文學與物理學觀念。

8 今譯牛頓 (Isaac Newton, 1642–1727)，為英國數學家、天文學家與自然哲學家，其著作《自然哲學的數學原理》一書中闡述其研究成果——萬有引力及三大運動定律，奠定現代物理學及天文學。

無所可用，而天文現象乃為科學的。自有達爾文輩，而後神意之說無所可用，而生物現象乃為科學的。由既往以推將來，安知人生觀不亦等於天文與生物，脫離人意而為科學的？欲知此事之能否實現，第一當求之科學之歷史，第二當明物質科學與精神科學之異同。

近世科學之發生，始自十六世紀以降。昔人以為物之重者下降遲，物之輕者下降速，及伽利略試驗於碧薩塔上，而後知物之重輕無擇，其下降為同時；繼乃求下墜體之遲速，於是得一公例，曰遲速與下墜時刻為正比例，第一秒為一尺，第二秒為四尺，第三秒為九尺。奈端繼之，於是有力學三大公例，且得各種公式如：

$$Mv = \text{Constant}$$

$$\text{力} = m\left(\frac{v_2 - v_1}{t_2 - t_1}\right) - ma$$

$$\text{力} = G\frac{mm}{r}\ \text{力單位}$$

此後大家繼起，而其研究方法則先後如出一轍，曰觀察，曰比較，曰假設；及其驗諸各事而準，而後所謂自然公例 (Natural Law) 者乃以成立。自然公例之特徵則有二：一曰兩現象之因果關係，有甲象起，則乙象隨之而至，如物之運動，必起於外力之加，故運動與外力則有因果關係者也；二曰已成公例者，可以推及於一切新事實，如克魄雷之公例，可適用於無論何種天體，是其例也。近年以來，則有愛因斯坦之說，雖其公例之適用範圍有不同，然奈端公例之至今猶能適用，一切物理學家所公認者也。由此觀之，可知物理學之公例，其不易動搖為何如。

十八世紀以降，有欲以物理學之方法施之生物現象者，於是有李爾[9] (Lyell, 1797–1875) 之地質學，有拉馬克[10] (Larmarck, 1744–1829) 之動物學。至達爾文之《物種由來》一書既成，而後各國翕然宗之。以在君之語言之，則以為生物學之進化論皆已解決矣。雖然，果解決耶，果未解決耶，試證之杜里舒之言。杜里舒之玄學，為在君所不樂聞，若夫杜氏之《實驗胎生學》，嘗埋頭於那泊爾海濱生物試驗所十二年，當為在君所不能否認者矣。試錄其武昌講演之一段如下：

> 吾人得達氏學說之要義，競爭生存 (Struggle for Existence) 一也；自然選擇 (Natural Selection) 二也；微變之積累三也；其微變之宜者，由甲代傳諸乙代四也。
>
> (一)自然選擇：達氏之意，以為物競之要義，在抵抗環境，其抵抗而勝者，即為自然之所選擇。然今日之所謂適者，明日又在競爭生存之中，故爭存無盡期，而自然之選擇亦無盡期。雖然，以吾人觀之，大地之上種種物種，其因爭存而敗者，謂為自然選擇之力所淘汰以去可矣。若其

---

9 李爾 (Charles Lyell, 1797–1872)，為英國地質學家，其著作《地質學原理》(*Principles of Geology*) 中提出均變說，影響達爾文的演化論。

10 拉馬克 (Jean–Baptiste de Lamarck, 1744–1829)，為法國博物學家、生物學家，最先提出生物進化論學說，稱作拉馬克式演化，是演化論的先驅，其著作有《法國全境植物志》(*Flore Françoise*)、《無脊椎動物的系統》(*Système des animaux sans vertèbres*)、《動物學哲學》(*Philosophie Zoologique*) 等書。

所以因爭存而勝者，非自然選擇四字所能說明焉。何也？物種爭存，因而有生者有滅者，而其器官因以微異。若其滅者，概以歸因於自然選擇，固無不可；若其生者，而其器官因以微異者，固別有創造之動因（Der Schaffendefaktor），而不得以自然選擇四字了之。蓋物種之所以滅，有滅之之理由在；其所以生，有生之之理由在。滅者，其不存在者也；生者，其存在者也。若指所以不存在之理由，而即視為所存在之理由，是以消極與積極混為一談也。三十年前南德孟勛大學植物學教授奈格里[11]（Nageli）嘗譬以評達氏自然選擇之理曰，設有問者，此街上之樹何以有葉？答之者曰，因花匠未曾將樹葉剪去。夫樹葉本繁盛，今已不如前次之多，其所以然者，則花匠為之，故減少之部分，當然歸因於剪裁者。若夫剪裁後之所存留者，則自有其所以存在之理，非花匠未剪裁云云所能說明也。故以自然選擇為新種發生之理由者，何異以花匠未剪去為樹葉尚存之理由乎？

吾人雖反對以自然選擇解釋新種之由來，然非否認自然選擇之效果。蓋物種因與環境爭鬥，因而有生有滅，此生滅之狀態，以自然選擇之名概括之可也；至新種之由來，則又別有原因在。譬之北冰洋之熊因在冰天雪地中，故盡由灰色變為白色。狼與兔同生一地，兔之能疾走者，則尤能保其生命。若此者，皆自然選擇之效力之顯者焉。雖然，宜種之生，不宜種之滅，固盡由

11 奈格里（Carl Wilhelm von Nägeli, 1817–1891），為瑞士植物學家，主要研究為細胞分裂及授粉，否定自然選擇為一種進化機制，支持定向進化，最為知名的是他曾勸阻孟德爾深入探究遺傳學。

達爾文之所謂天然選擇乎？曰否。瑞士動物學家華爾孚氏[12]嘗有言曰，物種之生滅，有時不因於生理之健康與否，而因於位置。火車相衝時，其幸而存者，非必骨格堅強身體健全之人，乃去衝突點較遠者也。疾疫之生，其幸而存者，亦非骨格堅強身體健全之人，乃其所居去疫地較遠者也。由此二例觀之，則達氏自然選擇之中所謂宜不宜，非生滅之唯一標準明矣。

㈡微變遺傳說：達氏謂生物器官之變化，由於微變之積累所致。然一九〇九年丹麥之約翰生[13](Johanson) 著《正確遺傳原論》一書 (*Elemente der exakten Erblichkeitslehre*)，不啻對於達爾文之微變說，宣告死刑。蓋近世之動植物學者，關於物種變遷，若其葉之多寡，色之黑白，皆有一定統計，且根據哥司氏曲線以得其平均數。而約翰生氏之植物試驗方法，謂當求變化之統計時 (Variationsstatistik) 不應用雜種，而應用純種。所謂雜種者，聚一群之植物，而其原種之遺傳性，本不平等，故名為同種植物，而實包含無數種，此無數種之中，每種各有其平均數，故混合以求之，必不能得正確之統計。反之若以純種求之，則遺傳不遺傳之數，乃可得而推求。譬之如中國之菊花，德國之地草菓花 (Kamille) 或牛乳油花 (Butterblumen) 皆所謂複雜之種，以其

12 今譯沃爾夫 (Julius Wolff, 1836–1902)，為德國外科醫生，此處張君勱所述為其於一八九二年提出之沃爾夫定律（原名為骨骼變換定律）。

13 約翰生 (Wilhelm Johannsen, 1857–1927)，為丹麥植物學家、植物生理學家、遺傳學家，發明「基因」、「表型」、「基因型」等學術用語，其著作有《正確遺傳原論》一書。

葉數顏色至不一定者也。然約翰生氏取各種花而試之，譬有某花，其葉數少者十，中者二十五，多者四十。其少者十葉之種，至下一代時，葉數由十而躍至二十五，是極端之種，其不能維持原有之平均數明矣。不能維持平均數云者，即達氏之所謂流動變化 (Fluctuating Variation) 之本可確定者。驗之純種，適得其反，故吾人可下一斷語，純種之流動變化，決非遺傳的也。或者曰，達氏亦嘗有變化非繼續的之說，故與約翰生之言，未嘗不合。然自命為正宗的達氏派者，堅持繼續之說，故約翰生之言，至少已足以倒正宗派之壁壘矣。

即令吾人所引之華爾孚氏約翰生之駁論均不存在，而達氏之學說仍不能成立。何也？持極端之達氏主義者，謂生物之變化，無目的，無方向。然器官者，與動物之生存死亡有極大關係者也。假令器官之構成，純出於偶值，則器官何以能完整而適於用？此達氏學說所不能解釋者一也。耳與聽神經相關，目與視神經相關，種種器官皆以複雜之分子組織而成，而彼此又有相關之處，其自成一系統，而非偶然明矣。此達氏學說所不能解釋者二也。乃至人之耳目手足皆成雙數，亦有某某動物其目之多至二十三十，何得委為偶然？此達氏學說所不能解釋者三也。

雖然，以上三者，尚非吾人駁難達氏之最後語也。動物中有復生能力 (Regeneration) 如火蛇 (Salamander) 之類，去其前腳，則前腳復生，去其後腳，則後腳復生；乃至蚯蚓，去其頭，則其頭又生，去其尾，則其尾又生。此種復生能力，如達氏言，必出於父母之所遺傳者也。誠為父母所遺傳，必其父母無一不遭去頭尾去腳之禍而後可。且不僅去一腳已也，必四腳盡去而後可，以火蛇之四腳無一無復生能力也。換詞言之，凡火蛇或蚯蚓之生存者，皆曾喪失頭尾或腳者也。此持達氏說者所必至之奇論一。火蛇之類，其喪失兩腳而尚能為適者而生存者，必以其傷痕易於醫治，即傷痕之細維，較多於其他火蛇者也。此種推定，非不在事理之中。然謂每經一次自然選擇，獨其傷痕上細維多者，乃能中選，則細維雖多，而尚未成腳，何能為爭存之用？此持達氏說者必至之奇論二。且以胚胎學之試驗，凡海膽之細胞，無論其為二分期四分期八分期，任取二分之一四分之一八分之一而畜之，均能成一全胎。依達氏主義者之言，凡屬海膽，其前身必盡遭宰割之刑而後可。否則，此長成全胎之能力，海膽之卵，必無從取得也。此又為奇中之奇。而號為達氏之徒者，唯有瞠目咋舌，不知所對而已。

我所以引此段，並非證生物學之不能成科學。以我所確認者，關於物質者，必有公例可求，有公例，則自可以成為科學。故生物學當然不能與人生觀並論。而吾所以舉杜氏言者，凡以明生物學上之進化論，除在君之武斷的科學家外，鮮有認為既已解決者。若在君以杜里舒頭腦糊塗（此為在君之言，亦適之之言），則請證之英國現代生物學大家托摩生氏。托氏曰：

試於生物進化之學說史中求其一例，科學的進化論者，每欲求種種可證的動因，且語人曰，吾人所習見之奇偉結果，即由此動因相合而成。然此種工夫，不能謂為已告成功（注意），無俟多言，以其果常遠逾於所已知之因也。所最難者，即在生物進化中之大變遷，如脊椎動物、如鳥、如哺乳動物之由來，其動因所在，實難於確言。此問題吾人不能不自安於昧昧，科學家於神造之說，則深惡而拒之，然其不能謂為既已解決，則顯然無疑。或者永非人力所能及亦未可知。

（《科學引論》頁二一三）

托氏之言如此，則達爾文《進化論》之價值如何，可以想見。而生物學之為科學之價值，其視物理學如何，又可見矣。

實驗方法，既由物理而生物，於是十九世紀以降，則有所謂實驗的心理學。漢姆霍爾茲[14](Heimholtz) 試之於生理之解剖，米勒[15](G. E. Muller) 試之於記憶，范希納[16](Fechner) 試之於感覺。范氏之所以成名者，則有范希納威伯公例 (Fechner Weber Law)，曰感覺與刺激之對數為比例。范氏獲

14 漢姆霍爾茲 (Hermann von Helmholtz, 1821–1894)，為德國物理學家及醫生，在生理學、心理學、物理學、哲學等多學科均有貢獻，其中他奠定了流體動力學穩定性的理論及實驗基礎。德國最大的科學研究機構協會漢姆霍爾茲聯合會即以其命名。

15 米勒 (Georg Elias Müller, 1850–1934)，為德國心理學家，應用實驗方法來研究心理學，並提出追溯干擾理論。

16 今譯費希納 (Gustav Theodor Fechner, 1801–1887)，為德國哲學家、心理學家及物理學家，為實驗心理學的先驅者，提出韋伯—費希納定律，以數學公式證明人類感知與物理刺激強度間非正比關係。

此公例，欣然色喜，以為心理學從此可成正確的科學，與數學等。然後來學者，攻擊者蜂起，范氏公例今已不復成立矣。近來所謂實驗心理者，大抵所試驗者，以五官及腦神經系為限，若此者，謂為生理的心理學則可，謂為純正心理學則不可。何也？純正心理學以思想為主題。若不問思想（胡爾孳堡學派除外），而但於官感方面有所發明，是所實驗者，乃生理而非心理也。生理方面如范希納之公例存立與否暫不論。然就比較上言之，以其對象屬於物質方面，故尚非無公例可言。我故曰精神科學，就其一般現象而求其平均數，亦未嘗無公例可求，即就此範圍內言之也。范氏而後，實驗的心理學風行一時，而尤以德之翁特，美之詹姆士[17]為宗匠，構造派可也，機械派可也，行為派可也，苟其鄰於官覺者，尚非無一種之說明，然已不易為各派所同認。若夫關於純粹之思想，除英國經驗派之聯想公例（Law of Association），及德國之先天範疇說，向為哲學上爭執之問題外，此外則漫無定說。雖各派各持門戶之見，自以其所得為真心理學，然自他人視之，鮮有不反對之者。故以我觀之，心理學豈特不能比確實科學，亦視生物學又下一等矣。十九世紀之末年（一八八九），柏格森氏《時間與自由意志》一書出版，闡明人生之本為自覺性。此自覺性頃刻萬變，過而不留，故甲秒之我，至乙秒則已非故我。唯心理狀態變遷之速，故絕對無可量度，無因果可求。以可量度可求因果者，必其狀態固定。以前狀態為因，後狀態為果，於是因果可見焉。若夫頃刻萬變之心理，則無狀

---

17 威廉・詹姆士（William James, 1842–1910），為美國哲學家、心理學家，他與查爾斯・桑德斯・皮爾士一同建立實用主義，為美國史上最具影響力之哲學家之一，有「美國心理學之父」之美譽。

態之可言，任意畫定某態為態，移時而後，即已成過去。唯其然也，故心理變為自由行為，而人生之自由亦在其中。自其說出，而詹姆士氏五體投地以崇拜之，其稱道柏氏，雖康德之於休謨[18]，不是過焉。即此觀之，純粹心理無公例可求之說，非柏氏一人之私言，以詹姆士之尊重實驗，亦傾倒若此，其不得以玄學目之明矣。

物理學、生物學、心理學三者，根本科學也。物理學本為我所承認之確實科學，無待在君之正告外，若夫生物學之進化論是否已為科學所搶去（搶字用丁語），心理學是否為科學所搶去，就以上所言觀之，已屬甚明。故我即讓一步，承認在君所謂知識界與非知識界之分（其詳見後），試問知識界如生物學心理學中科學萬能四字（丁語），其已實現耶？其未實現耶？請在君有以語我。

三、物質科學與精神科學之異同

雖然，科學家不甘自認其力之薄弱，則有一種藏身之妙計。語之曰人生觀無因果無公例，故不能統一。彼則答曰，今天不能，安知將來亦永久不能？在君口調正與此類，故其言曰：「人生觀現在沒有統一是一件事，永久不能統一又是一件事。」竊以為事之比較，當以今日為限，不得諉諸將

18 大衛・休謨（David Hume, 1711–1776），為蘇格蘭哲學家、經濟學家及歷史學家，為蘇格蘭啟蒙運動中重要人物之一，著有《人性論》、《大不列顛史》等書。

來；若諉諸將來，則無一事之能決。譬諸甲曰世界為進化的，歷舉種種發明與夫政治情形為之證。乙則反之曰，今之世界，未必勝於古代，並舉歐戰情形與白人之凌虐異族為證。甲駁之曰，如君所舉病症，我固無異言，然今日如此，安知他日亦必如此？於是乙之抱悲觀主義者，從而答之曰，吾人但論現在，不問將來。甲聞乙言，乃瞠目咋舌不知所對。故吾以為科學家推諉於將來之說，不啻明認其自己之失敗，與反對派之勝利矣。即讓一步，並代科學家為之辯護曰，生物學心理學皆後起之學，當然不能與物理學相提並論，安知待了一二百年後，生物學心理學之為嚴正科學，不與今日之物理學等？吾以為此種立言，非無一面之理由。研究尤精，則發見尤多，然不知生物學心理學與物理學有根本上之不同，雖俟千百年後，決不能並此根本上之不同而鋤去之，故二者之能否成為嚴正科學，已為絕大疑問。何也？物理學之所研究，限於死物質；生物學之所研究，則為有生之物；心理學之所研究，則為有生而又有心理現象者。唯其有生，故內部先有活動，而拉馬克乃有自覺的努力之說，與達爾文之環境說相反對。此反對所表示者無他，曰進化論之根本概念之不易確定耳。唯其有生而又有心，甲派則就其可以固定(Solidfiel)者，而分為某狀態，某狀態，繼乃就其狀態而求其因果；乙派則曰人之心理頃刻萬變，故無所謂狀態，因無所謂因果。此反對所表示者無他，曰心理學上根本概念之不易確定耳。夫物理學之所以為嚴正科學，不僅因果關係也，即其因果之分量亦可從而量度者也。吾人姑不以因果之量度求之生物與心理，即但就生命界與心理界而求其因果關係之明確，亦已不易矣。不見杜里舒氏發見細胞之協和平等可能系乎？欲求其因果於物理界而不可得，乃歸其因於「隱德來希[19]」。「隱德來希」者非他，生命構成不可知之代名詞耳。豈唯杜氏，即英國第一流之生物學家如托摩生，其不帶杜氏之玄學氣味，當為海內科學家所公認。顧杜氏何以躊躇四顧，而卒有進化論，恐終非人力所及之語乎？豈唯生物，柏氏心理萬變與真時間之說，苟其不能否認，則真心理之必無因果，可以斷言。嗚呼！讀者諸君勿以吾言為孟浪，此問題盤旋腦際者，既已數年，世界哲人或者懷抱於心，不敢昌言，吾則坦白率直而昌言之。然而非吾一人之私言也，托摩生之言與柏格森之心理學，皆可為我左證者也。

科學家對於生物學心理學之無定說，常藉口於年代之幼稚，以為假以歲月，必可與物理學等。然吾人不必求諸遠，即以一九〇五年以降言之，一九〇五年愛因斯坦相對各論發表，一九〇八年明可夫斯基[20] (Minkovski) 有四度幾何之說，一九一五年愛氏相對通論成立，十年之間，物理學之根本學說之發見者至如是之多，豈生物學心理學所得而望其肩背？嗚呼！原因安在乎？蓋不得以年代先後為發達不發達之唯一原因也。竊嘗求之，蓋有四故：

---

19 即 entelechy（源自拉丁語 *entelechia*），為亞里斯多德形上學中，某種概念的圓滿實現，亦指引導生命及成長的生命原理。

20 明可夫斯基 (Hermann Minkowski, 1864–1909)，為德國數學家，四維時空理論創立者。曾為知名物理學者愛因斯坦之老師。

第一，凡在空間之物質易於試驗，而生物學之為生活力 (Vital Force) 所支配者，不易試驗，至於心理學則更難。

第二，凡在空間之物質，前後現象易於確指，故其求因果也易；生物界前後現象雖分明，而細胞之所以成為全體，其原因已不易知；若夫心理學則頃刻萬變，更無固定狀態可求。

第三，三坐標或四坐標，驗諸一質點之微而準者，可推及於日月星辰，此尤為生理學心理學所不能適用之原則。

第四，物理上之概念，曰阿頓，曰原子，曰質量，曰能力：此數者得之抽象 (Abstraction)，而絕不為物體之具體的實在 (Concrete Reality)（此名之義見詹姆士書中）所攖。至於生物學，有所謂種別，有所謂個性；而心理學為尤甚。因而生物心理兩界日為個性之差異所攖，而不易得其純一現象 (Uniformity)。

當英天文學者愛丁敦氏[21] (Eddington) 赴南美測驗日蝕之日，德物理學者鮑恩[22] (M. Born) 詢愛因斯

21 今譯愛丁頓 (Arthur Stanley Eddington, 1882–1944)，為英國天體物理學家、數學家，是第一個用英語宣講相對論的科學家，提出愛丁頓極限（或稱愛丁頓光度）。

22 鮑恩 (Max Born, 1882–1970)，為德國物理學家及數學家，對量子力學、固體物理學及光學方面作出極大貢獻，曾於一九五四年獲得諾貝爾物理學獎。

坦曰：苟測而不驗奈何？愛氏答曰：誠如君言，吾唯有駭怪 (Da wurdeioh mich sehr wundern)。此言也，所以表示其自信力之強，言其不能不驗也。夫愛氏何以能自信如是？曰，以有吾所謂上述之四大原則故也。

物理現象唯有此四大原則，故日趨於正確；生物心理現象唯無此四原則，故不能日就於正確。即此不正確之故，而精神科學之價值乃可得而推求。

精神科學之種類，前表已詳，不復再論。吾所欲問者，則精神科學中有何種公例牢固不拔如物理學之公例者乎？有何種公例可以推算未來之變化，如天文學之於天象，力學之於物體者乎？吾敢斷言曰：必無而已。天文學，世界統一者也，未聞有所謂英國天文學、法國天文學也。數學，世界統一者也，未聞有所謂美國數學、德國數學也。一言及於精神科學如政治與生計之類，每曰甲國之政制，不必適於乙國；甲國之政策，不必適於乙國。乃至同在一國之內，忽而君主，忽而共和，果有一定之公例乎？忽而資本主義，忽而社會主義，果有一定之公例乎？無他，精神科學無牢固不拔之原則，且決不能以已成之例推算未來也。或者以為各國生計之進化，大抵由漁牧而農業，由農業而工商，是安得謂為無公例？貨幣之原則，曰良貨驅逐惡貨，是安得不謂為公例？聲音之推遷，則有格李姆法 (Grimm Gesetz)，是安得不謂為公例？誠有公例，安在人生觀之盡出於主觀？吾敢答曰，人生既為血肉之軀，寒思衣，饑思食，其不能無待於外，奚俟辨而後明？故以上所云公例，大抵鄰於物質者也。唯其鄰於物質，故狀態固定，而易有公例可求。雖然，即有公例，然與物理學上之公例大異。何也？精神科學之公例，唯限於已過之事，而於未來之事，則不能推算一也。由漁牧而農業，而工商，雖若有一定階級，然所以變者，則又視人意如何，而不盡因於物質二也。蓋社會日進不已者也，其進步既已過去，似有公例可求。當其進也，決非人所能預測，此則精神科學所以與物理學迥不相侔者也。

穆勒．約翰[23]，經驗哲學家者也，實證主義者也，嘗論生計學之性質曰：

余之《生計原理》一書之目的與前人等，曰在所假定之狀態下，求種種原因之作用之科學的了解。雖然，與前人異者，則不以此種狀態為一成不變的。蓋生計學中概括之論，不生於自然界之必至，而起於社會之制度，故為暫時的。因社會之進步而變遷者也。

當日學者頗有持社會科學公例一成不變之說者，穆氏起而反對之，謂社會現象有人意轉移其間(Human Will, Human Effort)（《自傳》二四六頁），故非一成而不變。然穆氏受當日科學空氣之包圍，故於精神科學所以日變之故，未盡發明焉。

豈唯生計，政治亦然。近年以來，狄驥、拉司幾氏[24](Laski)、柯爾氏[25](Cole)反對國家主權說，乃

23 穆勒・約翰(John Stuart Mill, 1806–1873)，為英國哲學家、經濟學家及國會議員，其著作《論自由》為十九世紀自由主義集大成之作。

欲以社會職司 (Function; Service) 之說代之。自其說出，於是治者被治者之關係為之一變焉。議會之選舉，曰不以地域為標準，而以職業為標準，又為之一變焉。既無主權，而一切人同居於服務之地位，則權利義務之說，必從而鏟除，又可知焉。讀者試一思之，號為科學者，而其根本觀念可以一朝推翻若是其易，是尚得謂為科學乎？諸君或者起而駁曰，奈端之說何嘗不為愛因斯坦所推翻？可知此為學術發達之結果，何獨於精神科學而疑之？雖然，奈端之說，正確程度或不如愛因斯坦，故於光折之實驗，奈氏說已不能適用。若夫地球上之物體運行，至今猶為奈端公式所支配，故愛氏學說不能推翻舊物理學，與狄驥輩之盡改政治學之面目者，不可同日而語。無他也，物質科學與精神科學之異同本如是也。

穆勒．約翰氏雖嘗想及社會公例之不能久持，而猶不知其所以然之故。近年以來，研究社會科學者始有發明，而其人以倫敦社會學校主任、王家學校生計學教授歐立克氏[26] (Urwick) 為首屈一指。

---

24 拉司幾 (Harold Joseph Laski, 1893–1950)，為英國政治理論家、經濟學家。支持馬克思主義，強調階級鬥爭及工人革命，支持印度革命。

25 喬治・道格拉斯・霍華德・柯爾 (George Douglas Howard Cole, 1889–1959)，為英國政治理論家、經濟學家及歷史學家，認為國家社會主義及工團主義皆有產生暴政的可能性，因此提出基爾特社會主義（透過工人行會組織生產）的理論。

26 歐立克 (Edward Johns Urwick, 1867–1945)，為社會學家、自由主義理論家，提出道德進步和公民身分的進化理論。

歐氏書名《社會進步之哲學》(*Philosophy of Social Progress*)，字字珠璣，吾百讀而不厭者也。錄歐氏言數段如下：

有良好之溝洫，可以減少疾病，可以使人口健康，此吾人所知者也。若夫人口健康以後，其德性如何，其毅力如何，是否有貧血症，是否有瘋癱症，是否繁滋，則不可知也。工作久，工價賤，則工人之效率必低，此吾人所知者也。然而優其工資，減其工時，其工人是否滿意，是否益趨於革命的或趨於宗教的，則不可知也。有健康之父母，必生健康之子女，此吾人所知者也。然而優生狀態之子女，智愚如何，柔暴如何，不可知也。

以上所舉，乃社會智識或科學之數例。此類智識於吾人之行動亦有用處，故吾人尤多得則尤有益。雖然，吾人之行為非彼能決定者也 (Yet it does not determine our actions)。

歐氏更進而定社會科學之力之所能屆曰：

科學之所能為力者，不過排除某種行為之方法，不過確定所以達某部目的之條件。至於全社會大目的之決定，吾人所應選擇之方向之決定，則非科學範圍內事。此決定何從而來乎？曰，視社會中各力所構成之活的衝動之複體。所謂社會各力有五：曰物理的，曰生物的，曰心理的，曰社會的，曰精神的。而精神力一端，決非科學所能研究。其潛伏於改良衝動或決定之後，且為達某種理想之意力之最要成分者，遠強於其他科學所研究之自然力也。全社會之大目的，吾人名之曰社會幸福，無定的也，無限的也。人類生存之第一條件，即在將其所謂大目的，時時加以畫定，以達於更美之境。而此畫定之行歷，謂為一部分起於生活變化之衝動的可也，謂為一部分起於有目的之半理性的可也，謂為一部分起於理想化的亦可也。要而言之，則非科學的。

歐立克氏全書所闡發者，曰全社會變化，決不能預測，故決非科學的。凡上所舉，不過寥寥數段。全書精義，尚不能盡其十一。然社會現象，決非科學之所能盡究，則已顯然。且歐氏亦知世界社會科學家亦有頑固不化如在君者，又從而聲明之曰：

吾之立腳點，至今無人承認，且恐不易得人承認，以科學之誘力之強，不亞於百年前之孔德時代。彼等常繼續要求曰，即令今日不能，安知來日亦復不能？然以已往數年之事觀之，已大可助我張目。社會之發展翻倒而來，或善或惡，暫不必問，要之，非理性衝動之結果，故無人能預測也。

夫事之可以預測者，必為因果律所支配者也，今既不能預測，則因果律安在？而科學之技安從而施？故社會科學之為學，雖學者至今以科學視之，實則斷不能與物理學生物學同類而並觀。常人不察，惑於政治科學(Political Science)、社會科學(Social Science)之名，相率視為玉律金科，蓋皆不知精神科學之真性質者，而在君亦其一人也。

四、人生觀

或者讀吾闢於精神科學（或社會科學）之言論，必反詰曰，依君言觀之，似不絕對否認精神科學中之公例，果何以於人生觀？則曰，決不為科學所支配。讀者當注意者：清華講演為人生觀與科學之對照，非精神科學與物質科學之對照，故不能以我對於社會科學之態度，反駁吾人生觀絕對自由之說也。社會科學固與人生觀相表裡，然社會科學，其一部對象為物質部分（如生計學中之土地資本等）。物質固定而凝滯，故有公例可求。除此而外，歐立克所謂不可測度之部分，即我之所謂人生觀也。

人之生於世也，內曰精神，外曰物質。內之精神變動而不居，外之物質凝滯而不進。所謂物質者，凡我以外者皆屬之。如大地山河，如衣服田宅，則我以外之物也；如父母妻子，如國家社會，則我以外之人也。我對於我以外之物與人，常求所以變革之，以達於至善至美之境。雖謂古今以來之大問題，不出此精神物質之衝突可也。我對於我以外之物與人，常有所觀察也，主張也，希望也，要求也，是之謂人生觀。甲時之所以為善者，至乙時則又以為不善而求所以革之；乙時之所以為善者，至丙時又以為不善而求所以革之。人生一日不滅，則人生目的之改進亦永無已時。故曰人生者，變也，活動也，自由也，創造也。唯如是，忽君主，忽民主，試問論理學上之三公例（曰同一，曰矛盾，曰排中），何者能證其合不合乎？論理學上之兩大方法（曰內納，曰外繹），何者能推定其前後之相生乎？忽而資本主義，忽而社會主義，試問論理學之三大公例，何者能證其合不合乎？論理學上之兩大方法，何者能推定其前後之相生乎？乃至我於清華講演中所舉九項，試問論理學上之三大公例，何者能證其合不合乎？論理學上之兩大方法，何者能推定其前後之相生乎？

我嘗求其故而不得，則命之曰良心之所命。以康德之名名之，則曰斷言命令（Categorical Imperative）。以倭伊鏗[27]之名名之，則曰精神生活。而英人之中，發揮此義最透闢者，莫如歐立克氏。歐氏於其《社會進步之哲學》第二版序論中，既言社會科學不能與自然科學相提並論，又繼之以辭曰（歐氏文僅譯其大意）：

> 吾之持論之一部分，即在否認以理智為人事之指導者。社會事實，以成見夾雜其間，故不易得

27 倭伊鏗 (Rudolf Christoph Eucken, 1846–1926)，為德國唯心主義哲學家，一九〇八年諾貝爾文學獎得主，著有《亞里斯多德的研究方法》、《宗教與生活》等書。

公平之剖解。然此事實之變化非他，即個人與團體之衝動為之耳。此衝動之自來，不在自覺性中，非理智之所支配，情感為之，意志為之。此等衝動，乃個人之生活動機（Life-motive），亦團體之生活動機。生活緊要關頭之行動自此而決。若其力之大小，方向之所至，不能測度，不能預言。或者以為吾言類於柏格森之唯用主義之部分，然吾以為此生活衝動之背後另有物在，是名精神元素（Spiritual Element），個人之品性與人格，即自此而來。故個人之行為與團體之行為之決定，有三元素之結合：第一曰生活衝動，是為半自覺的，以求適應於新需要；第二曰自覺的目的，是為理智，所以解決問題之方法於此存焉；第三曰精神元素之作用，此為一種深遠能力，非常人所能察知。此三者中，除第二項外，皆非人之所知也。

歐氏三元素之說，其術語與吾稍異，要其為直覺，為自由意志，則與吾所見如出一轍。總之，以人生觀為可以理智剖解，可以論理方法支配，數十年前或有如在君之所深信者，今則已無一人矣。在君引適之經驗的暗示之說，以明科學家未嘗排斥直覺，不知此乃柏格森舉出種種證據，迫令經驗主義者不能不承認之結果也。既已認其實，復不願居其名，則以暗示之語代之，適足以證經驗主義者之無聊而已。

抑在君聞歐氏之言，必又曰此與柏格森、張君勱一鼻孔出氣者，是玄學也，必不可信。則吾舉韋爾斯[28]（H. G. Wells）之言。韋氏者，科學的文學家也，去神祕主義者甚遠者也。其所著《最初物與最終物》一書中，嘗有論理學為靜的，生活為動的 (Logic Etatic and Life Kinetic) 之驚語。繼之以伸論曰：

> 普通之三段論式的論理學，每以為凡為甲者，或為乙，或為非乙。其實世間之物，何嘗有若是固定者？其為甲者，或變而去乙近，或變而去乙遠。然人類之心理，於所謂變而尤近，或變而尤遠云云，每以為難於說明。於是好為斷定之語，名甲為乙，或名曰非乙，以其固定，則思考易也。其於變動不居之流，嘗求所以阻止之，彼約修 (Joshua) 之阻止太陽之進行。蓋川流不息之體，難於思考，於是對於外界之事物，好暫時攝取小影，以求得一固定之形。換詞言之，去其變動不居者，而後從而研究之，與自然科學家之死一蝴蝶，以達研究生活之目的者等也。（頁二十六）

韋氏此段文章，於世界實在本為活的動的，而論理學家必分之為甲為乙，使之歸於固定，以便思考，可為描畫盡旨矣。如是，豈唯本活者超於論理學以上，即所謂本死者，亦難為論理學之所範圍矣。

28 今譯威爾斯 (Herbert George Wells, 1866–1946)，為英國小說家、新聞記者、社會學家及歷史學家，其科幻小說提出的時空旅行、外星人入侵、反烏托邦等話題影響至今，更有人稱其為「科幻小說界的莎士比亞」。

韋氏既論世界活的實在，不如論理學家所分畫之明確，於是謂世界有一種反動之趨勢，承認個體之單一性，而否認數學家之計算方法。其言曰：

算也，量也，數學之全部構造也，皆出於人之主觀，而與事實之世界相背。個體之單一性，乃客觀的真理也。（頁三十五）

此所云云，韋氏敘世界之傾向如是，而其關於人事之終結語曰：

科學的嚴確之否認，推諸一切人事而準。至於關於個人之動機，如自克如虔敬之類則尤甚。（頁三十八）

韋氏之言，可謂推闡盡矣，不容我更贊一詞。然在君必曰，此文學家也，常好為驚世駭俗之言，故不可信。然詹姆士，則在君所認為科學家也，其言宜為在君所樂聞，錄之如下：

論理學之關於人身有不可磨滅之用處；然其為用，不能使人親自領略實在之真性。實在也，生活也，經驗也，具體性也，直接性也，超於論理學以上者也，包圍之而淹沒之者也。（《多元宇

宙》頁二一二）

嗚呼！誠人生而超於論理學以上也，尚何定義可言？尚何方法可言？尚何科學可言？科學家雖好因果，雖好公例，其何能顛倒此事實乎？

吾之所以答在君關於科學與人生觀之論辯，至此可以止矣。茲舉在君之質問，簡單答覆並舉其要點如左：

（問）在君曰：物質科學與精神科學的分別不能成立。

（答）物質科學與精神科學內容不同，絕對可以分別；即以科學分類，久為學者所公認一端，可以證之。

（問）在君曰：試問活的單是人嗎？動植物難道是死的？何以又有動植物學？

（答）人與動植物同是活的，然動植物學之研究之對象為動植物，精神科學之所研究者為人類心理與心理所生之結果，故不得相提並論。

（問）在君曰：如何可以說純粹心理上的現象不受科學方法的支配？

（答）凡為科學方法所支配者，必其為固定之狀態。純粹心理，頃刻萬變，故非科學方法所能支配。

（問）人生觀能否同科學分家？

（答）人生觀超於科學以上，不能對抗，故分家之語，不能成立。

抑在君所慮者，人生觀既日變而不窮，人人標舉一義以為天下倡，致有張獻忠之類奈何？曰：人生者，介於精神與物質之間者也；其所謂善者，皆精神之表現，如法制、宗教、道德、美術、學問之類也；其所謂惡者，皆物質之接觸，如奸淫擄掠之類也。古往今來之大思想家，每於物質精神之不調和，不勝其悲憫，於是靜思默索，求得一說焉，以布於眾。故以吾國言之，自孔孟以下逮於陸王，以歐洲言之，自柏拉圖以下逮於所謂馬克思，雖立言各有不同，然何一非捨己為人，以圖人類之解放者？人類目的，屢變不已；雖變也，不趨於惡而必趨於善；其所以然之故，至為玄妙，不可測度。然據既往以測將來，其有持改革之說者，大抵圖所以益世而非所以害世，此可以深信而不疑者也。詹姆士有言，唯心主義者，好以全體解釋部分。以詹氏言，驗諸唯心主義者之道德論，可謂其小我之中，以已具有大我性為前提，故其立言自能貫徹。在君如能棄其唯物主義或唯覺主義（如皮耳生是也）從我而學為唯心主義者，則人生觀雖出於自由意志而不至於不可以一朝居者，其義自可豁然貫通。若抱其唯物主義、唯覺主義而不變，雖我百端辨說，恐亦無法以回在君之觀聽也。

（中篇）

一、君子之襲取

在君之言曰：「今之君子……以其襲而取之易也。」此言也，在君之所以責當世者。乃讀其所謂科學的知識論，無一語非英人皮耳生[29] (K. Pearson) 之言，故君子之襲取，正在君之所以自謚也。

(一)在君曰：玄學是無賴鬼。又有詛咒玄學家死完之語。

皮耳生曰：玄學家為社會中最危險之分子。（皮氏著《科學規範》頁十七）

(二)在君引冒根氏[30]《動物生活與聰明》一書中「思構」之語。

皮耳生亦引冒根氏《動物生活與聰明》一書中「思構」之語。（皮氏書頁四十一）

29 今譯皮爾森 (Karl Pearson, 1857–1936)，為英國數學家及自由思想家，提出動差估計法、皮爾森卡方檢定等理論，在生物統計學有極大貢獻。

30 今譯摩根 (Conwy Lloyd Morgan, 1852–1936)，為英國心理學家、動物行為學家，為比較心理學先驅，著有《動物生活與聰明》(*Animal Life and Intelligence*, 1891)、《比較心理學導論》(*Introduction to comparative psychology*, 1894)、《動物行為》(*Animal behaviour*, 1900) 等書。

(三)在君云：推論之真偽，應參考耶方思（丁譯戒文士）《科學原理》。皮耳生曰：關於推論之科學的效力，應參考耶方思《科學原理》第四章至第七章，第十章至第十二章。（皮氏書頁五十五）

(四)在君曰：此種不可思議東西，伯克萊[31] (Berkeley) 叫他為上帝，康德、叔本華叫他為意向，布虛耶[32] (Buchner) 叫他為物質，克列福[33]叫他為心理質，張君勱叫他為我。皮耳生曰：官覺背後之物，唯物主義者名之曰物質，伯克萊名之曰上帝，康德、叔本華名之曰意志，克列福名之曰心質。（皮氏書頁六十八）

(五)在君所用譬喻，曰書櫃，長方的，中間空的，黃漆漆的，木頭做的，很堅很重。皮耳生所用譬喻，曰黑板，亦曰長方的，黃色的，很堅很重。（皮氏書頁三十九）

(六)在君說明覺神經腦經動神經之關係，以刀削左手指頭，乃去找刀創藥為喻。皮耳生說明覺神經腦經動神經之關係，以腳膝為書桌之角所撞破，乃以手壓住，乃去求藥為

---

31 伯克萊 (George Berkeley, 1685–1753)，為愛爾蘭哲學家、克洛因鎮主教，為英國近代經驗主義哲學家的代表人物之一，積極捍衛觀念論。

32 今譯布希納 (Ludwig Büchner, 1824–1899)，為德國哲學家、生理學家和醫師，是十九世紀科學唯物論倡導者之一。

33 今譯為克利福德 (William Kingdon Clifford, 1845–1879)，為英國數學家、科學哲學家，數學物理上的克利福德代數即以他命名。

喻。(皮氏書頁四十二)

(七)在君以電話接線生比腦經。

皮耳生以腦為中央電話交換所。(皮氏書頁四十四、四十五)

在君之襲取之定義如何,我不得而知之。上所列舉者,亦應視為襲取否耶?我實告在君,今國中號為學問家者,何一人能真有所發明,大家皆抄襲外人之言耳。各人讀書,各取其性之所近者,從而主張之。然同為抄襲,而有不抄襲者在,以各人可以自由選擇也。適之何嘗不抄襲杜威?公產黨何嘗不抄襲馬克思?以吾觀之,即令抄襲,不足為病。唯在君既已標榜不襲取主義,而其文字不顧他人之版權至於如是,則我不能不為在君惜耳。雖然,此閒話也。苟皮耳生之言誠能於真理之發明有所補益,我並不以其出於在君之抄襲而蔑視之。故吾人且進而研究所謂科學的知識論。

二、所謂科學的知識論

我所最不解者,則「科學的知識論」之名詞是也。若以「科學的」三字作為已有定論解耶,則知識論應早已為一種科學,與物理學生物學等,何待於今日哲學家紛紛聚訟。蓋古今所以有唯心主義,唯實主義,經驗主義,理性主義之別者,即以智識論之漫無定說實使之然也。既已無定說,而必冠以「科學的」三字，斯之謂不通。若在君所引之知識論，以其為科學家之言論，乃冠以「科學的」三字耶，則古今科學家中有關於知識論之主張者，不止赫氏、達氏、詹氏、杜氏、馬氏數人。德醫學家布虛那有心為物質之說。生理學家馬勒蓄氏[34] (Moleschott, 1822–1893) 有無磷質則無思想 (No Phcsphorus no Thought) 之說。以在君之尊重科學家，何獨於布虛那氏、馬勒蓄氏而薄之。在君知之乎？知識論者，哲學範圍內事也，與科學無涉者也。科學家之知識論，不必優於哲學家之知識論；哲學家之知識論，不必劣於科學家之知識論。自洛克[35]、康德以下，迄於今日英美之新唯實主義，同為唯心主義，而其中有大同小異；同為唯物主義，而其中亦有大同小異；千差萬別，幾於不可爬梳。唯其然也，欲執一二家之言，名之曰科學的知識論，此必不可得者也。

科學的知識論之名詞，既已不能成立，則在君所倚為根據之知識論，已有一二百年之哲學史代吾人作辯護士。而皮耳生之言，已無取一一細究。然吾人姑讓一步，以皮耳生為訴訟之一造而與之對質。皮氏立言，以我所見，其重要之點有三：

---

34 馬勒蓄 (Jacob Moleschott, 1822–1893)，為荷蘭生理學家及營養學家，他提出科學唯物主義，並透過物理原因解釋動物起源及狀況，其名言為「沒有磷就沒有思想」。

35 洛克 (John Locke, 1632–1704)，為英國哲學家，啟蒙時代最具影響力的哲學家中之一，為經驗主義代表人物之一，亦有自由主義之父之美稱。他主張政府在取得人民的同意，並能保障人民生命、自由及財產的權利，其統治才具正當性，著有《政府論二講》，影響《美國獨立宣言》及美國憲法的制定。

㈠思想內容之所以組成，則在官覺之感觸。
㈡因知覺或經歷之往復不已，因而科學上有因果概念。
㈢科學之所有事者，即將此官覺之感觸，分類而排列之，以求其先後之序。

在君善讀皮氏書，然「經歷之往復不已」一條，乃忘卻列舉，不知是何用意？英國學派好以經驗或感覺為出發點，然反詰以感覺之中並無無形之因果概念在，則彼必答曰，是由其事之屢屢出現，成為一種往復不已之態，此因果概念之所由來也。唯如是，有因必有果者，非必然 (Necessity) 之真理也，乃心理上之信仰或習慣為之也。此說也，出自休謨 (Hume)，今已成為傳統的學說。即北美行為派之好以言語習慣 (Language-Habit) 解釋思想作用者，亦由此來也。

雖然，吾人試將皮氏之所謂感覺所謂知覺之往復不已，與夫因果律之本於知覺之往復不已三義，分析而論之。

皮氏有言曰：

就科學就吾人言之，此在外的世界之實在，即形、色、觸三者之結合。換言之，即官覺的印象而已。人類所得之印象，猶之電話接線生之所得之叫號。彼之所知者，但有叫號者之音；至叫號者之為何如人，非彼之所知。故腦神經他一端之本體如何，亦非吾人之所知也。吾人拘束於

感覺之世界內，猶之接線生拘束於叫號之世界內，而不能越雷池一步。(《科學規範》頁六十三)

皮氏以為分析世界之事物，其最終而不可分之元素，必歸於官覺之印象。除官覺之印象外，無他物焉。然以我觀之，苟人類之始生，若其所得於外界者，只有感覺，則並感覺而亦不可能。何也？名此為甲感覺，名此為乙感覺，此甲乙之分，已有一種論理之意義。此意義也，甲乙感覺所由以構成之分子也。吾人居此世界中，若所謂感覺僅有色之紅白，觸之剛柔，味之辛酸，形之大小，則所謂辨別性者安從而起？唯其不僅有色、形、觸三者，而尚有與覺俱來之物。譬之紅色，一至簡之感覺也；然與紅俱來者尚有二事：一曰紅色如此，二曰此真是紅；此二者，即我之所謂論理的意義也(以上皆採德國《思想心理學》之言)。唯其有此二者，而後有彼此之分，而後有真偽之辨，此則推理之所由以本也。一切感覺不能脫離意義，則皮氏純官覺主義何自成立耶？

蓋人類之於世界，既已以辨真偽求秩序為唯一要義，則與生俱來者，必有一種辨真偽求秩序之標準。此標準為何，即論理的意義也。前既言之，假令但有感覺，則即欲求感覺而亦終於不可能。唯其不僅有感覺，而又有意義，故能分別感覺之彼此。然更進一步言之，真偽之意義既含於感覺之中，至於推理亦有一定之標準否？曰：有，是為康德之先天綜合判斷說。譬云「金屬因熱而膨脹」，金屬，主辭也；因熱而膨脹，謂詞也；是之謂判斷。此判斷中因果相生之觀念，必具於先天，而後此因熱而膨脹之命題乃能成立。休謨輩之言曰，安知此非積平日之經驗，睹其往復不已之狀而後有此判斷乎？康德曰，不然，平日經驗之所得，是為官覺之所接觸，然伏於官覺接觸之後者，必有理性之作用，因果相生者，乃理性上之概念也。因此概念，而後金屬因熱而膨脹之判斷乃以成立，此所謂理性之概念，與前所謂論理的意義，名詞雖二，而精神則一。如是，感覺之往復不已，必非推理之唯一標準矣。

由以上二段觀之，可知科學家推本人類知識於感覺之說，無自而成立。然此類言論屢見而不一見者，皆自忘其立言之本也。譬之在君師法皮耳生之言曰，事物之實在，皆感覺而已。不知此一語中已含有非感覺的成分。何也？贊成感覺而排斥其他各物，則已有一種是非之標準。是非之標準，並感覺也。又如美之行為派常曰，人類心理之研究，只有見於行為者為可依據。不知此一語中亦已含有非行為的成分。何也？贊成行為，而排斥自覺性，已別有一種是非之標準。是非之標準，非行為也。持唯物主義與持唯覺主義者，往往自忘其出發點，以為以覺為始基，則天下事物皆覺矣；以為以行為為始基，則心理現象除行為外，無他物矣。不知其出發處既誤，雖滔滔數萬言，自謂足以自圓其說者，而實則棋輸一著，全局皆空。

科學之所重者，厥在因果律之必然性。自馬哈[36] (Mach) 以來，以因果律必然性之說，不便於說明物理學一切現象，乃為因果律重下一種定義，曰：因果律者，無所謂必然性也，不過記現象之先後，

36 今譯馬赫 (Ernst Mach, 1836–1916)，為奧地利帝國之物理學家及哲學家，其強調經驗主義及實證主義在科學研究中的重要性，奠定科學哲學發展基礎，後來的邏輯實證主義即借鑑其主張。

且以至簡之公式表示之，以圖思想上之省事(Economy of Thought)。如數學上甲為乙之函數，則乙亦甲之函數。故因果之相依，亦猶甲乙之相依，此外無他意焉。皮耳生之書，其論因果，一本馬哈之說。故其言曰：

「科學上之公例，乃以心理的縮寫法，記述知覺之先後之序。」

「科學不能證明現象之先後中有內在的必然性。」

然以吾人觀之，力學上之現象，如一物件上左右各加一力，則其所行之路，為平行方形之對角線。夫物件線路之方向，且能為之算定，則必然性之強可以想見。馬氏、皮氏輩為維持其唯覺主義故，乃擅改定因果律之定義。實則唯覺主義本無成立之根據，而因果律之本意，猶之天經地義，初不以一二人之點竄而動搖也。

自以上三點觀之，皮氏知識論之脆薄為如何。皮氏亦自知僅恃唯覺主義之不能自存，乃有所謂推理之說，而其標準則有三：

(一)概念之不能自相矛盾。

(二)以非反常的人之知覺為標準。

㈢各觀察者所得推論之一致。

曰概念之不應矛盾也，曰所得推論之一致也，此本為各學者公認之說，非皮氏之所特創。然唯覺主義者之皮氏，則不能資之以為論據。何也？矛盾也，推論之一致也，唯理性中乃能有之，非官覺中之所表現也。皮氏之承認此三標準，不啻自棄其感覺一元論，而走入唯心派之先天範疇說矣。然而皮氏亦有說曰，吾舉三標準中，厥以非反常的人之知覺一條為中心。換詞言之，以各人官覺組織之同一，生理組織之同一，乃能得推論之同一，故與感覺主義無背焉。雖然，以人事言之，明明有官覺的印象相同，而其所得結論則大異。器官之微異，達爾文曰：是環境使然；拉馬克曰：是用不用使然。果達氏、拉氏官覺組織之不同耶？果如在君所謂誰為瘋子，誰為非瘋子耶？關於時空問題，奈端曰：時空絕對；愛因斯坦曰：時空相對。果兩氏官覺組織之不同耶？果如在君所謂誰為瘋子，誰為非瘋子耶？休謨、洛克曰：知識起於感覺；康德曰：知識之成立，除覺攝外，依賴理性為根據。果三家官覺組織之不同耶？果如在君所謂誰為瘋子，誰為非瘋子耶？馬哈不認有所謂我，而詹姆士承認之。果兩氏官覺組織之不同耶？果如在君所謂誰為瘋子，誰為非瘋子耶？此數人者，所以各持一說之故，理由甚多，姑置勿論。要之，以感覺為知識材料之最後根源 (Sensation as the ultimate source of the materials of knowledge)，以常人官覺組織之相同為推理相同之唯一根據，則斷斷乎其不可通。

皮耳生之知識論之駁難，大略盡於此矣。然中央電話交換所為皮氏最愛用之譬喻，故不可不一論之。皮氏之意，人心如電話局之接線生然，接線生但知兩家之報號，至報號者之為何如人，非接線生之所知。人心亦然，但能接受感覺，至感覺之背後為何物，則非人之所能知。然依以上所言，人類之辨別真偽，乃思想之本質。故所謂心之為用，決非如接線生之接線而已。此意本與唯覺主義相反。若唯覺主義既破，則接線生之喻亦無自而成立。故美人羅傑司[37] (Rogers) 嘗評皮氏曰：

> 苟接線生之全世界，僅以叫號者之聲音為限，則所謂電話交換所，將如空氣之騰於虛空中，不移時而化為烏有。

羅氏之意，接線生不僅與聲音接觸，且嘗與世界實在相接觸，故交換作用之依據，不僅限於聲音。誠如是，人類之所接觸者，決不限於感覺。而感覺之後，必另有他物在，雖其為物之本體如何，為哲學爭論之焦點，然吾人之知識世界決不僅以感覺充斥，則可以斷言。人心之辨是非也，別真偽也，即為實在之一點，而豈感覺之所能盡哉？

抑吾尚有駢指之言告在君與適之：公等讀吾駁皮氏之言，必以我純守德菲希德以後唯心主義者

37 羅傑司 (Carl Ransom Rogers, 1902–1987)，為美國二十世紀重要心理學家，人本主義創始者之一，首創非指導性治療（又稱案主中心治療），強調人具有自我調整心理健康之能力。

之規矩矣，而實非也。世界哲學之潮流二：曰英，曰德。英人好以外釋內，故為後天主義，唯覺主義。德人好以內釋外，故為先天主義、唯心主義。唯英人以外釋內也，故在哲學上有洛克、休謨之感覺說，或經驗說，倫理學上有邊沁之功利主義，進化論則有達爾文之生存競爭微變積疊說，心理學上則有行為主義，教育哲學則有環境適應說。唯德人以內釋外也，故哲學上有康德之純理性說，倫理學上有康德之義務說，生物學上則有杜里舒之生機主義，心理學上則有思想心理學（胡爾孳堡學派），教育哲學上注重精神之自發。雖主內者不能並外而盡去之，主外者不能並內而盡去之，然其大經緯如是，固不易混而同之。吾國當此新學說輸入之際，取德乎？取英美乎？吾則以為皆非也。曰：取二者而折衷之耳。蓋唯心，唯物，唯理，唯覺，本為一種無聊之爭執。吾國學者若取歐美人門戶以樹之國中，行見其徒費口舌，而於學理一無裨益。然我默察國人心理所趨，倚旁門戶之見解深入人心，故英德內外之爭，先天後天之爭，經驗理性之爭，環境與精神之爭，恐亦不免在吾學術界上重演一過。何也？學於英美者，師法英美人；學於德者，師法德人；其能融會而貫通，以期超於英德之上而自成一家言者，其人本不易得焉。

古往今來之哲學家，自成一系統，包舉一切現象，而其說足饜人心者，無如康德。康德哲學之系統如左：

- 康德哲學
  - 人生（實行理性）
    - 自由意志
  - 學問（純粹理性）
    - 覺攝
    - 概念
    - 因果

人類好於一切現象求其因果之相生，於是有知識，有科學。然欲以因果律概括一切，則於人生現象中，如懺悔，如愛，如責任心，如犧牲精神之屬於道德方面者，無法以解釋之。於是康德氏分之為二：曰關於倫理者，是自由意志之範圍也；關於知識者，是因果律之所範圍也。自由與因果二義乃不相衝突，而後人事與知識方面各有正當之說明。此康德之所長一也。至於知識為物，是否起於感覺，抑起於理性，康德則有一種調和之說，曰有覺攝而無概念，是為盲目；有概念而無覺攝，是為空洞。此言也，即所以調和兩派也。此康德之所長二也。康氏之哲學，本取英休謨與德華爾孚而折衷之，惜焉後人不能發揮光大，致陷哲學界於分裂。繼今以後，誠能本康氏之說，以施之於英德之哲學，英德之倫理學，英德之生物學，英德之心理學，英德之教育學，必能有所發明，而於學術界有一種新貢獻。此責也，以誰任之為宜？曰，吾以為莫如吾國人。何也？少國界之拘牽，不為陳言所束縛，非英德人之所能也。合二者而一之，斯上策也。否則兩利而俱存之，猶不失為中策。若執一方之言以誇耀於國人，則無聊之甚，莫過是矣。此段文字，吾自知其為題外之文，然所以不能不言者，一則辨明感覺與概念同為知識構成之分子，不能並感覺而排斥之，唯如皮耳生氏以此為唯一元素，則為吾所不贊成；二則希望國中研究哲學者如適之者，不可徒執一先生之說，以分門別戶，若能以調和英德之說為己任，則於學術界必能自闢途徑，而此業正為吾國人所應努力。愚意如此，不敢執國人而強同之也。

三、科學以外之知識（一名科學之限界）

世間事物之「真」者，皮氏曰唯有感覺。我以為苟無辨別真偽之思想，則並感覺之彼此而亦不辨。故所謂「真」者，除感覺外必認思想，或曰論理的意義，此乃學術上之天經地義，不容動搖者也。然而在君既以皮氏感覺之說為出發點，於是除科學方法所得之「真」外，概不認為「真」。故其言曰：

> 第一，凡概念推論若是自相矛盾，科學概不承認他是真的。
>
> 第二，凡概念不能從不反常的人的知覺推斷出來的，科學不能承認他是真的。
>
> 第三，凡推論不能使尋常有論理訓練的人，依了所根據的概念，也能得同樣的推論，科學不承認他是真的。

此三條文之性質如何，前文已嘗及之。其所以立此標準者無他，曰定知識非知識之限界。皮氏亦曰：

> 苟有說者，謂某某區域內，如玄學（或形上學）之類，科學既遭擯除，其方法又不適用云云，是無異謂方法的觀察之原則論理的思想之公例，皆不適用於此區域內之事實耳。苟誠有此類區域，吾人唯有答曰，此區域必在知識一名之正當的界說以外。

皮氏毅然決然畫一條界線，凡為科學方法之所適用者，名之為知識，反是者不名之曰知識。

吾人可簡單答曰：皮氏此類界說絕對不能成立者也。何也？誠如皮氏言，則人事之大部分，皆不得以知識名之。曾子曰：「吾日三省吾身，為人謀而不忠乎？與朋友交而不信乎？傳不習乎？」忠不忠信不信之辨，唯己知之最深，而與在君所舉之三標準無涉焉。吾人其能以其不合於三標準，並此類之知而不認為真乎？此關於道德之知一。子語魯太師樂曰，樂其可知也。樂之美不美，亦唯一己能知之，而與在君所舉之三標準無涉焉。吾人其能以其不合於三標準，並此類之知而不認為真乎？此關於美術之知二。子曰：「未知生，焉知死？」又曰：「知之為知之，不知為不知，是知也。」此生死之知不知，可知與不可知之界限已為一種科學知識與非科學知識之界線，亦與在君所舉之三標準無涉焉。吾人其能以其不合於三標準，並此類之知而不認為真乎？此關於形上界之知三。凡此三者，苟以其非科學之技所能施，乃並其為知識之性質而亦否認之，適足以證科學家自知其力之有限，乃於其力之所不及者，閉目而不欲見，充耳而不欲聞耳。

幸焉科學家中，非必人人狹小如皮耳生。有直認科學之力之所不及，而以哲學、美術、宗教三者為輔佐，則英生物學家托摩生其人是也。托氏於所謂科學方法所適用之知識外，同時承認三項，曰哲學，曰美術，曰宗教。

托氏所以承認哲學者有二故。各科學以一定之達坦(Data)為出發點，至達坦之是否正確，不暇細究。物理學以物質以愛納涅為宇宙之本，一若有此二者，則宇宙可以立就。抑知所謂物質所謂愛納涅(Energy)，其在大宇宙中，應作何解，不可不加研究。種變也，遺傳也，進化也，在生物學上視之為定論；然此數者之意義，是否正確，亦不可不經一番研究。此為一科學思想之徹底計(Consistent Thinking)不可不有批評之者，此哲學之所有事者一。自物理學視之，此宇宙一機械的宇宙也；自生物學家視之，此宇宙一有目的之宇宙也。究竟此兩種宇宙觀如何使之合一，以成一徹始徹終之宇宙觀，此哲學之所有事者二。

托氏之論美術曰：

> 人類之大目的，其於自然界，不僅知之，——此科學之事——又在能享受之。人者，有情感者也。其與自然界語也，不發之於理智，而發之於心。有詩人焉，寄其所感於詩歌，否則默默不言之中，亦有悠然自得者。語夫情感之變，忽焉喜，忽焉懼，忽焉憂戚，忽焉驚疑。天空星羅之偉觀也，山脈起伏之祕奧也，海潮之川流不息，鷙鷹之自由飛翔，花果之隨時開落，無時無地不使人勃然興起，曰：此天地之偉觀也。

托氏又論科學與美術之關係曰：

吾人深信科學之價值，在求得敘述的公式，使人之理解與實行上便於把捉自然界。以云科學之結論，謂能令人滿意，則吾人殊不之覺。人之於宇宙必欲解釋其由來。有人語吾輩曰，此種希冀，殊不正當。然吾人初不為所動。吾信崇拜自然之詩歌與宗教之情感，可以與科學相輔而行。此二者，直覺的衝動的也，非理智的也。二者皆求所以超於科學之上者，而吾人深信此二者之有成而無敗也。

托氏解釋宗教曰：

宗教者，無定義可下者也。對於獨立之精神的實在，與以實行上情感上理智上之承認，斯即宗教之義。

托氏又論科學與宗教之關係曰：

人也，自然界也，二者之歷史也，科學對於此諸問題求所以解答之。然世界甚大，科學甚稚，故其答案必不圓滿。即令關於全宇宙之答案已達圓滿之境，與今日對於各部分之答案同，則必有他問題生，而為人所不能答覆者。即令答覆矣，其不滿人意自若焉。欲求補充的答覆，唯有詩歌與宗教之感情。故視科學方法為達於真理之唯一途徑，此吾人所不信者也。（《科學引論》頁二一八）

吾人徵引托氏之說者，所以證在君與皮耳生之所謂知識所謂真乃一偏之見，不足措信。科學方法非達於真理之唯一途徑，明明出諸科學家托摩生之口，在君亦視為玄學而抹殺之耶？

托氏所以認哲學、美術、宗教為「真」者，凡以見科學之力有所不及。故托氏之所明白昌言者，則曰科學之限界。物理家以物質為基本概念，然物質之本質為何，非物理家所能解釋也。生物學家以細胞為基本概念，然細胞之本質為何，非生物學家所能解釋也。推之生物之來源，心理與身體之關係，科學家之無法解釋正與此同。於是托氏從而斷之曰，小祕密去，大祕密又來，宇宙之神奇，決非科學所能盡滅，或者因研究之深淺暫時遷移之耳（《科學引論》一九一頁）。托氏又引蘭克司德[38](R. Lankester)之語曰：「……（上略）此等事物，非今日科學所能解釋，且永非他日之科學所能解釋。」嗚呼！吾讀此數家之言，何自謙抑若是。以之較在君科學萬能之語，雖不能不佩其螳臂當車之勇，然吾唯有嘆蟪蛄之不知春秋而已。

38 蘭克司德(Ray Lankester, 1847–1929)，為英國動物學家，研究領域為無脊椎動物及生物演化，曾任英國倫敦自然史博物館館長，並於一九一三年獲頒英國皇家學會科普利獎。

四、玄學在歐洲是否「沒有地方混飯吃」

在君所念念不忘者，為吃飯問題。一曰玄學……（略）到近來漸漸沒有地方混飯吃。再則曰玄學家吃飯的傢伙。……（下略）玄學之在歐美，生耶死耶，請與讀者一研究之。在君之文，題曰〈玄學與科學〉，以其明知今之青年聞玄學之名而惡之，故取此名以投合時好。唯玄學一名含義之混，故於研究之始，不可不先定範圍。

玄學之名，本作為超物理界超官覺界解釋。唯其有此解釋，於是凡屬覺官以上者，概以歸之玄學。譬之因伽利略罪狀之宣告，而想及羅馬教，曰此玄學之過。然而玄學不任受也。因伽利略之發明力學，而上溯之中世紀，則有以星學占吉凶者，有以巫蠱易牛乳之色者（皮氏《科學規範》頁二十二），曰此玄學之過。然而玄學不任受也。乃至十七八世紀之交，有德人華爾孚氏[39]（Christian Wolff, 1679–1754）之玄學，以為獨恃純粹理性可以解決上帝問題宇宙問題者，亦早為康德所駁斥矣。雖然，自十九世紀末年以來，代表現代思潮之各大哲學，無不有玄學之著作。其所以然之故，姑俟後詳。先將其書名及出版年月列表如下：

39 今譯沃爾夫，為德國哲學家及數學家，他將哲學分為理論哲學與實踐哲學，前者統稱形上學，後者包含倫理學、政治學及經濟學，他的哲學分類法影響後世深遠。

一八七四，法國蒲脫羅氏 (Boutroux)《自然律之偶然性》。
一八八八，德國倭伊鏗氏《精神生活之統一》。
一八九七，美國詹姆士氏《信仰之意志》。
一九〇一，倭氏《宗教之真諦》。
一九〇二，詹氏《宗教的經驗之各樣》。
一九〇三，法國柏格森氏《形上學序論》。
一九〇七，柏氏《創造的進化論》。
一九〇七，倭氏《宗教哲學根本問題》。
一九〇八，蒲氏《科學與宗教》。
一九一六，杜里舒之形上學《實在論》。
一九二二，杜氏《實在論》再版。

此外以形上學之復活名其書者，尤屢見不一見。然則在君所謂「玄學在歐洲鬼混了二千多年，到近來漸漸沒有地方混飯吃」。又曰「不怕玄學終久不投降」，豈不是白日說夢話？國人所以聞玄學之名而惡之者，蓋惑於孔德氏人智進化三時期之說也。孔氏曰，神學時代重冥想；玄學時代推究萬物而歸之於一源，如化學力或生活力之類；至實證時代則以觀察為重，棄絕對原因說，而但求現象之公例。然以我觀之，即為神話或宗教最占優勢之時代，而少不了舟車之製作，耕耘之勤動。則實證之功，又豈絕無？即今日號為科學時代，而於物質之究為何物，生命之究自何來，何謂宇宙觀，何謂人生觀，未嘗無論及之者。則神學形上學之討論，豈得謂無？故孔德三時代之說，初不合於進化之事實，而時代與玄學有無之界線，乃不能畫定者也。

竊嘗推之，十九世紀末年以來，玄學運動之所以勃興者，蓋有數故。科學家以官覺達坦(Sense-data)為張本，苟其解釋，能滿足人心之要求，斯亦已矣。無如其所謂解釋者，不外乎前後現象之相關，而宇宙之神祕初不之及。此其反動之因一也。科學家以理智（即論理公例）解釋一切，而活社會之事實，非論理或定義所能限定。此其反動之因二也。科學家好以因果律為根據，然驗之人事其出於因果外者，往往而有。心靈之頃刻萬變，更非因果所能範圍，於是哲學家起而大昌自由意志之說。此其反動之因三也。既不以形下為滿意，乃求所以達乎形上；而形上之中，其所慰安人心者，則曰宗教；於是有提倡耶教改革者如倭伊鏗，亦有自實用主義以明宗教之為用者，則曰詹姆士。此反動之因四也。要之，此二三十年之歐洲思潮，名曰反機械主義可也，名曰反主智主義可也，名曰反定命主義可也，名曰反非宗教論亦可也。若吾人略仿孔德時代三分之法，而求現時代之特徵之一，吾必名之曰新玄學時代。此新玄學之特點，曰人生之自由自在，不受機械律之支配，曰自由意志說之闡發，曰人類行為可以參加宇宙實在。蓋振拔人群於機械主義之苦海中，而鼓其努力前進之氣，莫逾於此。

雖然，同為主張玄學，而立腳點各異。有以玄學作為哲學解釋以達科學思想一貫之目的者，如韋爾斯氏、托摩生氏是也。有以玄學求變求實在者，柏格森是也。有以玄學作為達於精神生活之境者，倭伊鏗是也。有以玄學與宗教分論之者，詹姆士是也。

韋爾斯曰：

流俗之見，每以玄學為無益為煩難，且事屬玄妙，無關實用。然就事實言之，為圖思想之明確計，則玄學的研究乃必要之條件也。

現代心理，須對於玄學重行研究，今正其時矣。

托摩生曰：

各科學供給此大宇宙之部分的影片，以其影片之立腳點各異故也。此種種影片，非僅依次排列已也，將合之以成一立體鏡中之景色，此玄學之事也。玄學建設之業，在求一首尾貫徹之宇宙觀，而其所以達此目的者，不採先天的方法，而以科學為根據。

此二氏者，為圖各科學之會通計，所以承認玄學之必要也。

柏格森曰：

「理智之所得者，只有外表，而不反於事物之內部。」

「所以認識者，非為認識而認識也，所以圖有所得也。」

柏氏斷言理智之為用，不適於求實在。然而人心之隱微處，活動也，自發也，是之謂實在，是之謂生活。既非理智之範疇所能把捉，故唯有一法，曰直覺而已。是柏氏玄學之內容也。

倭伊鏗之哲學之大本曰精神生活。人生者介於物質與精神之間者也。物質常為吾人之障礙，故超脫物質，以靖獻於大我生活之中，是倭氏立言之要旨也。

若夫詹姆士，其以玄學為學也，則立論與韋氏、托氏同。以為各科學各有其立腳點，故不能得思想之會通；欲求所以一之，唯賴玄學（《小心理學》頁四二六）。若其關於宗教之論，雖亦自實用主義出發，然以為信仰之為物，初不在證驗 (Verification) 之有無。亦有因意志堅強，而導人以達於成功，則謂信仰能構成證驗 (Faith Create its Verification) 亦無不可。是詹姆士深於形上之信仰為何如。

吾於各家之說，縷縷言之不已者，似已出乎答辯範圍之外。雖然，因此諸家之言，可知在君所云，苟非盲人瞎馬，則必為有意朦混矣。近三百年之歐洲，以信理智信物質之過度，極於歐戰，乃成今日之大反動。吾國自海通以來，物質上以砲利船堅為政策，精神上以科學萬能為信仰，以時考之，亦可謂物極將返矣。故新玄學之為學，其所以異於舊玄學者何如，其與各科學之關係如何，其與人心風俗之關係如何，本我之所引為己責，而欲介紹於吾學界，因在君之醜詆，令我有感於中，而更不能不長言之矣。

（下　篇）

一、我對於科學教育與玄學教育之態度

自以上兩篇觀之，吾人之立腳點，可以簡括言之：

㈠官覺界以上，尚有精神界。學問上之是非真偽，即此精神之綜合作用之表示。

㈡官覺與概念相合，知識乃以成立；然除學問上之知識外，尚有宗教美術亦為求真之途徑。

㈢學問上知識之成立，就固定狀態施以理智之作用；若夫人生所以變遷之故，則出於純粹心理，故為自由的。伸言之，歷史之新陳代謝，皆人類之自由行為，故無因果可言。

唯其如是，科學決不能支配人生，乃不能不捨科學而別求一種解釋於哲學或玄學中（或曰形上學）。此語也，吾人對於科學與玄學之理論的評價也。雖然，人類之於學問也，每好以學問為手段，

以輔助其人生上之目的。而輔助之法，莫如教育，於是有科學玄學之實用的價值問題。換詞言之，即其在教育上之位置如何，斯為本節之所欲研究。

教育之方法，無論或隱或顯，常以若干人生之理想為標準，標準定而後有科目之分配。我之視人生觀為自由意志的，故教育方法為一種。皮耳生與在君以人生觀為可以統一的，故其方法又為一種。在君之言曰：一個人的腦經思想的強弱，就是一個人的環境與遺傳。此在君之意，以環境與遺傳為原因，而一人思想則其結果也。皮氏亦然，嘗論社會之變遷曰：

吾人見社會上有大活動之時代，有外表靜止之時代，此社會制度之大變。吾人所以歸其因於少數個人，而名之曰維新與革命，即以吾人對於社會進化之確實途徑，尚有所未知。

是皮氏之意，亦以為社會之變遷，必為因果律所支配；特以今日知識尚未到家，乃歸其功於少數提倡者。皮氏與在君本此類觀察，於是其教育方針，則為注重科學。皮氏書中有論科學與公民一節，其大意曰，事實之分類也，求其先後之序也，乃科學之所有事也。此袪除成見，以事實為本之精神，不獨科學家應有之，即一般國民亦無不當有之。在君所言，與皮氏同一精神，唯不如皮氏之簡單明了。其言曰：

科學……是教育同修養最好的工具，因為天天求真理，時時想破除成見，不但使學科學的人有求真理的能力，而且有愛真理的誠心。

而其所深惡痛絕者，一則為英國教育上自然科學之不完備，二則為科學知識不適用於政治。夫人類之政治能否為科學所支配，前已論之矣。若夫科學與求真之關係何如耶？科學與愛真之誠心關係何如耶？教育上注重科學之利害關係何如耶？不可不分析論之。

求真云云，一切人所公認決無反對之者也。雖然，所謂真者，作何解釋耶？依在君之意，所謂真者，官覺的印象，而經推論工夫之煉鑄者也。其所謂真，獨限科學之智識，則與吾人之立腳點既異趨；即令認其所謂真者為真，則人類之求了解此宇宙，自昔日而已然。或曰宇宙之原質為水，或曰火，或曰阿頓，或曰電子。依吾觀之，最終之真者為何，終非人所能解決。不見托摩生之說乎？小祕密去，大祕密又來。故祕密之轉移則有之，解決則未也。法國當十九世紀之初期，其大科學家有醫學家之伯司德[40] (Pasteur)、倍爾那[41] (Claude Bernard, 1813–1878)，有化學家之倍德魯[42] (Berthelot,

40 今譯為巴斯德 (Louis Pasteur, 1822–1895)，為法國微生物學家、化學家，他是免疫學、微生物學等領域奠基者，倡導疾病細菌學說（即菌原論），發明預防接種方法、炭疽病疫苗，有「微生物學之父」之美稱。

41 今譯為貝爾納，為法國生理學家，他是首位定義「內環境」者，提倡雙盲實驗法確保科學觀察的客觀性。

42 今譯為馬塞蘭・貝洛特 (Marcellin Berthelot, 1827–1907)，為法國化學家及政治家，以透過改變脂肪及糖的性質來合成多種有機物、微生物固氮作用、化學反應熱效應、爆炸波等研究聞名於世。

1827–1907），皆信科學之進步的力量；同時則有文學家之藍能 (Renan) 鼓吹其說。自哥爾諾氏 (Cournot, 1807–1877)、李諾維 (Renouvier, 1818–1903) 先後輩出，攻擊科學之無上主權，於是學者對於科學之觀念為之大變。十九世紀之末，朴因卡勒氏[43] (Poincare) 至有「科學公式者，方便也，非真理」之語。夫誠為方便，則除我所謂向外，更又有何說？在君不認為向外，乃曰修養的最好工具，豈事物之觀察實驗，可作為向內之修養工具耶？豈在君之二大推論原則，可作為向內之修養工具耶？雖然，吾知之矣。在君理想中之科學家之模範，則為赫胥黎氏[44] (Huxley, 1825–1895)。赫氏於十九世紀之後半，以科學智識普及於勞動者，同時則反抗宗教家而贊成達爾文之進化論。唯其惡陳言而好實證，故嘗以理智的誠實 (Intellectual Honesty)，為人類最高之道德。又曰，即令妻子死亡，名譽掃地，然以謊語之人期我，我不為焉。赫氏之事事必徵驗，吾豈不佩！然吾以為此一人之人格為之，何與於科學？蘇格臘底氏之生，距近世科學文明之發端千八百餘年矣，堅持所信，傳授教義，卒以遇毒而死，視赫氏又何多讓？此一人之內生活使然，與科學教育無涉焉。夫智識欲者，人類之天性也，因文字意見之不同，觸犯時忌，竟以身殉者，古今無代無之，安得以此獨歸功於科學耶？

43 今譯為龐加萊 (Jules Henri Poincaré, 1854–1912)，法國數學家、理論科學家、科學哲學家，其被公認為十九世紀末至二十世紀初的數學權威，也是繼高斯之後最後對數學及應用方面有全面知識的數學家。

44 赫胥黎 (Thomas Henry Huxley, 1825–1895)，為英國生物學家，積極捍衛達爾文演化論，提出生源論及無生源論的概念。

以上所云，但就求真與愛真兩點言之，尚未及於科學與教育之關係。夫科學之有益於實用，孰得而否認之？然其流弊所屆，亦不可不研究。試略舉之，則有五端：

(一)自十九世紀後，英德各國列自然科學於學校科目之中，然物理也，生理也，博物也，同屬自然現象，故同以官覺為基礎。官覺發達之過度，其非耳之所能聞，目之所能見，則以為不足憑信。

(二)科學以對待(Relative)以因果為本義。有力而後生動（奈端第一律），物理上之因果也；思想與腦神經相表裡，生理上心理上之因果也；生命之基礎在細胞，生物上之因果也；社會進化，視其國之地理氣候如何，歷史上之因果也。若此云云，豈無一面之真理？然學生腦中裝滿了此種學說，視己身為因果網所纏繞，幾忘人生在宇宙間獨往獨來之價值。

(三)科學智識之充滿，以為人生世上之意義，唯官覺所及者足以了之，於是求物質之快樂，求一時之虛榮，而權利義務之對照表，尤時時懸在心目之間，皆平日之對待觀念有以養成之。

(四)科學以分科研究為下手方法，故其答案常限於本範圍內。然人類所發之問，往往牽及數種學科，故科學之所答者，非即吾人之所需，唯有令人常以「此另一事」四字了之。且分之尤細，則入之尤精。然時時在顯微鏡中過生活，致人之心思才力流於細節而不識宇宙之大。

(五)教育家為應付社會中之生計制度計，常以現時生計制度為標準，而養育人才。於是學一藝而終身於一藝，為無產者謀生之不二法門。若夫變更社會之貧富階級，使凡為人類，各得為全人格之活動，皆得享全人格之發展，則為適應環境之科學的教育家所不敢道。

十九世紀之初，科學的信仰，如日中天，故赫胥黎輩毅然與宗教家抗，要求以自然科學加入學校科目中。今其行之也，暫者數十年，久者已及百年，利害得失，皎然大明。謂將自然現象詳細分類，且推求其秩序，謂將望遠鏡仰察天空的虛漠，用顯微鏡俯視生物的幽微（以上皆丁語），已足以盡教育之能事乎？不獨前此所不適用（教育上不能無倫理，即教育非自然科學所能範圍之明證），以云今後，更無論矣。吾以為教育方針之應改良者：

㈠學科中應加超官覺超自然(Supernatural)之條目，使學生知宇宙之大，庶幾減少其物質欲望，算帳心思，而發達其捨己為人，為全體努力之精神。

㈡學科中應增加藝術上之訓練。就享受言之，使有悠悠自得之樂；就創作言之，使人類精神生活益趨於豐富。

㈢學科中應發揚人類自由意志之大義，以鼓其社會改造之勇氣。

此三點也，苟在君而以為玄學教育也，則我亦直認不辭曰，是玄學教育也。

三點之中，或者教育家雖心然其說，而以為不易實現，則吾正告之曰，形上界云云，在歐洲常以之與羅馬教、耶穌教相混，故嚴正之形上學極不易得。然就切於人事者以發達其大我性，則可取資者遍地皆是焉。以云藝術，今獨委之專門之藝術家，若一國之先覺者大聲疾呼，告以人生之意義，初不盡於工廠，初不盡於銀行公司，則所以轉移此風氣者，又豈無法？以云自由意志之教義，世界之社會革命黨已行之而大奏功，德俄兩帝國之推翻，皆此種教育為之也。

十九世紀以降，所謂科學的教育家，詔其學生曰，一切現象皆有因果，人類進化為自然律所支配，故只能求所以適應於其環境。所謂學校中蹈常習故之教育則如是。然考之他方，其社會革命家告其同志曰，人事變遷，無所謂因果，視吾人之意志何如：意志力強，則環境可以衝破；反是者，人類為環境之奴隸。彼輩又以為理智之為用，長於思辯，短於實行，故與自由意志說相輔而行者，一則曰行動，再則曰直接行動。——此為法國索勒爾[45] (Sorel) 之說。——德之社會民主黨本此種方法宣傳於國人，而革命之業已告成功矣。俄之鮑爾雪維黨[46]亦然。究竟人事進化，有何種公例耶？有何種因果耶？吾以為德俄之革命，不啻對於科學的教育為明著之反證也。

45 索勒爾 (Georges Eugène Sorel, 1847–1922)，法國哲學家、工團主義革命派理論家，後來對工團主義失望轉向支持布爾什維克的主張，創立革命社會主義，認為只有暴力革命方可實現社會主義。

46 即布爾什維克，由列寧所領導的社會民主工黨之一派別，後於一九一七年透過十月革命獲取俄國政權，成為日後的蘇聯共產黨。

以社會革命黨之貧弱，獨本其熱心毅力，而轉移一國之風氣者至於如是。德國革命既成，俄鮑爾雪維黨用其法，在西歐組織公產黨，尤注重青年教育，每星期日召集公產主義之青年，灌輸其改造之智識，授以意志堅定之方法，告以為人類犧牲之勇氣；在俄法有公產主義青年運動，有馬克思學校，在英有勞動學校：皆本此精神而設者也。故今日歐洲之國民教育兩派對立，其一曰欽定教育，教人以因果說，教人以適應環境，教人為現狀之奴隸；其二曰社會改造派之教育，教人以無因果說，教人以自由創造說，教人以衝破環境。其所以使之然者，皆偏於因果偏於理智之科學的教育之反動也。

讀者聞吾言，慎勿謂我視社會改造派之教育為獨一無二之良教育也。吾以為教育有五方面：曰形上，曰藝術，曰意志，曰理智，曰體質。科學教育偏於理智與體質，而忽略其他三者。社會改造派之教育，偏於意志與犧牲精神，而其所欲達之目的，在工價在勞動狀態之改良，在財產制度之變更。此數者，自工黨立腳點言之，當然為正當之要求，然自人生之意義言之，則與科學家同犯一病，偏於官覺偏於唯物主義而已。要之，自歐洲社會革命與其青年運動觀之，理智以外之人類潛伏的心能，隱而未發者，正未可限量。誠能迎機道之，則物質制度與精神自由之間，保持現狀與打破現狀之間，自有一條平和中正之道。若固守科學的教育而不變，其最好之結果，則發明耳，工商致富耳；再進也，則為階級戰爭，為社會革命。此皆歐洲已往之覆轍，吾何苦循之而不變乎？國中之教育家乎！勿以學校中加了若干種自然科學之科目為已了事也。歐洲之明效大驗既已如是，公等而誠有懲前毖後之思，必知所以改弦易轍矣。

二、我對於物質文明之態度

在君引吾批評物質文明之語，係之以說明曰：「試驗室是求真理所在，工廠是發財的機關。」又曰：「使人類能利用自然界生財的是科學家，建築工廠……的何嘗是科學家？」此中限界，吾之原文本極明白，無待在君之辨別。吾所深喜者，則在君文中絕無一語為物質文明辯護是也。唯其於我之根本精神全未明瞭，故不可不論之。

㈠物質文明與精神文明二名詞之說明。一人之身，內為精神，外為物質，固盡人以為能解之語也。然問何者為物質，何者為精神，則能答者寡矣。衣冠，物質也；皮肉筋骨，物質也；更進而求之，則為腦神經亦物質也。總之，手之所觸，目之所見者，謂為物質。若夫心思之運用，則非手之所能觸，目之所能見，故不謂為物質，而謂為精神。雖然，同為精神，又有先後輕重之別。告子有仁內義外之說，宋學家有尊德性道學問之爭，故同為無形之中，而其中又有所謂內外。此種心性之學之論爭姑俟後詳，若就東西文明之比較言之，則此二名詞亦自有成立之理由。

同為人類，誰能不衣，不食，不舟，不車，不耕，不織？謂西洋之輪船電車為物質文明，則中國之帆船、小車，安在其非物質文明耶？謂西洋之高樓大廈為物質文明，則中國之茅屋蓬戶，亦安在其非物質文明耶？謂西洋之紡織廠與機器耕種為物質文明，則中國之耒耜與紡車，亦安在其非物質文明耶?世界既無不衣不食不住之民族,則其文化中孰能免於物質的成分?反而言之,誰無宗教,誰無美術,誰無學問?故號為文化,亦決不能缺少精神的成分者也。雖然,就其成分之多寡,則有依輕依重之分。吾人所以名西洋三百年來之文明為物質文明者,其故有四:

(1)就思想上言之,因蓋律雷之力學之發明,乃欲以機械主義推及於生物學上心理學上之一切現象,甚至以此種主義解釋人生。

(2)學術上多有形之製作,有所謂發明,則國家竭全力以保護之。

(3)蒸汽機發明後,國中以設工廠砌煙突為無上政策,貨既製成,則輦而致之國外,全國之心思才力盡集於工商。

(4)國家以拓地致富為唯一政策,其有投資於國外者,國家則以外交軍事之力為後盾。

本此四故,一若人生為物質為金錢而存在,非物質金錢為人生而存在。其所以稱為物質文明者在此。中國文化,其內容甚繁複矣。國中無定於一尊之宗教,故驅學人以入於自然界之研究,不如西方之力;以農立國,故計較錙銖之市儈,與運錘轉機之工人,無所施其技;又以鎖國為政策,故無從吸收他國之脂膏;若其人生觀,則涵育於中庸之說,既無所謂機械觀、目的觀,亦無所謂個人主義與社會主義。如是,東西相形,若其中亦自有可以安心立命者,於是世人相率以精神文明名之。

中國之精神文明當如何改進乎？一事也。西方之物質文明是否可效法乎？又一事也。前一問非今日所能詳，姑就後一事論之。

㈡**物質文明之利害**。物質文明之內容定矣，吾乃發問曰：苟今後吾國以西方文明之四大特色為標準，從而步趨之，則其利害當如何？以言乎思想上之唯心唯物與夫目的機械之爭，今日歐美之迷信科學者，已不如十九世紀初年之甚。故欲以機械主義支配吾國之思想界，此必不可得者矣。若夫深信富國強兵之政策者，則國中尚不乏人，而國家前途最大之危險亦即在此。去年為滬上[47]《國是會議憲法草案》，繼作理由書名《國憲議》，其中對於歐洲富強政策之批評一段，可與本問題相發明，錄之如下：

> 歐美百年來文化之方針，所謂個人主義，或曰自由主義：凡個人才力在自由競爭之下，盡量發揮，於是見於政策者，則為工商立國；凡可以發達富力者則獎勵之，以國際貿易吸收他國脂膏，藉國外投資為滅人家國之具。而國與國之間，計勢力之均衡，則相率於軍備擴張。以工商之富維持軍備，更以軍備之力推廣工商。於是終日計較強弱等差，和戰遲速，乃有亟思乘時逞志若

---

47 此指一九二二年五月七日在上海召開的「全國八團體國是會議」，會議的訴求為改國體由單一制為聯邦制，張君勱受邀參加且被委託草擬《國是會議憲法草案》，分為甲乙兩案，其後出版了其個人立場甲案（總統制）的理由書《國憲議》。

德意志者，遂首先發難，而演成歐洲之大戰。今勝敗雖分，榮辱各異，然其為人類之慘劇則一而已。於是追念往事者，悟昔日之非，謂此乃工商立國之結果也，此乃武裝平和之結果也，一言以蔽之，則富國強兵之結果也。夫人生天壤間，各有應得之智識，應為之勞作，應享之福利，而相互之間，無甚富，無赤貧，熙來攘往於一國之內與世界之上，此立國和平中正之政策也。乃不此之圖，以富為目標，除富以外，則無第二義；以強為目標，除強以外，則無第二義。國家之聲勢赫赫，而於人類本身之價值如何，初不計焉。德意志雄視中歐，所恃為出奇制勝之參謀部，而今安在哉？俄相威德氏奪我東清鐵道，今我北鄙無寧日，而今安在哉？國而富也，不過國內多若干工廠，海外多若干銀行代表；國而強也，不過海上多幾隻兵艦，海外多占若干土地。謂此乃人類所當競爭所應祈向，在十九世紀之末年，或有以此為長策者，今則大夢已醒矣。

繼則述富強政策不足為吾國將來之政策，其理由曰：

我國立國之方策，在靜不在動；在精神之自足，不在物質之逸樂；在自給之農業，不在謀利之工商；在德化之大同，不在種族之分立。數千年閉關自守，文化停滯，生計蕭條，智識之權操之少數，其大多數則老死鄉里，文字不識。一言以蔽之，以農立國，既乏工藝之智識，又無物質之需求，故立國雖久，尚可勉達寡而均、貧而安之一境而已。今而後則何如乎？數萬噸之大艦往來於揚子江口矣；數萬匹馬力之發動機日夜運轉於津滬粵漢之市場矣；工廠汽笛高鳴，聞其聲而聚散者千百人，終歲勤劬，糊口或猶不足；公司輪奐日新，操其奇以積贏者千百萬，只權子母，袖手亦獲有餘。此其強弱優劣至為明顯，故多而不均，富而不安，殆為今後必至之勢矣。然歐洲之全盛也，大興工業，拓地海外，以貿遷之利潤澤其勞動者，而資本家得保其地盤。及其既衰，海軍之擔負，不敵工商之所獲，軍人之生事，轉為和平之障礙，海外銀行尤多，則國際之勾結尤深，雖資本家或有一二蒙其利者，以全體言之，則利不敵害也。此等法術今尚能復用乎？此等機會尚可再逢乎？故歐洲之致富政策，以殖民政策與之相輔，尚可保數十年之安榮。若夫吾國，則並此而不可得，所吸收者，不外本國之資財，所剝削者，不外本國之小民。即以工商立國，其支持之年月，能有歐洲之久長乎？必不然矣。

雖然，試有問者曰，工商主義之為害，既明甚矣，然其利益，豈得抹殺？夫苟無國富，則土匪失職者安得而減少，國民教育安得而普及，學術安得而發展，政治安從而改良？則吾有兩種答案：其一則贊成發展工商之策，而反對富之集中，故主張社會主義之實行，而其理由如下：

吾以直捷了當之語告國人：一國之生計組織，以公道為根本，此大原則也。若有問我苟背此原則，因而不能圖工業之發達則奈何？吾應之曰，世界一切活動，以人類之幸福為前提，十九世紀以來，以圖富強之故，而犧牲人類，今思反之，寧可犧牲富強，不願以人類作工廠之奴隸牛馬焉。此義也，吾國人之所當奉行，而十九世紀以來急切之功利論，則敝屣之可矣。

其第二答案曰，或者慮一國生計本於公道之故，而教育學術之發達或受其影響，則吾以為在寡均貧安狀態下，當必另有他法可想。語不云乎，必要者，創造之母也。謂以人類之智力而不能別尋途徑，吾不信焉。是在國人之努力，是在國人之創造。

三、我對心性之學與考據之學之態度

現代歐洲文明之特徵三：曰國家主義，曰工商政策，曰自然界之智識。此三者，與吾上文所舉「我國立國之方策，在靜不在動；在精神之自足，不在物質之逸樂；在自給之農業，不在謀利之工商；在德化之大同，不在種族之分立」云云，正相反對者也。循歐洲之道而不變，必蹈歐洲敗亡之覆轍；不循歐洲之道，而採所謂寡均貧安政策，恐不特大勢所不許，抑亦目眩於歐美物質文明之成功者所不甘。則吾以為苟明人生之意義，此種急功之念自可削除。

以一人之身言之，衣履外也，皮肉亦外也，腦神經亦外也。其足乎己而無待於外者，果何物乎？吾蓋不得而名之矣。舉先聖之言，以明內外之界之解釋。孟子曰：

求則得之，舍則失之，是求有益於得也，求在我者也。求之有道，得之有命，是求無益於得也，求在外者也。

孔子曰：

君子素其位而行，不願乎其外。……正己而不求於人則無怨。

孟子之所謂「求在我」，孔子之所謂「正己」，即我之所謂內也。本此義以言修身，則功利之念在所必擯，而唯行己心之所安可矣。以言治國，則富國強兵之念在所必擯，而唯求一國之均而安可矣。吾唯抱此宗旨，故於今日之科學的教育與工商政策，皆所不滿意，而必求更張之。然以今日之人類，在此三重網羅（以上三特徵）之中，豈輕輕提倡「內生活」三字所得而轉移之者？故在鎖國與農國時代，欲以「求在我」之說釐正一國之風俗與政治，已不易矣；在今日之開國與工國時代，則此類學說，更不入耳。然吾確認三重網羅實為人類前途莫大之危險，而尤覺內生活修養之說不可不竭力提倡，於是漢學宋學之得失問題以起。

漢學宋學兩家，苟各認定範圍，曰甲之所研究在考據，在訓詁名物；乙之所研究在義理，在心性：則各行其是而不至有壤地相接之爭可也。唯其不然，甲曰衛道，乙亦曰衛道；甲曰吾之學為聖學，乙亦曰吾之學為聖學；甲曰經學即理學，乙曰天下無心外之理，亦無心外之物。兩家各認其研究之對象為堯、舜、禹、湯、文、武、周、公、孔子之道，而其方法不同。甲曰窮理即在讀書中，乙曰讀書不過窮理之輔佐，其甚者則曰六經皆吾注腳。因是之故，甲尊漢儒，乙宗宋明理學，同為理學之中，而又有朱子、陸、王子分。竊嘗考之學術史上之公案，其與此相類者，莫若歐洲哲學史上經驗派、理性派，或曰唯心派、唯物派之爭。

吾久思將漢宋兩派之立腳點與歐洲之經驗理性兩派之立腳點作一比較，然惕乎梁任公先生所云摭古書以傅會今義之流弊（《清代學術概論》頁一四五），故動念而輒止者屢矣。雖然，以今制牽合古制，以今人之學傅會古人之學，則弊誠有如任公先生所言者。若夫漢宋之爭，與唯心唯物之爭，則人類思想上兩大潮流之表現，吾確信此兩潮流之對抗，出於心同理同之原則，而不得以牽合傅會目之也。茲列可比較之點如下：

第一表

歐洲唯物派之言：

(1) 培根云：事實之搜集。

(2) 陸克云：一切意象由經驗而入。

(3) 唯用主義者云：意象之有益於人生者為真。

(4)邊沁云：宇宙之兩主宰：曰苦，曰樂，樂為善，苦為惡。

(5)英美學者，好用沿革的方法。

(6)休謨氏云：經驗之往復不已，於是有習慣上之信仰。

‧‧‧‧

漢學家之言：

(1)王引之[48]云：遍為搜討。

(2)顧亭林[49]云：多學而識。

阮元[50]云：學者……實事求是，不當空言窮理。

(3)顧亭林云：文之不關於……當世之務者，一切不為。

(4)戴東原[51]云：仁義禮智，不求於所謂欲之外，不離乎血氣心知。

(5)章學誠[52]云：六經皆史。

---

48 王引之（一七六六－一八三四年），字伯申，號曼卿，清朝政治人物、訓詁學家。

49 顧炎武（一六一三－一六八二年），原名絳，字忠清，在明朝滅亡後改名為炎武，字寧人，世人稱其為亭林先生。為明末清初思想家，與黃宗羲、王夫之並稱明末三大思想家。

50 阮元（一七六四－一八四九年），字伯元，號芸臺、雲臺、揅經老人、雷塘庵主等，清朝政治人物，乾嘉學派經學家，善考證，精通經學。

51 戴震（一七二四－一七七七年），字慎修，東原為其號，清代語言學家、思想家，乾隆皇帝特招其入館修纂《四庫全書》，著有《考工記圖》、《孟子字義疏證》等書。

(6)阮元云：理必出於禮。又云，理必附於禮以行。

第二表

・・・・・・

歐洲唯心派之言：

(1)康德分人之理性為二：其在知識方面，曰純粹理性，能為先天綜合判斷；其在人生，曰實行理性，能為自發的行動。

(2)康德云：關於意志之公例，若有使之不得不然者，是為斷言命令。

(3)康德云：倫理上之特色，為自主性，為義務概念。

(4)唯心派好言心之實在。

(5)柏格森云：創造可能之處，則有自覺性之表現。

(6)柏格森云：本體即在變中。

(7)倭伊鏗云：人生介於物質精神之間，貴乎以精神克物質。

(8)最近新唯心派提倡自覺的努力之說。

・・・・・・・・・・・

孔孟下逮宋明理學家之言：

(1)孟子曰：人之所不學而能者，其良能也；所不慮而知者，其良知也。又曰：仁義禮智，非由

52 章學誠（一七三八—一八〇一年），字實齋，號少巖，清代史學家、思想家，曾協助畢沅編纂《續資治通鑑》，著有《文史通義》。

外鑠我也，我固有之也。

(2)孟子曰：舜之居深山之中，……聞一善言，見一善行，若決江河，沛然莫之能禦也。

(3)孔子曰：為人由己，而由人乎哉？又曰：古之學者為己，今之學者為人。又曰：君子喻於義，小人喻於利。

(4)理學史上有危微精一之大爭論。

(5)子曰：唯天下至誠……能盡物之性，則可以贊天地之化育。

(6)子曰：易不可見，乾坤或幾乎息矣！

(7)子曰：克己復禮為仁。

(8)子曰：君子終日乾乾，夕惕若，厲無咎。

據上表觀之，則兩派之短長得失，可以見矣。唯心、唯物兩派之立腳點之是非暫不問，若就其應用言之，關於自然界之研究與文字之考證，當然以漢學家或歐洲唯物派之言為長。（以上唯心唯物字樣，不過舉兩思潮之代表，非嚴格義也。）其關於人生之解釋與內心之修養，當然以唯心派之言為長。吾之為此言，自謂極平允，無偏袒。而國中學者如梁任公，如胡適之，受清學之影響，大抵揚漢而抑宋。任公雖嘗著《德育鑑》，又節抄《明儒學案》，然治學方法，自謂與清之正統派因緣較深（《清代學術概論》頁十一），故於宋明理學家之嚴格生活，非其性之所近。適之推崇清代經學大師尤至，稱為合於西方科學方法。而在君勱同附和之，亦引漢學家言以排宋學。其言曰：

許多中國人，不知道科學方法和近三百年經學大師治學方法是一樣的。

其痛詆宋學之言尤關緊要，錄之如下：

提倡內功的理學家，宋朝不止一個，最明顯的是陸象山一派。不過當時的學者還主張讀書，還不是完全空疏。然而我們看南渡時士大夫的沒有能力，沒有常識，已經令人駭怪。其結果叫我們受野蠻蒙古人統治了一百年，江南的人被他們屠割了數百萬，漢族的文化幾乎絕了種。明朝陸象山的嫡派是王陽明、陳白沙。到了明末，陸王學派風行天下。他們比南宋的人更要退化：讀書是玩物喪志，治事是有傷風雅。所以顧亭林說他們，「聚賓客門人之學者數十百人，……與之言心言性，捨多學而識以求一貫之方，置四海之困窮不言，而終日講危微精一之說」。士大夫不知古又不知今，「養成嬌弱，一無所用」，有起事來，如痴子一般，毫無辦法。陝西的兩個流賊，居然做了滿清人的前驅。單是張獻忠在四川殺死的人，比這一次歐戰死的人已經多了一倍以上，不要說起滿洲人在南幾省作的孽了！我們平心想想，這種精神文明有什麼價值？配不配拿來做招牌攻擊科學？以後此種無信仰的宗教，無方法的哲學，被前清的科學經師費了九牛二虎之力，還不曾完全打倒；不幸到了今日，歐洲玄學的餘毒傳染到中國來，宋、元、明言心言性的餘燼又有死灰復燃的樣子了！懶惰的人，不細心研究歷史的實際，不肯睜開眼睛看看所謂「精神文明」究竟在什麼地方，不肯想想世上可有單靠內心修養造成的「精神文明」；他們不肯承認所謂「經濟史觀」，也還罷了，難道他們也忘記了那「衣食足而後知禮節，倉廩實而後知榮辱」的老話嗎？

吾以為漢宋學之爭，即西方哲學界上心為白紙非白紙之爭也。唯以為白紙也，故尊經驗；唯以為非白紙也，故覺攝與概念相合，而後知識乃以成立。漢宋兩家之言亦然，一以心為危微精一允執厥中，故貴乎人之勤加拂拭；一以心為非危微精一允執厥中，故必求之訓詁名物之中。雖然，試一思之，苟無此精微之心，則訓詁名物安從而講求？方東樹[53]云：「不審義理之實，而第執左證棄心任目，此漢學膏肓錮疾。將己之父兄偶至他族，亦不當認乎？」方氏此種駁法，與唯心派之常以心為最後武器以難唯物論者，正復相同。

子曰：「唯天下之至成為能盡其性。」又曰：「克己復禮。」孟子曰：「求放心。」曰：「操則存，捨則亡。」曰盡，曰克，曰求，曰操，其實皆同一義耳。曰以心為實在(Mind as Reality)，誠此點不能否認也，雖漢學家百方詆毀無傷焉。以我之淺學觀之，河洛太極之說，儒釋之辨，朱陸之

53 方東樹（一七七二—一八五一年），字植之，號儀衛老人，為清代中期文學家及思想家，師從姚鼐。

異同，要皆學說之附帶而來者，宜廓而清之。若夫心為實在之說，則賴宋明理學家而其說大昌，真可謂其功不在禹下者焉。

抑自理論實際兩方觀之，宋明理學有昌明之必要二。唯以心為實在也，故勤加拂拭則努力精進之勇必異乎常人。柏格森云：

人類中人類之至精粹者中，生機的衝動貫徹而無所阻；此生機的衝動所造成之人身中，則有道德的生活之創造流以驅使之。故無論何時，憑藉其既往之全體，使生影響於將來，此人生之大成功也。道德的人者，至高度之創造者也；此人也，其行動沉雄，能使他人之行動因之而沉雄，其性慈祥，能焚燒他人慈祥之爐火；故道德的人……形上的真理之啟示者也。（《心能論》頁二十五）

此言也，與我先聖盡性以贊化育之義相吻合，乃知所謂明明德，吾日三省，克己復禮之修省功夫，皆有至理存乎其中，不得以空談目之。所謂理論上之必要者此也。在君知之乎！當此人欲橫流之際，號為服國民之公職者，不復知有主義，不復知有廉恥，不復知有出處進退之準則。其以事務為生者，相率於放棄責任；其以政治為生者，朝秦暮楚，苟圖飽暖，甚且為一己之私，犧牲國家之命脈而不惜。若此人心風俗，又豈碎義逃難之漢學家所得而矯正之乎？誠欲求發聾振聵之藥，唯在新宋學之復活。所謂實際上之必要者此也。

凡此所言，在君必云，是正中我所謂東西合璧之玄學之評矣。吾實告在君，昔之儒家有學禪之實，而不欲居禪之名。吾則以為柏氏倭氏言有與理學足資發明者，此正東西人心之冥合，不必以地理之隔絕而擯棄之。雖然，在君亦有說曰，生計充裕，則人誰不樂於為善？故引管子「衣食足而後知禮節，倉廩實而後知榮辱」之言為證。雖然，試以美國煤油大王之資財，畀之今之軍閥與政府，則財政能整理乎？盡人而知其不能矣。何也？今之當局者，不知禮節，不知榮辱故也。又試傾英倫、法蘭西、日本三國家銀行之資財以畀之今之軍閥與政府，政治其清明乎？亦盡人而知其不能矣。何也？今之當局者，不知禮節，不知榮辱故也。故管仲所言，乃就多數人言之也。若夫國事鼎沸綱紀凌夷之日，則治亂之真理，應將管子之言而顛倒之，曰：

知禮節而後衣食足，知榮辱而後倉廩實。

吾之所以欲提倡宋學者，其微意在此。

四、私人批評之答覆

在君有關於私人批評一段，此良友之忠告也，敢不拜賜。雖然，吾之治學態度，或尚有為在君所未及知者，用略言之。吾之治學與我之奔走政治同，有一貫之原則，曰：用之則行，舍之則藏而已。吾之所不願知所不願為者，不以時俗之好而為之；吾之所願知所願為者，不以時俗之不好而不為。若其視時俗之好惡，以為可速以成名，不獨學問不成，即名亦不得而盜，政治然，學問然。在君乎！君當記一九一九年寓巴黎之日，任公、百里、振飛激於國內思潮之變，乃訪柏格森，乃研究文藝復興史，而吾處之漠然。何也？吾內心無此衝動也。及訪倭伊鏗，一見傾心，於是將吾國際政治學書束之高閣。何也？胸中有所觸，不發舒不快矣。自是以來，方潛心於西方學術之源流，唯日嘆學海之汪洋，吾力之不逮，又豈敢竊一先生之言以眩於國人？且在君所舉杜里舒、柏格森二人，皆深於科學者也。杜氏研究實驗胚胎學幾二十年，乃創所謂生機主義。柏氏盡讀巴黎大病院之心理診斷書及五年之久，而後《物質與記憶》一書成。兩君用功之深邃如此。唯其不甘於經驗界而已足，乃由經驗而入於形上界。此人類思想上當然之階段，豈得以其為空談而擯之哉？茲更舉吾之立腳點：

(1)知識以覺攝與概念相合而成。

(2)經驗界之知識為因果的，人生之進化為自由的。

(3)超於科學之上，應以形上學統其成。

(4)心性之發展，為形上的真理之啟示，故當提倡新宋學。

若夫在君痛責當世之言，意在勸我多實學，少空談，我唯有拳拳服膺而已，唯有拳拳服膺而已。

（附識）再在君駁我「中國戲劇中十有七八不以男女戀愛為內容」之語，以為泥沙上之建築，經不起風吹雨打。然即就在君所舉之《元曲選》，百種之中，有三十九種以戀愛為內容，反言之，是有六十一種不以戀愛為內容，是正可作為吾言之左證，而豈在君所能引為護身符者？吾心中所注意者，尤在皮黃戲常演者約四百齣，其中以愛情為內容者，衡諸吾所舉十之二三之比例，猶為過甚言之。試查市上之《戲考》（已出三十三期，為舊劇最大之叢書），前三十冊，共劇三百二十五種，其中與男女愛情有關者，僅六十一種，故曰尚不逮十之二三。科學家雖惡玄學，其能並此證據而抹殺之！

（一九二三年四月發表於北京《晨報》副刊）

生平・思趣・人格・境界

一、我的學生時代

談到我的過去，就想到諸位的現在。在諸位這個時候，真是一個很有意思的時候，無論多吃一兩碗飯沒有關係，多跑幾里路滿不在乎，在考試的時候，開一個整夜的夜車，也毫不覺得疲倦，因為精神好，一切都應付裕如。同時好奇心很重，對任何一種新奇的東西，都發生濃厚的興趣，無論聽見先生說的，外面看到的，從書本報章上得到的，都要追根尋源的弄個明白。這都表現在諸位這個時代是一個正在生長的時代，是成功、或失敗，也都靠在這個時代的作為。所謂種瓜得瓜，種豆得豆，這是千真萬確的名言，所以奉勸諸位應該把握這個時代，好好的為自己的將來立下一個良好的基礎。

至於談到我的學生時代，並沒有什麼可以值得說的，並沒有什麼可以值得給諸位讀書的參考。

不過可以由我這一段談話，明瞭當時讀書的情形，以及社會給我的刺激。而和現在的情形作一種比較，使諸位今後讀書應該如何。

我是在十三歲那年，考入上海一個學堂——是一個洋學堂。在當時還是科舉時代，學堂無大中小之分，一般人對學堂認為無所謂，認為讀了洋學堂的書等於沒讀一樣，因為人家都只知道做八股、考功名、好作官，而全無一點研究科學的想法。這個學堂是江南製造局所設[1]（製造局就是製砲造船，於太平天國之後成立），名稱叫「廣方言館」[2]，那時國人對於外國文，視作我們國內任何地主的一種方言一樣，並設立有翻譯局，專門介紹西洋科學，如數學、物理、化學、航海學等都有。若干化學命名的譯名，都是那時決定的，如一個「金」，側邊一個「呂」字，而成為一個「鋁」字，就是那時才造的新字，因為如此才使我們知道世界上除了做八股及我國固有的國粹外，還有若干學問。

我們那時上課，與現在迥然不同，像諸位現在有功課表，一天只有好幾樣功課，每科一小時或二小時，而我們當時卻是四天讀英文，三天讀國文。不過還補充數句，在四天讀英文的時間，並不完全只讀英文，而是包括了數學、化學、物理、外國歷史等都屬於英文，每一科都好像讀四書五經

1 成立於一八六五年的上海，由李鴻章推動督辦、曾國藩規劃、丁日昌執行，為清朝洋務運動中成立的軍事武器生產機構，為江南造船廠前身。

2 廣方言館設立於一八六三年，由李鴻章奏設，仿照同文館設立，用以培養翻譯人才，原為江南製造局之附設，後改制為工業學校。

似的，全要熟讀。以上是指的在四天中的上午，至於下午，先生就改課本，學生就自修，或者上體操。三天讀國文，就由先生指導看三通考，弄點掌故，作論文等功課，學堂當局每月津貼學生銀子一兩，雖然如此，讀這個學堂的人還是很少。

四年以後，某天我見《新民叢報》登有震旦學院新聞——招生新聞——梁任公並說中國之有學術，自震旦學院始。這話非常刺激吾的腦筋。於是我就想進這個學堂，每半年要繳學費百多兩銀子，我設法繳了，進校後，見功課與從前完全不同，讀的全是拉丁文。馬相伯[3]先生教得很快，一週以後就把一厚冊教完，即講西洋哲學，羅馬將軍泰西多斯[4]所作《法國戰記》等書，馬君、武君就是我的同窗。我起初覺得很吃力，常覺趕不上功課，好在那時的先生教書很有耐心，久而久之，我僅能勉強跟上學校的進度。第二學期，因家裡拿不出百多兩銀子的學費，我輟學了，就有人約我到湖南去教英文。教了兩年，我積有四百多元錢，於是到日本讀書。

到日本考入早稻田大學，縣裡給我公費，意思叫我學理化，而我對理化素不發生興趣，喜歡攻

---

3 馬相伯（一八四〇－一九三九年），原名建常，後改名良，字相伯、湘伯、薌伯，晚年號華封老人，為近代中國教育家及政治活動家，曾是天主教耶穌會神父，為震旦學院、復旦公學（復旦大學前身）、輔仁大學創辦人之一，通曉多國語言，蔡元培、于右任皆為其弟子。

4 今譯塔西佗(Tacitus, 55–117)，羅馬歷史學家、元老院官員，其傳世著作包含描述西元一世紀時期日耳曼部落的《日耳曼尼亞志》(*De origine et situ Germanorum*)、關於六九－九六年間羅馬帝國的《歷史》(*Historiae*)，以及關於一四－六八年帝國的《羅馬編年史》(*Ab excessu divi Augusti*)等書。

讀法政，半年後縣裡把公費停了，我原來的存款也用盡了，沒辦法中又找到替《新民叢報》寫稿的工作，每月可得六十餘元，足夠我弟兄兩人之用。誰知一年以後，《新民叢報》停刊，我的經濟來源斷絕，學校又未畢業，於是就請助親友，每月僅得十三元，只有伙食費，有時連買手巾的錢都沒有，就與我的弟弟兩人將一塊手巾剖而為二，再破了，各用四分之一。

一九一二年畢業後回國，正值革命，國內動蕩不安，我又到德國讀書，因為教授們隨時介紹德國學者的影響，在一九一三年，到俄國住了幾月，就到德國。一九一四年歐戰爆發，我正在柏林讀書，最初柏林獲得日本加入德國陣線，德人歡喜若狂，見得日本人就接吻，後來得到確實消息，日人是占青島，與德作對，於是見到日本人就打，我也被他們疑惑，後來少到街上去，得免於難。我覺得身居世界大戰戰場之中，機會難得，直到一九一五年才離開柏林，因為在這時我反對洪憲帝制[5]，並且預測德國必歸失敗。

一九一九年我到巴黎，是年冬召開和會，美總統威爾遜主張成立國際聯盟，可是我卻覺得一個國家的問題，決不能靠國聯能夠解決的，只有靠自己才有辦法。因為那時我的興趣轉到哲學方面，以求哲學對世界若干大問題，另有一個正確的看法。其後我到耶納研究哲學，直到一九二二年才正式結束了我的學生生活。之後，我就回國任教，但是我的讀書生活並未終止，因為我覺得教與學是

5 洪憲帝制，指一九一六年一月一日至一九一六年三月二十二日間，時任中華民國大總統的袁世凱預備成立的君主立憲政權名稱，年號定為洪憲，因此又被稱為洪憲帝制。

兩件事情，在學的時候，固然要盡量的吸收知識，在教的時候，也一樣的要多吸收知識，如此自己所得的學問，才能日新月異，教出的學生，才能得到日新月異的新知識。因此，現在只聽見一本有價值的新書出世，我便要買了看，如果聽見別人已經看了，而自己還沒有看，心裡覺得很是慚愧，在一個國家裡，如果有些教授或是學者認為自己的知識是滿足了，那麼那個國家的學術思想，一定是停滯著毫無一點進步。所以我希望諸君應該隨時學習！不斷的學習！

（選自〈我的學生時代〉，收入《中西印哲學文集》（上））

二、我從社會科學跳到哲學之經過

吾國知識界年事稍長的人，其所受教育，大概不出兩類：一類是純粹讀四書五經並從舊式的老師和書院或科舉陶冶出來的；一類是從近代新式教育小學、中學、大學出身的。我的學歷則介乎二者之間。在十三四歲前後，我曾在舊書房內讀過四書五經，又曾在吾國初期所辦的西洋式學校內學習英文、數學、化學、地理。我與現代學術正式接觸，那是以後在日本留學時期。在日本曾進早稻田大學政治經濟科，初進時是預科，後來入大學部。當時的教授教政治學的是浮田和民，教國際法是中村進午，教憲法是有賀長雄，教財政學是田中穗積，教經濟學是鹽澤昌貞。雖然在日本讀書，我的日本語文不太高明，僅僅能看書，說話或寫作都很感困難。所以在早大時自己求知識的工具還是靠英語。當時日本所用參考書，大概都是英文本，除講堂講義是日文外，我自己所讀的是英文書。譬如政治學所用的參考書是威爾遜的《國家論》，柏基士的《憲法》，經濟學是薩禮門的《經濟原理》，國際法的參考書是奧本海的《國際法》[6]。我日本語文雖不好，因為所用的是英文參考書，考試亦可用英文來寫論文，所以勉強就畢業了。在日本五六年，學校給我最深刻的印象，是浮田和民所教的政治哲學，政治哲學是選科，選者甚少，就只是我一個人，讀的書是洛克的《政府論》。上課時，最初浮田先生站在講壇上，後來因為看書不方便，他同我兩人並肩而坐。這個人和藹可親，循循善誘，到現在我還想見他穿了和服及木屐的樣子。日本學校雖然用的是英文參考書，但是教授常常所提起的，是德國著名學者如 Wagner[7] 及 Schmoller[8] 等；憲法學上也提起 Mayer[9] 及 Laband[10] 的名字，所以在日本留學時，已引起我對德國學問的羨慕心。我在早稻田也曾讀德文三年，

---

6 奧本海 (Lassa Francis Lawrence Oppenheim, 1858–1919)，為德國法學家，推崇法律實證主義，被譽為「現代國際法之父」，其著作《國際法》(*International Law: A Treatise*) 迄今仍為國際法經典教材。

7 阿道夫・華格納 (Adolph Wagner, 1835–1917)，德國經濟學家及政治家，為社會主義經濟學、公共財政學之先驅，主張公共財政管理及土地分配，為俾斯麥時期重要經濟學家。

8 古斯塔夫・弗里德里希 (Gustav Friedrich Schmoller, 1838–1917)，為德國經濟學家，被視為歷史經濟學派的代表人物，為德國經濟學會創始人。

9 奧圖・麥耶 (Otto Mayer, 1846–1924)，為德國法學家，提出行政行為理論。

德文經濟學、德文憲法也曾讀過些，在那時我已經有意到德國留學。等到民國成立以後，因為外蒙問題，我在《少年中國》（民元所辦）報上做了文章宣布袁世凱罪狀，無法安居北京，朋友中如張仲仁勸我到德國去。一九一三年春動身，到柏林留學，途中在俄國住了二三月之久。初到德國，自以為在日本所讀三年德文，或有多少用處，那知道話一句不懂，看書程度亦很有限。後來自己拼命用功，才可勉強聽講。在柏林大學所選的課，都是在日本所聽見的大教授，如 Wagner 的財政學，Schmoller 的經濟學，List 的國際法，同時還聽民法、刑法等。德國大學有一種風氣，名叫大學自由，就是選科聽講，完全憑自己意思，學校沒有排好的課程表。當時我自己在學問上正是求知識的時候，那能知道何者先讀，何者後讀，何課與何課有關，何課與何課無關，自己茫無頭緒。學校有此自由給學生，而我卻不知道怎樣運用。

由清末至民國初年，吾國知識界對於學問有一種風氣：求學問是為改良政治，是為救國，所以求學問不是以學問為終身之業，乃是所以達救國之目的。我在日本及在德國學校內讀書，都逃不出這種風氣。在德讀書約有二三年，在自己無多大心得。如 Schmoller 的經濟學，屬於歷史派，何謂歷史派，自己並不清楚；Wagner 的經濟學是以演繹為方法，何謂演繹法，亦弄不清楚。兩學派何以不同，亦並不加以研究。雖兩三年中讀書甚勤，但始終站在學問之外，學問與自己尚未打成一片。

一九一四年秋，歐洲開戰，我的心緒轉而研究各國戰事的勝敗前途如何，至於經濟學、國際法

10 保羅・拉班德（Paul Laband, 1838–1918），為德國法學家。

等，已不能使我發生興趣了。我在歐戰之初，目擊德國動員，領過麵包票，也曾到過比利時戰場去參觀。一九一五年秋，國內籌安會成立，我在海外聞之，憤憤不平，想幫同國內友人打倒袁世凱，所以就在一五年秋離開德國，經荷蘭到倫敦去。這時候北海裡埋了水雷，潛水艇到處出沒，很是危險，但我為好奇心所驅使，也管不了那麼多了。初到英國，那時，英國強制兵役法尚未通過，常看見沿街招兵的廣告，與德國人之以當兵為榮者，大不相同。我到了十餘年來所羨慕的英國巴力門[11]裡邊，看見勞合喬治[12]在議會裡把雙腳放在中間的一張長桌上，我心中好奇怪，以為英國莊嚴議會中，何以大政治家的行動如此隨便。後來知道英國議會不像大陸各國議會注重雄辯，英國議會好像我們鄉下紳士聚在茶館中討論問題一樣，是大家聚在一起，求事的解決，並不是逞口辯的，這是英國議會所以能有成功。一九一六年從英國經過瑞典、挪威、俄國回到中國，曾幫助朋友反對洪憲帝制，這是我參加實際政治工作的第一次。

現在我要再詳細說我這時期對學問的態度了。前清末年，一般青年都想改革政治，有的以為非排滿清不能有為，有的以為如果革命，內部要分裂，外患要起來，所以主張要立憲。大部分東京留學生都是熱心政治，所謂求學不過在政治運動中以求幫助自己知識之一種手段，很少有人以學問為

11 巴力門，即 parliament 的音譯，又稱為議會、國會，起源於英國，後為美國、法國及其他國家所採用。

12 大衛・勞合・喬治 (David Lloyd George, 1863–1945)，為英國自由黨政治家，於一九一六至一九二二年期間擔任英國首相，巴黎和會主要與會者，是英國最後一任自由黨首相（自由黨後來分裂）。

目的，以努力學問為終身事業的。這個時期大家只知有政治，有救國。在東西洋求學的人們，關於宇宙間何以有知識有學術，學術何以有許多門類，何以有所謂方法，這種種問題，大家偶爾在書本上翻到；至於真正研究純粹學術的人，可以說是絕無僅有。各人自己同學術應該發生何種關係，學術上有多少派別，如哲學上有經驗派、純理派等，我們自己應屬何派之中，也從未想過。簡單說來，自己既不以學問當全生命的工作，自然學問同自己不能打成一片。換詞言之，學問是由於宇宙現象之變化而來，各人自己以探求宇宙之祕奧為事，而後自己與學問可以合而為一，若以學問為改良政治之手段，自然對於學問之本身，不發生興趣，這是難怪的。

倒袁之後，繼以對德宣戰問題。我自己因為目擊歐戰初期情形，我料歐戰中德國勝利是不可能的，回來之後曾經同朋友說過中國應參加戰爭。我當時的宗旨，認定國家在國際上能立功，然後才可以取消不平條約；徒託空言，是無濟於事的。我們讀義大利建國史，知道加富爾[13]曾參加與義大利無關係的克利米戰爭[14]，其目的是要在國際上立功，而後在和會裡陳述義大利的苦衷，一方面要排除奧國的壓迫，他方面要求英法人的同情。我當時所以主張對德宣戰，實含有此意。後來因對德宣戰

13 加富爾 (Camillo Benso Conte di Cavour, 1810–1861)，為義大利政治家，為義大利統一運動中影響薩丁尼亞王國完成統一的領導人物，也是義大利王國首任首相。

14 即克里米亞戰爭（一八五三－一八五六年），戰爭參戰方主要為俄羅斯帝國與法國、鄂圖曼帝國、英國及奧地利帝國，戰爭爆發主因來自於鄂圖曼帝國的衰弱，俄國亟欲擴張領土，而英法傾向於維持平衡現狀。

政策，竟發生南北分裂，「宣而不戰」與夫西原借款[15]的結果，這實在出乎意料之外，為提倡的人們所不及料的。此等事大家共知，可以不說了。

一九一六年回來之後，住在國內有兩年半。到了一九一八年同梁任公去歐洲觀察歐洲和會，任公以非正式的資格去考察歐戰情形，希望為中國爭回多少權利。在巴黎住了一年，常對吾國的五個全權代表，以私人資格，貢獻了多少意見。有時也同法國當局有所往來。等到青島問題解決，梁任公離巴黎到各國遊歷。我們從德國南方名都敏興到柏林道上，他忽然想起當時在遠東有名的歐洲哲學家二人，一為法之柏格森，二為德之倭伊鏗。他說何妨去訪倭伊鏗一下。第一次同倭氏見面，這位哲學家誠懇的態度，大大使我發生研究他的哲學興趣。倭氏替任公做了一篇文章，名曰〈新唯心主義與舊唯心主義之異同〉。一見之下，慨然對於萬里陌生之人，允許這種工作，其殷勤之意，尤為難得。一九二〇年任公返國，我遂移居耶納，從倭攻哲學，並讀哲學史與其他有關哲學之書。這次見面可以說是我從社會科學轉到哲學的一個大關鍵。

但是與倭氏見面，是一個直接觸動，平日尚伏有種種暗潮，在我下意識之中。茲分兩點來說：㈠事實方面的兩個刺激，使我不滿意於國內外的現狀；㈡理論方面的刺激，使我不滿意於社會科學

15 一九一七至一九一八年間，由於袁世凱病逝，段祺瑞掌握實權，為擴大編練軍隊，以及日方欲藉由增加對華經濟援助擴大在華利益，段祺瑞與日本政府簽訂一系列公開及祕密借款，日方承辦者為西原龜三，故稱西原借款。

而轉到哲學。

所謂事實方面兩個刺激：㈠第一種就是民國成立以後的國內政治。我曾經目擊民元的國會選舉，初選複選，都以賄成，選民如此，議員如此，這個民國能否維持，大家已發生疑問。如其現在選民、現在議員不能維持下去，是否應當開發教育、開發實業或另有其他方法，以提高人民程度，以鞏固民族基礎。一國以內，先要人民的智識力、道德力充實，然後才有好政治，如果不然，天天空口希望好政治，是無用的。我因為懷疑於民元以後的政治，所以時常心上要求一種最基本的方法，對民族之智力、道德與其風俗升降之研究，時常感覺必要。可以說因為國內政治惡濁，迫得我採取一種思考的態度。㈡所謂事實上第二種刺激，是國際的。巴黎和會那一年，我住在巴黎，知道國聯的章程最初是南非洲斯墨茲將軍[16]所擬，後經西雪爾氏[17]代表英外部加以修改的。英國原稿與威爾遜所擬者，大不相同，一則側重於事實，一則偏重於理想。其中為強國保留了許多權利，我讀最初原稿之後，已經知道國際上只有強權而無公理了。後來青島問題解決，中國雖參戰國之一，但不能直接從德國手上收回青島，而須待日本人交還我們，當時我們的代表和國民都十二分不平。但日本是當年的強

16 斯墨茲將軍 (Jan Christiaan Smuts, 1870–1950)，為南非政治家、律師及將領，曾於一九一九至一九二四以及一九三九至一九四八年間出任南非總理，也是國際聯盟創始人之一。

17 西雪爾 (Edgar Algernon Robert Gascoyne–Cecil, 1864–1958)，英國律師、政治家與外交家，為國際聯盟創始者之一，於一九三七年獲得諾貝爾和平獎。

國，所以我們只好屈於《巴黎和約》之下。因國際聯盟與青島問題，深使我感觸國家自己無強大兵力，外交是空話，乃至說國際公法，更是空話。當時我在巴黎與丁在君同室，曾告訴他說：我已決心把我所藏國際法書籍付諸一炬。在君聞之，大為駭怪。我從那時起，絕不讀這些無用的書，我決心探求一民族所以立國之最基本的力量，或者是道德力，或者是智識力，或者是經濟力，專在這方面盡我的心力。我現在還是如此想：一國能以自力自立起來，不怕他人不上門來請教你。

我在一九二〇年後，對於各方面事情之興趣，不可不略為聲明。自那年後，我雖專心哲學，但對於歐洲之政治思潮與經濟思潮亦時常注意。這種政治問題與經濟問題，不像以前單就政治論政治，單就經濟論經濟，而是拿了這種材料後，加以一種哲學的思考。所以這時代中並不完全拋棄社會科學，只是令他做哲學家之材料。

所謂理論的刺激，亦可分兩項，一曰科學之分科性，二曰各科學中之抽象歷程。

第一、凡一門科學，不管是自然科學或社會科學，總有他的研究範圍，在這個範圍以內，他有他獨立的資格。我們用一種術語來說是「分科性」。一科學只能在他本範圍以內說話，與其他科目是不相關的。譬如從社會科學之性質上說，政治、經濟、教育各門，各自獨立，自成一種學問；但是從生活方面看來，一國的政治好壞，離不了國民富力與國民的教育程度，所以教育、經濟、政治在學術上可以獨立，在生活方面是互相關聯的。因為教育不發達，國民無知識，政治絕不能有好現象，可以見教育與政治的關聯。同時國民窮到「食不飽衣不暖」，這個國家也絕對無好政治，可以見經濟與政治有不可離的關係。所以我從分科的科學方面來看。同時，從相關聯的生活方面來看，則兩面完全是兩回事。而在研究科學的人，立在一門科學立場上，往往以為從本門科學以內可以能解決本門以內的事情。在我最初求學時候，亦以為讀了政治，就可以照書本解決政治；後來與實際生活接觸之後，就知道科學是以分科為基本。既以分科為基本，自然只能說到一方面，而忽略其他方面。這是在初期研究學問的人所見不到的一點，因為他們忘了學問的分科性，對於學問有過分的希望，而且往往過於抬高學問的價值，以為它可以解決一切實際問題。

第二、理論的刺激，還有第二種，就是各科學術裡邊，都有一種抽象歷程(Abstraction)。譬如說：經濟學上有所謂經濟人，認為人類是有自利心，他的行動是根據「以最少勞力得最大效果」的原則，就像人類的經濟行動除自利心外，就不需要其他基礎了。但是仔細一想，便知其不然，譬如一個工廠的成立，除了股東股份外，若治安問題，法律問題，都是經濟行為上的必要基礎。一廠以內的工人知識，工人的勤惰，工人的守廠規，也是工廠經濟行為背後必要條件。所以說：「經濟人」云云，完全是出於抽象，而與實際生活不相應。以上是經濟學中之抽象。再舉政治學中之例來說：政治與社會學中常以個人與社會，個人與國家相對待，我們早已知道一個人在一個團體以內，要以個人資格求生存如魯濱孫一樣，是不可能的，可見世界上是無真正的個人。至於社會學上則有所謂合群性，互相刺激，模仿性。有了這幾點，所以能有所謂同類意識或團體精神。我們如此說法，好像是否認所謂「個人」。要知道個人在衣服、言語、法律之內，是無法真正表現其個性的；但是個人在言論上、思想上、美術上的創造，或是個人在政治上的奮鬥，確有其自身的價值，非團體所能抹殺。這種真正個人的努力，我們也承認，但這種努力還是少數。所以與團體對立的個人，可以說還是一種擬制 (Fiction)。科學中有這種抽象，有這種擬制，同上邊所說分科性一樣，可以使科學家遁於虛空，這是免不了的情形。

還有幾種情形，使我們不能不從社會科學走向哲學的田園裡去。我們讀各種思想史如政治思想史、經濟思想史等，常看見種種變遷。如近代政治思想從《民約論》[18]開場，後來法國革命亦受其影響，於是有歐洲之民主政治。可見《民約論》在政治思想史中是一個有力潮流。但是到了十九世紀，大家對《民約論》加以反駁，說他毫無歷史的根據。後來漸有一派人拋棄《民約論》，主張從歷史方面研究國家起源。於是學派大盛，棄《民約論》時代的浪漫性，一轉而以事實為根據。這是政治思想史中一個轉變。同時，經濟學從亞當．斯密提倡個人主義、自利主義、放任主義，認為個人照他自己所認定利益去做，全社會自能達於美滿的目的；因為亞氏是從個人利益出發，所以後世名之為個人主義者。到了十九世紀中間，馬克斯等反對資本家之剝削，主張經濟上應以社會公道謀集體的利益，乃有大工業國有、土地國有之說，不外由個人轉到社會身上。同時英國哲學家如邊沁、穆勒、斯賓塞，是個人主義之代表。十九世紀中有英國黑格爾主義者，也主張集體利益。其在政治上，十

18 《民約論》又稱為《社會契約論》，盧梭所著，書中提出「主權在民」的思想，人民才是政府的主宰，統治者的權力來自人民委託，影響美國獨立及法國大革命。

九世紀中葉為自由主義全盛時期，自由黨的自由貿易，可謂出色當行。及歐戰以後，俄國、義大利相繼反對議會而趨於獨裁政治，於是自由主義沒落了。可知政治學上、經濟學上，其思想背後有一個總潮流，這種潮流，不能求之於各社會科學，而應求之於哲學。

因研究社會科學，對於忽而《民約論》，忽而自由主義，忽而社會主義之種種變遷，使我懷疑於社會科學之本身——在以個人為主眼，可以成立一種社會科學，及乎以團體為主眼，亦可以成立另一種社會科學。在某種前提成立的社會科學，與另以一種前提所成立的社會科學兩方面比較，覺得他們立說是彼此不相容的。如自由主義時代，有尊個人的政治學說；專政時代有尊獨裁的學說。他們不相容的程度，大大使我懷疑社會科學中可以求到一種真理與自然科學相等。這也是一個刺激，使我懷疑於社會科學之確實性，而不得不走到哲學的路上去。

大家假定問我，你走到哲學路上後，已經對於以上各種疑問，有結論沒有？我可以答曰：沒有。但是我可以說從到了哲學田園以內，漸漸對於社會科學內各種學派所以不同的總原因，已經較往時明白了許多，從前站在社會科學之內，看不到社會科學變遷之故，現在站在社會科學之外，明白了許多。舉一二例為證。譬如《民約論》時代，是從理性方面出發，研究人類政治組織之起源，說人類是天生下來時自由的、平等的。在這前提之下，所以說國家主權應操於人民全體之手，因此而成為十九世紀式之民主政治。我們再從經濟方面來看，這時候就是重農學派與古典學派成立的時候。重農學派與古典學派同以理性為出發點，他們說經濟行動內，有自然公例；這種自然公例都是人類計算利益之中當然發生的，當時之宗教思想反對傳統的宗教，有一派人創所謂自然宗教。他們不相信有造物主，但是相信世界上有無形的道理，這道理是造成世界的總原因，此可謂為以理性為主之宗教。從這政治、經濟、宗教三方面說，因為當時所處為理性時代，所以無論政治、經濟、宗教三項，同以理性為出發點。到了十九世紀末年，哲學方面如柏格森主張「衝動」說，倭伊鏗主行動主義，在這時候，不但二氏之哲學如此，在政治、經濟上亦有同樣現象。政治學家如華拉斯[19]著《政治中之人性論》，以為政治現象不是從理性出來，是從非理性出來的。政治現象中如群眾心理，如群眾催眠，在情感熱烈的時候提出若干主張，往往很易得到人的同情，這種情形，絕不是從理性所能加以說明的。法國工團主義者索勒爾（Sorel）又以柏格森學說應用到大罷工問題。他說不必計算利害如何，只要大家肯大罷工，自然工人能得到一種大結果，同時馬克斯等主張奪取政權，既說「奪」字，那就離不了強力，便無理性可說了。所以說十九世紀末、二十世紀初，哲學上、政治上、經濟上為非理性主義所支配。

我們從哲學以下觀察，能在各種社會思潮背後，尋得其總根據，所以我說從哲學以觀察社會或自然界，比較的看得清楚。也可以說從哲學方面來看，容易達於社會科學與自然科學之第一原則。

19 今譯華勒斯（Graham Wallas, 1858–1932），為英國社會主義者、社會心理學家、教育家、費邊社領袖以及倫敦政治經濟學院共同創始人，其最重要之著作為《政治中的人性論》（*Human Nature in Politics*，1908年初版，現譯《政治中的人性》）、《我們的社會遺產》（*Our Social Heritage*, 1921）。

治哲學的人，比治社會科學的人對於宇宙現象之第一原則，接近一層。

治科學的人，他們只能在本科學範圍以內講話，天文學家只能說天文，政治學家只能說政治。至於合種種科學為一，加以一個總名曰知識；此知識本身之性質如何，可靠性如何，成分如何，方法如何，此皆哲學家之事。所以哲學家不能如科學家之單管本門，同時亦須顧到知識之全體。

哲學還能給人類以一種人生觀。譬如唯物論者說世界是由物質出來；即以人類而論，亦是先有物質，繼而有一種靈性，而後有自覺性或曰思想，唯物論者以思想與自覺性為附屬現象，以物為宇宙一切事物之基本。他們重物質，輕精神，否認世界有所謂道德，否認國家是民族有意識的團體，反視國家為壓迫窮民的工具。除奪取政權外，無其他改良政治方法。

另外一派哲學家，以為人類在幾千年歷史中有所謂國家、社會制度、政治、法律、宗教、學術；此種種所以產生，即由於人類精神與思想。假如人類無精神、無思想，同木石一般，從何而有各個人對於國家之犧牲？從何而有各個人肯犧牲一生以從事於學術？從何而有損己利人之道德？從何而有以愛為出發點之宗教家？從此立場言之，並非說物質不必要，而是說人類之所以愛人類，在乎精神。

從兩派之言觀之，可見觀點不同，結論天差地遠。我現在不是勸大家相信唯物論或唯心論。就是唯物主義，也是要求理想的社會，無階級差別的社會，可以說唯物主義雖不重視精神，但是改良社會的目的與唯心論一樣的。不過唯心主義因為以政治、法律為精神的表現，往往偏於保守，為舊黨張目，所以馬克斯輩反對他。我相信唯物論不過是社會改造期中之現象，十七世紀中之英國，十八世紀中之法國，十九世紀之德國，皆是如此。俟滿意的社會實現後，此種思想自然不必要了。

在世界上秩序安定期中，理論的安定與事實的安定期中，各人做各科學的工作，可以少管哲學。若在理論的不安定（由奈端到愛因斯坦）與政治的不安定期中，各問題時常須返求諸本，所以不能不管哲學。因為在根本上看自然界與社會界，比分科範圍之內看得清楚多了。此乃治哲學的人的特殊便宜，或者說是哲學家的特殊權利，如此說法，非謂一國中只要哲學家，不要科學家，乃是說一個是分科觀察，一個綜合觀察。各人所從事者不同，自然其所得結果亦不同。但這兩種人，同為國家所不可缺的。

我自己致力於學問之結果，不外識得一種途徑——就是最初自己在學術之外，其後自己漸進於學術之內。最初學問是主人，自己是奴隸，其後對學問，既洞悉其內容，敢於加以判斷，我漸漸由奴隸而進於能思索之主人的地位罷了。

（選自〈我從社會科學跳到哲學之經過〉，收入《中西印哲學文集》（上））

三、在「政治國」與「學問國」之間

渡歐以還，將自己生世細細一想，覺十年來為經世一念所誤，躑躅政治，至今不得一當。其鍥而不捨乎；其棄之而別圖安心立命之所乎；此兩念往來胸中，不能自決。近月以來痛下工夫，斷念吾第二生命之政治已略決定，此在公（指林宰平）之知吾生平者必聞而深駭。然要知此兩者不決，吾精神上受一種支解之刑，非唯一生終於無成已焉。此念既定，胸境頓然開朗，去了一政治國，又來了一學問國；每日為此學問國之建設作種種打算。……總之吾之學問國之建設，正在發端，千乞公等勿期其收速效而已。抑尚有一言請公轉達國中同志者，數年來以政治為飲食水火之君勱，已斷念政治矣。吾同志誠有出死入生之舉，以急國家之難，則弟之赴湯蹈火，決不人後。若夫現實之政談，則敬謝不敏。吾且暫別加富爾、俾斯麥[20]、格蘭斯頓[21]，而與康德、黑格爾為儔侶矣。

（選自〈致林宰平學長函告倭氏晤談及德國哲學思想要略〉，收入《中西印哲學文集》（下））

---

20 俾斯麥（Otto von Bismarck, 1815–1898），為德國十九世紀重要政治家，德意志帝國之首任首相，因其鐵血政策，後世稱其為「鐵血宰相」。

21 格蘭斯頓（William Ewart Gladstone, 1809–1898），為英國自由黨政治家，曾出任四次首相，其強烈反對英國在中國發動的兩次鴉片戰爭及鴉片貿易。

四、吾對於一切問題有吾自己的立場

一九三〇年前後，吾對於社會改造的主張，可算才成熟。吾相信一方面承認私有，一方面承認公有，是一條無可逃的大道。但這不是調停兩可之詞，以後國有事業是應該一天一天擴大，私人謀利的動機是應該大加限制的，必如是，然後能增加民族資本，開發民族經濟。

從以上兩段學理上、事功上來講，我們要針砭的，是現時對外人依樣胡蘆的習慣，如此做去，不但學問不發達，在事功上亦不會有進步的。現在我更舉一二個實例來證明，如果一個民族有思索力、有創造力，那麼他的命運是不會始終落在人後的。

西哲有一句格言說：「我喜歡我的先生，我更喜歡真理。」可見真理是人的真面目，果真對於學問有打破沙鍋問到底的精神，學生所造一定能比先生進步。歐戰以前，德國的科學，在世界上算是第一，但我們看見十九世紀初期，德國科學那趕得上法國。法國是十九世紀世界文化的中心。在十九世紀初，德國科學著作，如洪保德[22]《地理遊紀》，都用法文寫述，試問現在還有那種情形嗎？其

22 洪保德（Alexander von Humboldt, 1769–1859），為德國自然科學家、博物學家，以及近代氣候學、植物地理學、地球物理學之創始者之一，發明等溫線畫法、地球氣候帶的概念、提出森林與環境間關係等劃時代創見，被譽為現代地理學之父。

次如英國的立憲，俄國的五年計畫，那一件不是民族本身從自己經驗中，想出方法來的。語云皇天不負苦心人。唯有不肯苦心，不肯焦思，那國家便無辦法，否則天不至令人走上絕路的。

自己無論對於學問，對於政治，都有興趣，因興趣很多，所以一無所成。但是吾對於一切問題有吾自己的立場，這立場不是人云亦云，並且不喜歡跟人走。吾先研究在吾良心上、在理論上是說得通，吾才說他對。吾說了之後亦很少有變動，因為吾沒有思索以前，決不隨便說，不喜歡跟人走。假定吾有了吾自己立場，吾的立場，就在那裡。

（選自〈養成民族思索力〉，收入《中西印哲學文集》（上））

五、我之立場，謂之理性主義可也

我之立場，謂之為理性主義可也。我所謂理性，雖沿歐洲十八世紀之舊名，然其中含有道德成分，因此亦可遝稱為德智主義，即德性的理智主義，或曰德性的唯心主義也（柏氏亦重心，然謂心之作用為行動為自由，故為反理智的，又理性的）。吾所以推尊理性，以為應駕理智與行動而上之者，蓋以為理智如刀，用之不得其當，鮮有不傷人者；行動如馬，苟不繫之以問繮絏，則騎者未有不顛且躓者。重理性者，所以納二者於規矩之中也。歐洲之開明時代，正為哲學上之理性主義時代，有笛卡兒導之先，蘭勃尼孳繼之於後，同時在政治學方面，有霍布斯氏[23]、洛克氏、盧梭氏等之《民約論》，發為人類生而平等與天賦人權之說，是哲學上之理性主義與政治學上之天賦人權，同出一源也。十九世紀之社會主義，推廣自由、平等、博愛之精神於一般勞動者之身，不論為科學派、烏托邦派，其所要求之目的則一，即今日羅斯福輩所創免於匱乏之自由云云，亦沿人權論之餘緒而擴充之耳。東蓀於本書[24]中列舉歐洲道統，一曰耶教，二曰民主政治，三曰社會主義。余以為後二者有理性主義為背景，已如上述。即以耶教論，自猶太傳入歐洲，亦早經亞里斯多德之論理範疇之熔鑄，與其謂為如東方宗教之出於證悟，不若謂為思想統系之結晶。然則此三者中有一以貫之者，為理智，為理性，此點在東蓀雖未明言，吾特舉而出之，當不至與原旨相謬刺也。

吾唯尊重理性之故，對於本書所舉之中國道統，一曰儒家，二曰理學，自認為吾國歷史上之精神遺產。昔日人生觀論戰之中，曾有新宋學之主張，不圖今日為理學下新解者，已大有人在矣。吾國所謂理，所謂道，在閉關時代，不外乎仁義禮知孝悌忠信而已。孰知此理此道，傳至歐洲以後，乃變為理性主義，在知識方面為範疇，為論理方法，在行為方面為道德，為意志自由。夫吾國為理與道之發見者，特不知推廣而用之於理智方面，以自陷於不識邏輯、不識科學之大病，今而後唯有

23 霍布斯（Thomas Hobbes, 1588–1679），為英國政治哲學家，現代自由主義政治哲學體系之奠基者，著有《利維坦》（或譯為《巨靈論》）一書。

24 指張東蓀著《思想與社會》。

力矯前非，在舊萌芽之上，培植而滋長之，不默守陳腐之道德說，乃由新理智以達於新道德，庶理性與理智有以見其全體大用矣，抑理道之論，發之於孔孟，實大盛於宋明儒者。彼等不特於理學方面有極精確之定義，極廣大之宇宙論，即於實際行政方面，有所謂鄉約，有所謂庠序之教，有所謂兵農不分，有所謂常平倉[25]，有對於井田之追憶，何一不本於民貴君輕，不患貧而患不均之公平至正之大道而後有此主張乎。然則謂儒家之精神，同於民主政治，同於社會主義可也，此非吾人之故意附會，去儒家學說之塵垢，見其精義之蘊藏，則知二者，自出於人心之同然，而非偶然。何也，二者同以理性為出發點故也。

（選自張東蓀著《思想與社會．序》，收入《中西印哲學文集》（上））

六、東西文化：「與其求彼此之殊特，不如求彼此之會通」

今日為東西會通之日，非東西隔離之日，倘以此為我之所獨有，非人之所能，此不可得之數也。若曰你有宗教，我不信上帝。然在超自然 (Supernatural) 觀念之下，孔子之尊天，謂為同有信仰則可，謂為所信重點之不同則可。孔子雖不言神，然形而上者謂之道，固儒家之言也。此可以相通者

25 常平倉為中國古代政府為調節平抑糧價、儲備糧食以應糧荒而設置的糧倉，具有一定的社會救濟功能。

一，人倫為儒家思想之中心，以明明德，止至善為旨歸，希臘亦信足乎己而無待於外之謂德，且謂德為最高之善，此可以相通者二。希臘重視智識，尤其於數學為求真之法門。亞里斯多德，好分科之學，以生物學為其專長。吾國對於學問之分科，遠不如西方精密，然對於西方學問智識之輸入，勉力為之，唯恐不及。徐光啟之譯作與江南製造局中譯書局所從事，足以證之。此可以相通者三。因此相同之故，吾人處於今日，唯有鼓勵之、擴張之，合之於一爐之中，以促成相通而不失其本色而已。以近數十年來，吾國思想之變遷言之，何以康梁變法之論震動朝野，殺身以殉，所不惜乎。何以嚴又陵之《天演論》、穆勒《名學》、《原富》與《法意》等書，風行一時乎。何以近年出版之《中國哲學史》，上溯諸子百家，下至於清代，注重於各時代重要各派之學說，不再學《宋元學案》、《明儒學案》之一人一傳乎。何以近年之治史學者，以徵信為第一大事乎。何以近年關於文化各方面如政治、經濟、法制、社會，必溯源窮流以明其發展經歷乎。東西思想之相交，如海潮之接觸，如光線之遠來，無復有能阻之者。如曰此為我所獨，非人之所能，或更進一步曰，此為人之所有，我之所當拒。則東西之間，將有一道鴻溝，或一道長城成為障壁。此即以瑪奇諾防線，施之於戰事，敵人尚有繞道入境之途。而思想在不知不覺中易於滲透者，非牆壁門限之所能隔阻者，顯然易見也。吾以為居於今日東西關係之密邇，與其求彼此之殊特，不如求彼此之會通。而其法有二，一曰知己，二曰知彼。

知己者云，知己之所長所短。知其所長，然後能擇善而守之。知其所短，然後取人之長，以補己之不足。

知彼者云，知人之所長所短。知其所長，取其精者以為己。棄其短者，以期不陷於人之覆轍。吾人誠本良心理智之公，去荀子所謂一曲之私。則世界甚大，道路甚闊，自能供我取精用宏，而不至人入陷阱之中。政治也，經濟也，學術也，自有有益無害之途徑，在己之知所選擇而已。

（選自〈民主政治之開始：「範疇與學問理論」〉，收入《中西印哲學文集》（上））

七、〈讀史玉言〉（詩）

昔聞儒家言，斥私因尚公。
唯公無所蔽，耳目回達聰。
公能致祥和，舉國自從風。
此義懸天地，誰敢向之攻？
乃考三代下，秦政軌文同，
燒書愚黔首，文物付祝融。
漢高舉義日，三傑寵命隆，

一朝天下定，烏盡先藏弓。
下至名宰相，宋代半山翁，
書生權在手，目中一切空。
旁證西方史，曲異亦同工。
亞歷山大帝，鑿空歐亞通。
法國革命日，拿翁吐長虹。
一時意氣橫，舉世成沙蟲。
嗚呼！歷史大變局，不造自仁民愛物之賢主，
反起於私心自用之梟雄。

（選自〈張君勱先生之言行〉（程文熙編纂），收入《張君勱先生九秩誕辰紀念冊》）

八、我一生志願，曰勉為讀書明理之人而已

我一生志願，曰勉為讀書明理之人而已。居今日思想自由學說紛拿時代，求其為明理之一人，談何容易？其在政治學上，有個人與國家，自由與權力之爭。其在經濟學上，有自由放任與計畫統

制，資本主義與社會主義之對立。其在社會學上，或側重進化中之制度，或側重職能。此各派之所以為說，各有應於時與地與人事之需要，初非逞其胸臆而快意一時而已。其在哲學上更有所謂唯心、唯物、一元、多元、機械論與目的論，或曰唯實主義、實用主義與自然主義等門戶之見。從事研究之者，貴乎博學慎思明辨，即有樂於信奉一家之言者，初不可盲從一派之言，應求其正反兩面而知彼此長短。倘能更進一步，將其互不相容者而熔鑄於一爐之中，寧非青出於藍而勝於藍之一大妙事。譬之物理界中機械主義之適用，自不可貿然進而入於生物界，目的論自有其至大至正之理由，而不容抹殺。政治學上既有個人與國家，唯有尊重自由，乃能養人之所以為人，亦唯有尊重秩序與權力乃成其所以為國。此我所謂兩說之相反者非不可以相成者也。其在哲學上側重於物者，為唯物主義、感覺主義等派，其側重精神者為柏拉圖派、康德派或黑格爾派。如康德氏何嘗不以感官材料與思想方式為配合之言？英之新唯實主義者何嘗不以康德之言為可以並存並行？可見所謂主義，各有正反兩面，應比較應參相互證。誠循此為之，則自己思索自己選擇，或更進而自有所去取以為折衷一是之歸，此則讀書明理者之所當為也。

（選自〈我之哲學思想〉，收入《中西印哲學文集》（上））

第二輯

憲政之道

提要

張君勱最重要、最凸顯的身分，畢竟是憲法學者，而且他不是在書房裡研究憲法理論，而是二、三十年間在民國政治現場推動制憲行憲。從這個角度看，收在此輯中的〈法治與獨裁〉有特殊的個體與集體意義。

張君勱明白針對中國的情況，說：「中國人……以為歐美各國都走向獨裁政治，我們也得跟上去，何必還談法治呢？」在這種情況下，要中國拒絕獨裁，太困難了。但張君勱要進一步分辨「獨裁」和「專制」間的差異。他強調：獨裁是依照法律一時將權力委託給一個人，只能是短期的維持，不能作常軌之運用。因而即使是在獨裁狀況下，法治仍然極為重要。「中國要走向近代國家的軌道，非得注重法治，非得養成法治的精神不可。」

法治的根本當然就是憲法。延續下來，他在講解憲法時，苦口婆心解釋：「朝野上下口中所常說的是『建國』，革命的目的本來在『建國』，何以現在偏偏要在革命二字以外，提出建國的標語來？可見革命的心理背景與建國的心理背景是有不同之處。……建國的重點應該放在理智上而不放在情感上；應該放在和平方面，不是戰爭方面；應該放在理性方面，不是放在暴力方面；應該放在法治方面，不是混亂方面。」

或許更具時代作用的，是張君勱一直堅持「人權為憲法之本」，憲法是規定基本人權，保障人權的工具。張佛泉五〇年代在臺灣參與《自由中國》，後來寫出了《自由與人權》專著，他就感慨系之地表示：經歷了國家的重重悲劇，中年之後真正體會到人權之重要，必須將人權置於政治的中心，人民才能有自由，才不會受到侵害。同樣經歷那個時代的張君勱，應該有著類似的體會吧！

本輯中特別摘選了張君勱對於憲法「行政權」的解說，這講中讀者可以特別留意的有兩點：一是張君勱檢討過去民國體制所犯的「因人而制」毛病，「每一大人物上臺，先要變更條文，總是將條文遷就個人，個人不遷就國家根本大法。」

另外一點是文中其實不只談總統和行政院，也藉由分析《五五憲草》深入剖析了國民大會的問題，尤其在監督行政權方面，國民大會和立法院的糾結關係。張君勱一貫的立場是反對國民大會擴權，這和他的人權本位、保障自由本位立場密切相關，是他極為看重的中國憲法現實問題。

我與憲法

昔余持論，舉聯邦不可行於吾國之故有十。朋輩見余擬國憲草案，純以聯省為建國之方，有觀而詰責者，有移書相詢者。余以為此立言之方法不同耳，非對於國情之觀察有變更焉。昔之所以告國人者曰，必省民能自握省權，而後能行聯邦之制。必省民之多數，有判斷之常識，舉一省之賢者以為代表，而此賢者能揖讓於議堂之上，而省長舉出也，而政黨內閣成立也，而後能行聯邦之制。必城鄉鎮早具自治之基，而邦亦久享獨立之實，而後能行聯邦之制。凡此應具之條件，我既無一而具，於是斷言聯邦制之不可行。自今上溯民國之初，蓋十餘年耳。問國情會有絲毫變更乎？唯有答曰否否。所不同者，則狡黠如項城逝矣。軍人猖狂，各據一省，而全國成分崩離析之局，舉國之眾，無不疾首痛心於軍閥，然無如軍閥何也。我見雲南政局之翻雲覆雨，則唐繼堯[1]之出焉入焉，而省民寂然也。我見川滇之爭，以為滇人既去，川人當能自保，而不圖四五軍長之自相殘殺，而省民寂然

---

1 唐繼堯（一八八三—一九二七年），近代中國軍事人物，滇軍創始人與領導者。其在袁世凱稱帝後，聯合蔡鍔、李烈鈞等人高舉「護國」旗幟討伐袁世凱，此即為護國戰爭。

也。我見盧永祥[2]之忽督軍，忽督辦，而省民寂然也。我又見張作霖[3]之忽督軍，忽總司令，而省民寂然也。嗚呼！在此基礎之上，而求美國之所謂邦，由邦而進為聯邦國，豈為蒸沙為飯，緣木求魚乎？或曰誠如君言，益見聯省憲法之不可行，何為以此導國人？余曰，立國之法，不外二途，自中央而地方者，此統一國也；自地方而中央者，此聯邦國也。項城當局，託名集權，陰圖帝制，五年之頃，分而復合，統一之形猶存，威信之度尚在。主其事者，復藉國家之權力，快一時之意氣，挾兵力，借外資，以從事於私鬥，於是集權之說，益為天下詬病。蓋政令之由中央而及於地方，其從茲已矣。時則省憲運動，起而代之，迄今有已行省憲者，有尚未行者。然無論其行與不行，我未見一省焉；軍政能隸民政下者，我又未見一省焉；軍額能由省議會通過者，我又未見一省焉；有正確之預算，交由省議會通過者，我又未見一省焉；有兩大黨以政策號召國民，因而更迭內閣者。是則各省之能否自治，顯然可見矣。總之，今日之中國，中央固不能舉中央之事，各省亦未見其能舉各省之事也。處此斷潰絕港之中，而研究著手之次第，其先中央乎？其先各省乎？我斷然不疑曰：先各省而已矣。何也？五洲之上，北美，聯邦國也；南美，聯邦國也；澳洲，亦聯邦國也。非洲除北部之回教國及野蠻部落外，其南非新建之國，則聯邦國也。歐羅巴洲，向只有德意志與瑞士為聯邦國。歐戰以還，

2 盧永祥（一八六七－一九三三年），清末民初軍事將領。

3 張作霖（一八七五－一九二八年），曾任中華民國陸海軍大元帥，故時人又稱其為「張大帥」，為北洋軍奉系首領。一九二八年張作霖乘坐火車遭日本關東軍預埋炸藥炸毀而死，史稱皇姑屯事件。

英倫三島，有改建聯邦之說，以英吉利為一邦，蘇格蘭為一邦，威爾斯為一邦，愛爾蘭為一邦，此議案之主旨已通過下院矣。歐洲之俄國已以蘇維埃聯邦國宣布於世矣。乃至法國，向以集權聞於世，今其國中，亦有合若干特把德蒙為區之說，所謂區域主義（Regionalism）者，盛行於國中，亦受聯邦國新潮之影響也。夫世界之大勢既如彼，而我中央之久已不見信於國人又如此，則今後立國之基礎，捨聯邦其奚由哉？夫省之範圍，地小而人稀，故集中一省之人才財力以謀之，則效易見，而較有把握。且一省中，多切實之利害問題，少駕空之政策問題，是非易定，而人與人之競爭，遜於中央，所以謀省政易於謀國政。此則我之所以以聯省政治導國人也。雖然，軍閥不去，則無聯邦；督不廢，兵不裁，則無聯邦；國民無教育，投票不按選民冊，則無聯邦。凡此者，皆待我省民一一舉而措之。故我之所謂聯邦者，其基礎尚待於創造，非以目前割據之局為聯邦也。我昔以此條件不具，故云不適於聯邦，又以彼條件不具，故云不適於聯邦。今我易其詞曰，當具此條件，而後可以為聯邦，當具彼條件，而後可以為聯邦。措詞雖異，而精神則同，此則我之良友與明眼之國人，必能辨之矣，是為序。

法治與獨裁

剛才承謝院長介紹，獎譽過當，愧不敢當。諸君研究法律，對於國家負有很重大的責任。今天以「法治與獨裁」為題，也許諸君感覺到這題目重要。國家最大目的，在於維持國內法律生活。這就是說國家是一個團體，既是團體，故彼此間總不免有衝突，有了衝突，便離不開法律。所以國家的目的，是怎樣運用法律以維持國家的生存。可是在理論上是如此，要實現便很艱難了。

國家要解決個人衝突，唯一的方法，便是靠法律，沒有法律，便沒有秩序。譬如說私人的權利是受國家保護，任何人不能加以干涉。所謂國家保護者，即國家限制任何人不得有侵權行為，假定有這樣事實發生，被侵害者有請求國家救濟的權利，這樣請求救濟的行為，即所謂訴訟行為。如果不是這樣，那麼權利衝突時，只有武力解決，談不到法律了。所以從國家本身看來，沒有法律，國家便無從維持其秩序；從人民全體看來，沒有法律，也不能保障其安寧。簡單說一句，沒有法律，便不能成為國家了。

可是法律決不是許多條文。法律之所以能維持社會秩序者，在於其有尊嚴性。換句話說，就是國民心目中看法律是很尊嚴，然後他才能守法。要做到這一步，必得要執法者自身有尊嚴，自身能維持法律的尊嚴，於是人民也跟著守法，上下都能守法，然後才談得到行政上的效率。否則，只是空洞地談法律，則法律維持團體內之生活的目的，還是不能實現，等於空談。所以，法律如果喪失其尊嚴性，則守法觀念，必甚薄弱，其影響所及，便不堪設想了。

中國要變成近代國家，當然條件很多，如鞏固國防，如發達科學，都是很重要的問題，但是還有一最切要、最基本的條件，便是法律。國家有法律，等於房子有基石一樣。換句話說，要變成近代國家，非先變成法治國不可。所謂法治國者，是以法律治國，不是以人治國。但這還是表面上的話，法治國云者，尚有其特別意義。歐洲法治國基礎確立，是在一七四〇年以後，這是歐洲政治上之大變動。

歐洲十七、十八世紀的思想，認定國家是合於人民之意志。盧梭的《民約論》便是要以一般人民之意志即所謂總意，來治理國家的，所以人民在國內，應該參與國是。說到這裡，便發生一個問題，就是既承認人民的意志，既承認人民有參政權，便非承認人民有權利不可。如果不承認人民本身的權利，法治國的精神，還是無從實現。

法國的《人權宣言》，所爭的是言論、出版等自由，何以叫人權呢？人權就是一個人所以為人之必要權利，不是因債務關係而發生之債權，也不是因親屬關係而發生之繼承權，而是一種基本權利，沒有這種基本權利，便不能算是人。法國人叫這樣權利為主觀權；主是自己的意思。從前國家要怎樣便怎樣，人民不能自主，現在承認人權即是說人之所以為人者，自有其本身之權利。但國家何以會給人民以權利呢？因為人民的力量，便是國家的力量。如果不拿人民當著一國的主人看待，則國家的政治一定不能清明。非先承認人民是人，是有人格的，然後才談到治國。我們晚上在街上總看見許多窮人睡在路旁，大家都不去關心這事。其實這是一件很值得注意的大問題，切不可看得太輕。這樣的現象，足以證明國家看人民太無價值。一國國民如果沒有居住，不能生活，那裡還談得到人權，既沒有人權，國家那能會盡力量？所以人民的生活、居住等等的權利，應該在憲法上有保障，應該受國家的保護。國家怠於這種責任，便是不承認人民有權利，便是看輕人民的價值。國家對待人民如此，於是人民也感覺不到國家的可貴了。歐洲又承認人民有人格，承認人民有權利，所以歐洲法治國的基礎才能確立。

國家主權和人民權利，本來是二而一：從人民對於國家之義務上看，是國家有主權，從國家有保障人民生活、居住的責任上看，是人民有權利。政府以法律來制裁人民，而人民在憲法上亦有監督政府之權，所以政府有客觀權，人民有主觀權。這種主觀權和客觀權的對立，便是法治國的真精神。所以，我們所謂法治國，並不僅是以法律來治國，而是看重人民的權利。在專制時代不承認人民有人格，更不承認人格上有權利，所以專制的國家，是不配稱為法治國的。

中國二十餘年來，何以不能成為近代國家，換句話說，就是何以不能成為法治國？黑格爾氏(Hegel)之世界歷史曾論及中國，他是根據於十字教會的報告。他生時在十七十八世紀之交，正是明末清初，當時歐洲人民恭維中國，很佩服中國。他的世界歷史內有這樣一句話：在中國，普遍意志下命令於個人，個人不假思索地接受普遍意志。從這句話看得出中國政治團體缺少主格性，所以很少有主動的思想。

國家的力量，建築在國民身上，國民不健全，國家不會強盛，猶之乎細胞不健全，身體不能康健一樣。而國家要養成健全的國民，非得使他們有發展其能力的機會不可，所以政府在不妨害國家的目的範圍以內，應允許人民有自由。如果國家限制人民，不讓人民有判斷是非的自由，則無異乎梏桎人民身體，使之不能發展，那國家非衰弱不可。我們中國十多年來正向法治國的路上走，可是適值世界大戰以後，歐洲又有一種潮流叫獨裁運動，來推翻法治國權利義務對待的原則，於是我們青年人的思想上，又起了大紊亂，大家便放棄其走法治的路，而轉向於獨裁。這是中國大大不幸的一件事。

獨裁政治的發生，有兩個階段，一九三〇年以前的獨裁是一回事，一九三〇年以後的獨裁又另是一回事。一九三〇年前因為革命的結果，故流於獨裁，如蘇俄、義大利是。一九三〇年以後，情形與前絕不相同。十九世紀的歐洲，法治國基礎確立，人民的權利不能動搖。一九二九年世界大不景氣，其時我適在歐洲，所看見的與一九二九年以前大異。從前船泊碼頭時的鬧熱情形，現在卻很蕭條，工廠停閉，輪船停開，工人和搬運的小工，都失業了。這種衰落的狀況，非身歷其境者不能想像得出。這樣一來，便影響到國家的財政，因為工廠停閉，商業衰落，國家稅收減少，以致收支不能平衡。不單是如此，一方面收入固然減少，而同時支出反而增加。歐洲國家對於人民生活，看得非常之嚴重，所以在人民失業時，政府應給以勞動保險費，這就是收入減少而支出增加的原因。即以德國而論，失業的人六百萬，平均每年每人給一千馬克，這數目已足驚人了。所以在歐戰前看不見乞丐，一九三〇年左右，則遍地乞丐。同時歐美為法治國，在法治國家，人民在法律上所享之權利，不能減少。一方面國家收入不敷所出，一方面人民在法律上又有保障，這種難關不打破無法生存。於是由議會通過，准許政府於憲法規定外，有自由伸縮之餘地，以求適合於預算，換句話說，即政府之權利，超越於憲法所規定者。英國停止金本位，美國大總統之復興政策，都是適應這種環境的辦法。所以義、俄的獨裁政治，是革命後的結果，而英、美的獨裁政治，純粹為經濟上之原因，至於德國則介乎兩者之間的。

中國人眼看著世界潮流，於是見獵心喜，思想大變，以為歐美各國，都走向獨裁政治，我們也得跟上去，何必還談法治呢？我以為在這種潮流之下，我們應該先認清了獨裁之意義，以及為什麼發生獨裁的原因。盧梭曾經說過一句話：硬性的法律，每因不能適合當時的環境，而引起紛亂，並且在危急存亡之秋，易於使國家傾覆。如果法律不適合當時環境，我們是犧牲法律呢，還是犧牲國家？當然採通權的辦法，暫時犧牲法律，以大權交付一人，來維持難關。至於議會政治、民主政治，在人民衣食充裕時，才能從容討論，才能有所選擇，現在不景氣的時候，便無從談起，所以只好以大權交付一人，讓他替我們打算。這便是獨裁政治所以發生的原因。我們可以總括地說：獨裁政治就是政府權力之增大，所謂政府權力之增大者，即集中大權於一二人之手，而暫放棄法律的意思。中國窮人特別多，其不景氣的情形，較任何國家尤甚，所以中國更應該採獨裁政治，這是擁護獨裁的理由。這理由表面上好像很充足，但是獨裁自有其特別意義，如果弄不清楚，獨裁便變成專制了。盧梭論獨裁時有以下的一段話：

對於獨裁者委以大權，其委託之權，頗關重要，其時間愈短愈好，不得延長。因為我們所以採用獨裁者，其目的在解決目前之危難，此種危難，為國家存亡之所繫。超過這種需要的限度，獨裁政治不是流於專制，便是毫無根據了。

我們應該注意的，即在委託，總得先有委託的能力，才夠得上談委託，不然只是受野心者的愚弄，而變為專制，不是獨裁了。獨裁政治是以人為原則，純在法律軌道以外，所以只能短期之維持，不能作常軌之運用。既是短期間之維持，充其量不過是應變的一種方法，我們不能以變為根據，而應該建築在常軌上，求身體的健康，還得注意平日的修養，而不應該求一時之興奮。所以中國要走向近代國家的軌道，非得注重法治，非得養成法治的精神不可。諸君學法律，將來對國家負有很重要的責任，應當努力以求法治，不必彷徨於歧路之中。

國家為什麼要憲法？

目前國中人士，不管在朝在野，都處在一個極煩悶的心理狀態中。在野的人覺得生意做不成，工廠開不成，種田的人，覺得下了多少種子和多少人工，明年的收穫能否抵償，也不敢說。亦有因為內亂騷擾，乃至於離鄉背井的。至於有智識的人，到了研究機關，試驗儀器不完備，到了圖書館，世界上新書一本都沒有，或者教書先生薪水不夠用，要靠尊師運動捐款，才能維持他的生活。所以在野的士農工商不滿意現狀，是很普遍的。反過來說，難道在朝的人認為政治局面滿意嗎？我們知道他們也不滿意，甚至有人認為要不得的。目前的內戰如何結束，軍事如何整理，財政金融如何安定，他們也未嘗不知道應該改良，應該除舊布新，但是如何能達到這個目的？是不是目前的法律不對，制度不對，或是用人的方法不對呢？他們未嘗不在苦心思索著。

從清末起，我們有了革命運動，大家以為革命以後總可以得到一個好政府，但是經過二三十年的內戰，八年的抗戰，使我們認識，所謂革命運動離不了武力，離不了戰爭，乃至於離不了混亂，那恐怕我們在革命運動中所要達到的目的，還是離題很遠。朝野上下口中所常說的是「建國」，革命的目的本來在「建國」，何以現在偏偏要在革命兩字以外，提出建國的標語來？可見革命的心理背景與建國的心理背景是有不同之處。第一、革命是破壞，建國是靠有思想有經驗的建設。第二、革命是靠奮不顧身的精神，而建國是靠冷靜的頭腦。第三、革命是靠武力與戰爭，而建國是靠和平與法治。以上三種不同之處既然明白，所以建國的重點應該放在理智上而不放在情感上；應該放在和平方面，不是戰爭方面，應該放在理性方面，不是放在暴力方面，應該放在法治方面，不是混亂方面。我這一次發起演講的目的，就在於此。這種演講就是要造成建國時代的新政治哲學，或者說要造成建國時代的新心理態度。

我們現在心目中人人所想望的，就是要建立一個現代國家。但是所謂現代國家的要點何在？我們不必遠溯至文藝復興時代，姑且從人權運動說起。所謂近代國家，就是一個民主國家，對內工商業發達，注意科學研究，乃至於軍備充實。對外維持其主權之獨立，領土之完整且能與各大國相周旋。至於政府機構方面，一定有內閣、議會與選舉制度。這都是現代國家的特色，亦即近代國家應具備的種種特點。此種現代國家之特點，萌芽於英倫，至法國革命後而大成於歐洲。鴉片戰爭後，歐洲國家踏進我們國土，我們最初所認識的是船堅砲利，最後乃知道近代國家的基礎在立憲政治，在民主政治，在以人權為基礎的政治。

歐洲人權運動，我們現在無法詳細講，但是諸君應該聽見過幾個歐洲政治哲學家如盧梭、洛克、孟德斯鳩[1]的名字。他們各人的學說與貢獻各不相同。但是他們有他們的共同點。

第一、人與人之平等，不論是皇帝是貴族是平民，他們既是人，應該是平等的。換句話說，就是人格之尊重。

第二、各個人有他不可拋棄的權利，譬如說任何人除了犯法不能隨便拘捕，這就是人身自由；任何人有他發言批評的權利，這就是言論自由；任何人有信仰宗教的權利，不能只相信天主教的是好人，相信基督教或無神論者就是壞人，這就是所謂信仰自由。各人既經有了他政治上宗教上的信仰，要把他的思想見之於行事就不能不集合若干人來實現他的思想，於是有所謂集會結社的自由。這種種自由，假定政府可以隨便剝奪了去，譬如說人民不管他犯罪不犯罪，可以隨便拘囚，乃至於人民要講話要辦報，政府可以隨便禁止，這種種權力的剝奪，就等於「天皇聖明臣罪當誅」的專制政治。明顯一點來說，就拿人身自由來說，假定政府能隨便拘人投入囹圄之中，那麼等於一切人皆喪失自由，誰敢再來對政府有所批評或有所爭執。從這一點來說，可以看出人權運動實在是民主政治最重要的基礎。因為沒有人權，就沒有民主政治了。這種人權當時名之曰天賦人權。但很有些人不以為然，認為人民權利，都是從歷史上來的，決沒有無端從天上掉下來的。這權利是天賦的，還是歷史演進而來的，在歐洲已有一場爭辯。我們不必在此多說了。但是沒有人權，就沒有民主政治，所以歐洲各國的憲法上沒有不規定人民權利如何如何的條文，可見人權保障，實在是民主政治的基礎。

1 孟德斯鳩（Montesquieu, 1689–1755），為法國啟蒙時期思想家，同時也是西方國家法學理論奠基者，其主張「三權分立」、權力均衡及相互制約的理論，後來影響了美國憲法、法國憲法及普魯士法典的制定。

第三、政府之設立，所以保護人民的生命財產。一個國家最低限度的責任，就是在保護人民的生命，使人人有飯吃，有衣穿，乃至於安居樂業。任何國家不論怎麼喜歡革命，不能永久在殺人放火的狀態中。因為殺人放火的結果，就是戰爭，就是混亂，所以革命運動雖以武力開始，但歸結於和平與法治，然後才能保護人民的生命財產。

第四、政府既有保護人民生命財產的責任，所以它行使權力，是有限制的，是受憲法限制的。譬如說三權分立，政府管行政，議會管立法，法院管司法，便是權力的限制。政府所提的法案，須經過議會同意，如其政府在內政外交上犯了錯誤，它就應該辭職，政府與議會有意見不合之時，政府與議會的誰是誰非，便要決之於總選舉時的人民公意。

以上四點，就是人權運動時代各國政治學者所提出的共同要求，到了十九世紀，才規定於憲法之中，成為具體的表現。

歐洲這段人權運動歷史，其影響所及，莫過於英法美三國。但三國所受影響，略有不同之處。我把美國《獨立宣言》上幾句話列舉如下：

> 人類生而平等，自其出生之初，賦之以若干種不許移讓之權利。第一為生命；第二為自由；第三為幸福之追求。為鞏固此種種權利計，所以設立政府。政府之所有正當權利，是從被統治者的同意而來。假定任何政府違背以上各項目的，其人民便有權利變更或廢止此項政府，另立新

政府。根據本文中所舉之各項原則，期達到人民之安全與幸福。

美國根據這段宣言，一直向前走，雖國內發生了南北戰爭，只能說是將《獨立宣言》擴展到奴隸身上，決不是違反宣言的。至於法國革命，也受人權運動的影響而起，但是它忽而革命，忽而帝制，忽而來反對帝制再造共和，所以它經過許多曲折，不像美國的民主是直線的。至於英國它的尊重人權，從《大憲章》[2]時代即已開始，譬如任何人不得任意加以逮捕，任何人應受公平審判，在《大憲章》中早已規定。英國的一切制度，是有其歷史的根據，而不是受思潮激盪的影響。但是英國的立憲政治，人人知道受洛克、邊沁的影響很大，但只能說英國憲政因有人權運動，而更加證明其路線之正確，不能說英國憲政由人權運動而發生。歐美這段人權運動歷史，在我看來還是值得加以研究，重新認識，再來提倡一番的。

國家為什麼要有憲法？解答這一問題，須先問我們要國家是幹什麼的。

我們可以答覆「要國家是幹什麼」這一問題如下：㈠國家的目的是在維持人民的生存，所以要保障他們的安全。譬如說：有一群人聚在一塊兒，就要問他們怎麼住，怎麼吃，怎麼行動。衣食住是靠生產靠買賣得來，不能靠搶劫得來的。他們自己一批人要吃要穿，不能從人家搶來，同時他們自己的東西，也不願意被人家搶去。所以一個國家有農工商及交通等事業，同時又有軍隊與警察，

2《大憲章》(*The Great Charter*) 為英格蘭國王約翰於一二一五年簽署之法案，以法律限制英國王室權力。

無非是在維護人民的生命與安全。㈡人民所以要國家是在保障人民的自由。一個國家有了幾千萬幾萬萬的人口，你想吃得好，我也想吃得好，你想住得好，我也想住得好，你想種種享受，我也想種種享受，所以彼此之間不免有爭執與不平。國家為要使此等互相爭執之人民能相安起見，一定要有方法保障人民的自由與權利，然後才能使他們彼此相安。譬如說：有了土地財產權，怎麼確立；有了債務，如何還本付利。總而言之，各有各的權利。要使他們彼此不相侵犯，不但限於物質方面，同時要在言論思想上有發展，所以有言論自由思想自由，乃至於社會上有瑰奇譎怪的人士，他發了奇怪的議論，只要他不妨礙安寧與叛背國家，各國都不加禁止的。這無非是要使個人有自由發展的緣故。㈢造成一種法律的秩序。從第二項保障人民自由或人民權利來說，就可以知道一國以內債權、物權、親屬繼承等法是什麼用處了。因為人民的土地債權等事，是很複雜的，那一塊土地是你的，那一塊土地是我的，債務到什麼時候終止，都要有極詳細的條文規定。因為血統姻親的關係，所以又不能沒有親屬繼承等法。一部《六法全書》，無非要解決這種種問題。但是物權、債權、親屬法都是私法，它所規定的是人與人之間的關係。此外還有一種的法律，不是規定私人間的關係，而是規定國家與人民之間的關係，同時規定國家中甲機關與乙機關之間的關係，譬如政府與議會以及政府與司法的關係如何。這兩大類：第一、國家與人民之間的關係，第二、國家中各機關相互的關係，是屬於公法或憲法的範圍，因為它所管的，是國家的公共權力如何行使。所以憲法簡單來說，是規定 public powers 如何行使到人民身上去，及其與立法、行政、司法相互間之關係。所以憲法是公法之一種。

現在我更具體的說一說：憲法乃是一張文書，所以規定政府權力如何分配於各機關，以達到保護人民安全與人民自由的目的。

第一、國家與人民的關係：沒有國家是一件很可怕的事情，因為沒有國家，就對外言之，就是沒有國家來保護人民，就是亡國之民，如今日之德國便在此狀態中。就對內言之，就是國內沒有秩序，就是陷於混亂。但是有了國家，亦是件極危險的事，因為國家手上有兵權、有警察、有法院，它就可以隨便逮捕人民，它又可以借國家的名義一定要人民服從它，或者徵收人民財產，或者要人民的性命，如對外戰爭戰時徵兵之類。國家權力既如此之大，所以憲法上第一件事就是要防止國家的專擅，就是防止國家濫用權力。所以憲法的第一章一定要規定人民的基本權利，就是上文所說的人身自由、言論自由、集會結社自由、信仰自由等事。其中尤以人身自由最為基本。假定人身自由一旦沒有，其他集會結社自由也不必談，所以人身自由便是其他一切自由之基本。如其人身自由沒有保障，無論憲法的規定多麼好看，都不過是一句空話。所以《五五憲草》第九條規定：人民有身體的自由，非依法律不得逮捕、拘禁、審問或處罰。人民因犯罪嫌疑，被逮捕拘禁，其執行機關應即將逮捕拘禁原因，告知本人及其親屬，並至遲於二十四小時內移送至該管法院審問，本人或他人亦得申請該管法院於二十四小時內向執行機關提審。其所以如此規定，無非因為人身自由，是其他各種自由的基本，政治協商會議中關於人民基本權利也有若干項規定，其用意亦無非因為人身自由及人民權利不能保障，那這國家一定就是專制就是獨裁。自從歐洲法西斯主義[3]流行之後，有所謂集中營[4]，有所謂格殺打撲，有所謂不許有反對黨之存在，有所謂肅清危險思想等事，更可見人民基本權利一章，所以成為憲法中重要部分的原因何在了。在這一段裡，我們可以旁及說一說徵兵與租稅兩件大事。照英國制度有所謂「不出代議士不納租」一句格言。這話就是說國家向人民拿錢，人民便須要先問你拿了錢作什麼用。你拿的錢數目如何，拿了錢什麼用，這也就是一種國家權力對人民的關係，此其一。到戰爭時，自然人民應該當兵，但是當兵以年齡為標準，那麼人民的當兵義務應該平等，不可以說長官的兒子可以免役，平民的子弟便可以隨便拉夫拉去。以上種種，是憲法的第一部分，就是國家對人民的關係。

第二、憲法所規定的是國家權力如何確立與如何限制。一個國家離不了立法、司法、行政三種權力，或者如中山先生再加上考試、監察兩種。這三種權力，各有它的組織，各有它的執掌，各有它的限界。第一，國會由議會所組成的，議會由人民選舉的，議會裡的議案如何通過，這是立法院

3 法西斯主義為一種威權民族主義，其特徵為對國家領袖的個人崇拜，以及極度重視宣傳國家意識形態，具有強大的社會經濟統一執行力。在第一次世界大戰後出現，由墨索里尼創建，後傳播到其他歐洲國家。

4 集中營最初開始於一九三三年國會大廈縱火案後，為關押政治犯和反對納粹政權的人士所用。在二戰期間，納粹系統性的監禁他們認為在種族學中的劣等者，如猶太人、同性戀者、吉普賽人等，用途也從單純監禁轉為強制勞動及大規模屠殺。

的組織及其執掌。第二，行政有所謂內閣，內閣下有各部，內閣之中有管部或不管部部長，內閣對議會之責任如何，及議會如何能使內閣或進或退，此為行政權問題。第三，司法，它的特點就是在乎獨立審判，就是說不能聽行政方面的喜怒。起訴或不起訴，加刑或減刑，應該由司法官根據法律條文公平判斷。為使司法官能獨立審判計，所以法官是終身職，他的進退升降，不是憑行政官喜怒而調動的。

以上兩部分，乃是構成憲法的重要部分。其餘憲法中的重要問題，在十次演講中，再詳細說明，暫時不提了。

現在我在這一次演講中還有最後一點要聲明，就是憲法本身所以能保存在，並不是一張紙片的文字就夠的，而是要靠國民時刻不斷的注意，然後憲法的習慣方能養成，然後憲法的基礎方能確立。我們舉一個明顯的例子來說：美國是所謂剛性憲法的國家，英國是柔性憲法的國家。所謂柔性憲法，就是它關於國家權力如何行使等等，都靠普通立法就可通過的，而且這種立法是散見於歷史之中，如《大憲章》是一二一五年產生的，《權利法案》[5]是一六八九年產生的，《人身保護狀》是一六七九年產生的，《權利請願案》[6]是一六二八年產生的，《解決法案》[7]是一七〇一年成立的，英國未曾拿這

5 《權利法案》(*Bill of Rights*) 為英格蘭國王威廉三世於光榮革命後簽署。

6 《權利請願案》(*Petition of Right*) 即為《權利請願書》，內容主要規定國王未經議會同意不得隨意徵稅、不得任意拘捕人民。

些法律來分類集合起來成為一篇憲法——如美國所有的——，此之謂柔性憲法，就是說可以隨時變通修改，同普通立法一樣。反而言之，所謂剛性憲法，則在一篇文章裡將人民權利、大總統、內閣問題一切加以規定，而且這個憲法的修改一定要經過憲法會議的通過，如何提議、如何決定都有一定手續，而且憲法解釋之權，屬於大理院。合憲、違憲問題為美所有，為英所無之事，此亦由於剛性憲法而發生的。因為有這種種手續的限制，而且這種種手續，都歸在一篇文章裡，所以名曰剛性憲法。我們要知道，有了憲法，國家也並不一定就能走上和平的途徑。法國革命之後，忽而皇帝，忽而君主，忽而共和，就可以證明一篇憲法的文章是靠不住的。要憲法靠得住，就要看人民對憲政性的警覺性如何。譬如說有人被政府逮捕了去，人民一定要用一種方法使他放出來，或者使政府下一次不敢非法逮捕。人民有了這種警覺性，政府自然不敢非法逮捕人民。再譬如說憲法規定人民有言論自由，而政府隨便封閉報紙，倘人民恐怕提出這問題之後，政府便來與他為難，便不敢說話，這樣的言論自由是無法保障的。所以人民或訴之於輿論，或訴之於法律，使政府不敢封閉報紙或停止郵遞之權，然後人民言論自由乃有真正保障。再譬如說，政府每年應有一個預算，無論軍事費、民事費，都是應該公開的，假定表面上雖然有所謂預算，而實際上不公開，人民亦可訴諸於輿論和法律。假定人民對自己的權利及政府的不法橫行，一切淡然處之不以為意，人民的心理如此，憲法

7 《解決法案》（*Act of Settlement*）即為《嗣位法令》，規定英格蘭及愛爾蘭之王位只能由新教徒繼承，任何人只要改信天主教或與天主教徒結婚即喪失繼承權。

是決不會有保障的。所以我願意奉告諸位一句話，就是：「你們對自己的權利有警覺性，自然就有憲法」，否則若是你們自己沒有膽量維護自己的權利，那麼儘管有一篇美麗的憲法，也就是孟子所謂「徒法不能以自行」了。我對諸位說：人民對於他的權利的警覺性，乃是憲政的第一塊礎石。

人權為憲政基本

歐美所謂人權運動由來甚久，但其發表於公文中，始於一七七四年九月美國佛吉尼亞州之《權利宣言》，一七七六年七月美國《獨立宣言》，一七八九年的七月法國《人權宣言》。這是人權運動中最重要的文獻。我中華民國之革命雖同受法國革命與美國獨立的影響，但是心目中認為最重要的對象，就是在推翻滿清建立共和，乃至於成立政黨政治之類。至於所謂人權運動在此大戰以前，我們的政治思想中，沒有重要因素。上次大戰後，俄國共產革命成立了無產階級獨裁的政府，凡非共黨及無產階級的人，他們的人身言論結社自由乃至財產權利都被剝奪。同樣在法西斯主義流行的國家，只有在義大利的法西斯黨及德國的國社黨才享有人身言論結社自由，其他黨派如共產黨、社會民主黨或民主黨應享有的自由，均被剝奪。我們可以說，蘇俄共產革命以後，直到這次大戰為止，歐洲反人權運動流行一時。到了一九三九年二次大戰開始，羅斯福與邱吉爾在《大西洋憲章》中宣言四種自由：第一，免於貧乏的自由。第二，免於恐懼的自由。第三，言論之自由。第四，宗教信仰之自由。可以說是又是新人權運動的開始。大家因此恍然大悟，知道要談民主，不能離人權。離了人權，就成為共產主義或法西斯主義的獨裁。聯合國會議開會之後，其在〈序言〉中明白規定：「吾人對於基本人權，對於人身的尊嚴及價值，對不分國家大小，不分男女之平等權利，重行聲明吾人之信念。」其《憲章．第六十八條》中，更規定須設立經濟及社會事項委員會，並促進人權之委員會。現在此項社會經濟委員會正在提議一個《國際人權法案》，以備拿國際條約來對各國人權予以保障。可見二十世紀之人權，不像十九世紀僅在憲法上加以規定，現在更要加上一種國際法的保障了。

到底所謂「人權」，其意義何在？既稱為國家，大權操之於國家之手，人民對於政府，不能不服從其命令。但國家無論下何種命令，是不是人民都應該服從呢？譬如說：國家要我的命，是否我的命就該送給國家？國家要我的財產，是不是我的財產就該送給國家？國家要封住你的嘴，是不是你就該像金人一樣的三緘其口？明明是東，國家不許你說西；明明是黑，國家不准你說白。換句話說，只許國家說黑白是非，而不許人民辨別那是「是」那是「非」，那是「黑」那是「白」。假定國家所要求於人民的服從是這樣的，要錢便給錢，要命便給命，他說要黑，你不能說白，他說要東，你不能說西，試問人民服從到這樣地步，這種國家之內尚有何公道可言？孟子嘗云：「君之視臣如土芥，則臣視君如寇讎。」此語根據因果報應之常理而來。可見國家對於人民無論權力怎麼強大，總要劃定一個範圍，說這是你的命，這是你的財產，這是你的思想和你的行動範圍。在這範圍內國家是不能隨便干涉強制的。在這範圍內各個人所享的權利，便叫人權。所以在十八世紀歐洲人權運動勃興時，其中有一個人叫 Wattel 有幾句話說：

假定有一個君主，沒有明顯的理由，一定要人民拿他的性命送給他，拿他生命上不可缺少的貨物奪了去，人民對於這樣一個君主當然有抵抗的權利，還有什麼疑問呢！

他又說：

這種不可隨便奪取人民的性命，不可隨便奪取人民的財物，便是人民天生的權利，因為假如能隨便奪取，人民便無法生存了，所以這就叫人權，或人民的基本權利。

但是這種人權觀念，是因時代而進步的。譬如說：法國革命和美國獨立時，大家注意的是言論自由、信仰自由、結社自由與財產自由等。至於勞動權、工作權、休息權及生活平等的權利在當時是沒有講過，而今天二十世紀時代大家認為此等權利是人民權利的一部分。

我不怕重複再把美國《獨立宣言》例舉一遍：

吾人認以下各點為自明之真理：第一、各人生而平等。二、個人從上帝那裡降生以來，便享有某種不可移讓的權利，其中所包含者為生命、自由、及幸福之追求。為保存此等權利之故，乃所以設立政府。政府之正當權力由於被治者之同意而來，假定政府違法此種目的，則改造政府，廢止政府，另立新政府，乃為人民應有之權利。

佛吉尼亞州宣布的《權利宣言》說：

凡人天性上是平等的自由獨立，且享有某種固有權利。這種權利，並不因其加入社會之際，能加以剝奪。其中所包含的，一、生命的享受。二、自由之享受，再加上取得財產之方法與夫幸福安全之方法。

我舉一七八九年法國《人權宣言》所說：

國民議會在上帝面前承認人民與國民以下各種神聖的權利：第一，各人生下來的時候，他們的權利是自由的平等的，任何差別之承認須以公共利益為理由。第二，政治結社之目的，即為自然的不可移讓的人權之保全，此種權利㈠自由，㈡財產，㈢安全，㈣反抗壓迫。

我們但舉其最重要的如上，其全文共十七條之多，暫時從略。關於人民權利，大家可以參考《五五憲草．人民權利》一章，自然明白，我現在但列舉歐洲各國憲法頒布之年月如下。

此項憲法之頒布亦即為人權之確認。

瑞　典　一八〇九

西班牙　一八一二

挪　威　一八一四

比利時　一八三一

丹　麥　一八四九

普魯士　一八五〇

瑞　士　一八七四

到了歐戰以後，如德國之《威瑪憲法》，一九三五年之《波蘭憲法》，一九三八年之《羅馬尼亞憲法》，沒有一國沒有關於人權之規定。

我現在略舉各國憲法中有關人權之規定。呂復[1]氏把人權加以分類，甚為可取，茲舉例如下：

1呂復（一八七八—一九五五年），清末法學家，曾參與中國同盟會，民初多次當選國會議員，於中華人民共和國成立後任全國政協委員。

第一、關於人格，就是說既稱人，便有人格自由，就是說凡一個人不能將其人身出賣做奴隸。
第二、關於人民自衛事項者分：㈠身體之自衛，㈡家族之自衛，㈢財產之自衛。
第三、行為之自由有：㈠居住，㈡從事職業，㈢婚姻，㈣通信。
第四、關於意識思想以及組織團體之自由者分六項：㈠言論，㈡著作，㈢刊行，㈣集會，㈤結社，㈥信教。

茲列舉各種人民權利，其中每項舉一兩國之憲法條文，作為參考。

第一、關於人身自由

㈠比利時憲法第七條：人身自由與其保障，除法律規定並依法律所規定之方式外，任何人不受告發。除現行犯外非有法庭所發之拘捕狀在拘捕時提出，或在二十四小時內提出外，任何人不受拘捕。

㈡蘇聯憲法第一二七條：公民身體有不受侵犯的保障。任何公民非經法院之判決或檢察官之批准，不受逮捕。

㈢我們可以拿《五五憲草》中關於人身自由的條文與比、蘇兩國做一比較：

人民有身體之自由，非依法律不得逮捕、拘禁、審問或處罰。

人民因犯罪嫌疑被逮捕拘禁者，其執行機關應將拘禁原因告知本人及其親屬，並遲至二十四小時內移送該管法院審問。本人或他人亦得聲請該管法院於二十四小時內，向執行機關提審。

法院對前項聲請不得拒絕，執行機關對於法院之提審，亦不得拒絕。

第二、關於人民住居自由

㈠比利時憲法第十條：私人住宅不受侵犯，住宅之搜索，除依法律所規定之方式外，不得為之。

㈡蘇聯憲法第一二八條：公民住宅的不受侵犯及通訊的祕密，均受法律的保護。

㈢日本舊憲法第二十五條：日本臣民除法律所定者外，未經許諾，無被侵入住所與搜索者。

㈣《五五憲草》第十一條：人民有居住的自由，其居住處所非依法律不得侵入，搜索或封錮。

第三、關於言論之自由

㈠比利時憲法第十八條：報紙是自由的，檢查制度不許設立，不得向著作人出版人及印刷人要求保證，如著作人為大家所知道的，並且是比國居民，此項出版人、印刷人或販賣人不應受控告。

㈡《五五憲草》：人民有言論，著作及出版自由，非依法律不得限制之。

第四、集會結社自由

㈠比利時憲法第十九條：比利時人民不必須要事前准許，有平和的且不攜帶武裝的集會之權利。但須遵照此規定此項權利行使之法規。

此項規定不通用於露天集會，露天集會完全立於警察法律之下。

比憲第二十條：比利時人民有結社之權利，此項權利不應受防止方法之限制。

㈡瑞士憲法第五十六條：人民有結社之權利，但其目的及行使方法，不得對於國家有危險或違法之事。各州得以法律頒布必要之處分，以防止其弊害。

㈢《五五憲草》：人民有集會結社自由，非依法律不得限制之。

第五、宗教信仰自由

㈠比利時憲法十四條：宗教信仰之自由及拜神之自由，以及關於一切問題意見發表之自由均受保障。但因使用此種自由而發生犯罪行為時，則國家保留其彈壓之權。

㈡瑞士憲法第四十九條：意志及信仰自由，不得侵犯。任何人不得被強迫加入宗教團體受宗教教育。履行宗教之行為，亦不得因其宗教意見受任何性質之處分。

瑞士憲法第五十條：在公共秩序及善良風俗所許可之範圍內信教自由，應予保障。聯邦及各州，因維持宗教團體會員間公共秩序與和平及防止教會權利侵及公民及國家權利，得採取必要之處置。

㈢《五五憲草》：人民有信仰宗教之自由，非依法律不得限制之。

以上五種人權，就條文來說，都是大同小異。但是其所以不同之故加以解釋起來，可以有很長的話來說，這演講中無法討論。但是我還舉英、美兩國關於人權保障之情形，特別提出來說說。因為各國憲法上人權之規定，事發源於十七、十八兩世紀人權理論中來的。英國的人權運動乃是《大憲章》以後起的，所以英國的人權是起於歷史而不起於理論，這是英國人權保障與其他國家人權運動發生原因上最大不同點。英國所謂人身自由，起於一二一五年之《大憲章》中第三十九條第一項規定：「任何自由人，除按照國法及其同等人之審判外，不受拘捕、監禁、剝奪財產或充軍傷害。」英國所謂人身自由之意，就是任何人有不受拘捕監禁或其他強制行為之權利。對於任何人之強制，在英國是非法的，除有兩種原因之外：第一種某人之受強制，乃是被控告犯有某種罪行，故必需送入法庭受審。第二種關於某人之罪行，已經法庭判決，並須受刑罰的。英國為保障人身自由既有兩種補救方法：第一種對於不法拘禁之補救，第二種用人身保護狀請求交出受法拘禁之人。凡不受法拘禁之人，得對於加害者處照此以刑罰，或令加害者交付損害賠償。譬如甲受乙毆打，或被乙剝奪其自由達五六分鐘之久。甲可向法庭控告乙之毆打行為，令其受罰或將乙之侵權行為向法院控告，令其交付賠償。受不法拘禁之人得向法庭請求人身保護狀。Habeas Corpus 之原義，及 To have one's body 恢復我的身體。此項保護狀由被拘者或其保護人拜問法庭請求保護狀提出之後，原來拘禁之處應將被拘者釋放，並交付法庭審判。如其察明無罪，應即恢復其自由。此即人身保護狀用意所在。假定拘留處所不服此項人身保護狀之命令，則即等於侮蔑法庭，一定要受極大處分。舉例來說：一八五四年有俄國水兵若干人遊行街市之中，乞食為生，後為英國警察幫忙將此項水兵拘捕，送回俄國軍艦。後來英國人有人詢問英國司法當局，問他拘捕俄國水兵之舉及英國警察之幫忙是否合法？法官的意見，認為拘捕俄水兵是不合法的，換句話說，假定有人替俄國水兵要求人身保護狀，那英國警察就不能不釋放他們了。由此可見，英國對於人身自由之保護，周密到什麼程度。因為他關於這一方面已經有了七八百年久遠的歷史了。

再說到言論出版自由，在英國法律條文中嚴格來說，可以說沒有言論自由出版自由的名詞。但是我們不能說英國人民不能享受這種自由。究竟英國人所享受的言論出版自由如何，英國法學家用下列文字來說明英國人民所享受之自由之內容如下：

英國現行法律准許任何人說寫出版他所要說要寫要出版的。但是他使用此項自由，有不正當之處，則其人必須受罰。或其人不正當的攻擊某甲，某甲的名譽損害，得要求賠償。另一方面，如其所寫所出版文字中，宣傳謀叛或不道德之事，則此犯罪人應受審判。

這其中包含三種意思：一、所傳布之文字有毀害他人之名譽者，其受害者得提出訴訟，要求賠償，故言論自由之第一種限制，即名譽損害訴訟。二、著作家或出版者所宣布之文字包含有不滿政府或謀叛宣傳，政府也可以到法庭上告他，但非政府所能直接停止而須由法庭斷定這件事的是非曲直。三、假定所宣布之文字中，有反對耶穌教或否認上帝之宣傳(Blasphemy)，那也可以向法庭提出訴訟，由法庭判斷其曲直。但是有一點我要提出，即英國的出版自由是出版家不必得事前許可，只在出版以後受毀壞名譽或褻瀆等限制而已。出版家有涉及毀損名譽或褻瀆上帝之舉，那就當他為破壞法律之行為。所以關於出版有事前之許可與事後之限制，其區別便在此。簡單來說，英國政府對於報紙等，絕對沒有指導輿論或防止危險思想等事，因為它的限制不過是在毀壞他人名譽煽動叛亂或褻瀆上帝而已。

第三、集會結社自由。英國是一個個人主義的國家，它看集會結社的自由，並不像歐洲看集會結社自由本身是一件事。而是集會結社的自由，也是由個人的權利而來的，譬如說有一千個人集會。這一千個甲乙丙丁個人有行路發言的權利，所以並不因為一千個人集會一起，而有特別法令，是當為從一千個甲乙丙丁身上，看他們是不是應該集會結社。明白一點說，他們是從各個人人身自由、言論自由，來看集會結社自由，而不是從集會結社自由本身討論其應該有無此項權利的。所以英國的結社自由，除其結社本身抱一違反法律之目的外，其結社與參加結社之權利，並不受任何阻礙。所謂違法之目的，乃是參加暗殺或謀反等事，不僅其行為目的為違法的。且須有違法之行為。可見英國的結社自由是很寬大的。所謂集會自由，英國人並不當一千人一萬人的結社為一件事，而是認為一千一萬人個個人之權利。按照英國普通法參加不法的集會，是應受處罰的。所謂不法行為，限於以下四種情形；㈠破壞安寧，㈡公開犯罪，㈢在開會地帶附近可以發生擾亂和平之恐懼，㈣開會目的引起階級不同宗教不同之鬥爭。所謂個人所參加之集會有擾亂安寧的危險時，治安裁判官可當眾引用所謂擾亂法案，勸告大家解散，不解散時，則參加者即犯有大罪，可處以剝奪其人身自由之刑罰。由此可見集會自由與人身自由二者其關係之密切如何。

從英國的規定，我們可以看出集會結社自由是用個人權利做出發點的。在大陸上是拿集會結社自由本身做出發點的。

現在我更要討論人身自由成為一種訴訟案件時，民主國家是如何處理的。

(一)人身自由之訟案

美國一八六四年某甲名米里根氏 (Milligan)，因為他有煽動叛亂及其叛國行為，印第安那軍區司令官花萬氏 (Hovey) 將軍下令，將他逮捕，並且總統命令設立軍事委員會，將他審判。其時為一八六四年十月。詢問之後，覺得他是犯了所告罪狀屬實，而且決定在第二年五月十九日處死。但是米氏在五月十日提出上訴，說明其審判手續之不合憲法。因為照美國憲法，人民有罪應有受會審官審判之權利，要求法庭發出人身保護狀保他出來。後來美國大理院覆審，認定此種軍事審判並未得到國會授權，是不合法的。結果認定米氏的定罪不合法，就把他先放了出來。後來他的審判，由大總統下令減刑的恩典，變為終身監禁。

此案重心是在軍事審判是否合法。同時此項軍事委員會由大總統任命者是否合法。在則唯由在戰地始能適用軍法。大理院審查之結果，認為米氏居於印第安那州已二十年，既非軍人，更非俘虜，亦非叛背州之居民，應享有受普通法院審判之權利，亦為不當，故終於依照一八三六年三月三日之議會法規，將其釋放。此案中可以看出人民應享之自由，非軍事法庭所能剝奪，因為普通法院受憲法之保障，非軍人所能任意變更的。

㈡家宅自由之訴訟

美國一九二八年某甲名歐姆斯德為走私酒商之領袖，其營業地點為西雅圖，所用辦事員之數甚多，並有沿海輪船數艘，地下酒窟數處，辦事處亦甚為闊綽。每年營業收入超過兩百萬美金。美國中央政府禁酒官員，因歐氏經營私酒業，於歐氏事務所大廈之地窟中設置機關，偷聽歐氏電話。待至五月之久，將所聽歐氏電話記錄，積成一厚冊，共有七百七十五頁之多。此外並無他證據。但即此已足以證明歐氏所犯之罪行。偷竊電話方法，已將其罪行證明，但此種偷盜得來之證據，並且侵犯家宅之神聖，是否合法。因此成為一件訟案。按照美國第四項憲法修正條文曰：「人民、人身、家宅、文件、及其他用具，不受不合理之搜查與占有之權利，是不可侵犯的。除有相當原因已宣誓為證，並將應搜查地點為誰，其務如何一一明白記載外，不得發出搜查證狀。」其第五項憲法修正條文更明白規定曰：「任何人不受強迫在其刑事案中以他自身作為反對自己的證人。」

在憲法上既有此兩項規定，可見歐氏儘管犯法，但仍有家宅安全之權利，並且不應以所竊聽之電話，要他自身來作為反對自身之證人。此案審判時，政府未嘗辯護其偷聽電話為合法，換詞言之，此種電話偷聽，實為一種不合理之搜查，及其所得證據，亦為不應允許之事。但認為第四項憲法修正條文所給予之保護中不能認為將電話上之談話包括其中。

但當時法官認為科學上之發明，日新月異。政府侵犯人民私事之方法，亦越弄越巧妙，故密室中之談話亦能為科學發明偷盜而去。今日所發明者為偷聽電話，安知將來精神分析學發明，可以祕密發現心上之思想與情感，難道憲法上對於人身安全之侵犯不應給他保護嗎？法庭上認為關於歐氏有罪之判決，應予取消，而且電話偷聽本身，乃是一種罪行，故政府不應容許此種審案方法繼續下去。

當時大理院法官認為為一國之安全、合理與自由計，政府官僚行為上所應遵守之規矩，與人民所應遵守之規矩應無不同。法治政府之下，苟政府不守一般行為所應守之規矩，則政府自身之生存，且陷於危險。政府之地位為有權的全知的教師，他權利既大，自可無所不知，但政府之所為者，則為人民之榜樣。假定政府用犯罪方法以證實人民之犯罪，那麼政府就是破壞法紀的人，其結果必養成人民輕視法律的習慣，其國家非陷於無政府不可。以政府之犯罪證實人民之犯罪，為美國所絕對不許。因此本法庭非嚴格反對不可，此種審判詞中，可見得美國法庭並不因科學之利器，而放棄法治國政府之道德立場。

關於家宅自由我願意舉一個親身經歷的事，加以解釋。

一九一四年第一次歐戰爆發，我正在德國留學；那時外面流傳日本將幫助俄國對德宣戰，因此凡是黃面孔的人在街上跑，動不動就會有凳子椅子從屋子裡擲出來。我國留學生就覺得不太舒服，紛紛回國。而我卻覺得人生一世能看見幾次大戰，決定趁此機會留德觀戰。

從開戰起，我買了許多地圖書籍，每天研究戰事的進展。那時每天有一位德國先生到我住處，替我補習德文。一天我在報上看見一條消息，說德國又有兩艘船被擊沉了，我便向那教師道：「你們德國到底有多少船，像這樣一天打兩艘，豈不要糟！」

忽然這時房門一開，房東太太跳了進來說：「今天我才斷定你是一個間諜！」我當時聽了，想她沒什麼舉動，便也不去和她多說。不料到了午飯時，我下樓出門去吃飯，卻被門口兩個警察攔住了，不准出去。原來房東久已懷疑我是奸細，那天竟去報告了警察廳。當時我便疑心兩個警察何以不上樓搜查我的房間。經我追問房東，才知道這是住宅自由，警察不能隨意搜查的。這便是外國人對於住宅自由的重視。普通警察在這種情形之下，尚能保持這種良好的習慣。同我國警察隨便出入人家者，相去何啻千里！

但是我總不能不吃飯，因此又去請教別人，在這種情形下應該怎麼辦，才知道唯有自己打電話給警察廳，聲明願意被搜，他們才敢來搜。當時我就打了個電話，不到一點鐘，警察廳派來兩名偵探，把我所有書籍抄了一張單子，其他東西也都一一搜查過，認為沒有嫌疑，撤去門口兩名警察，而這時午餐時候已過，我終於餓了一頓。

㈢言論自由之訟案

美國密尼蘇達州有某名尼爾氏 (Near) 者，出版一週刊，名曰《星期六報》，該州有一法案，如有出版發行報紙中有誨淫或毀損名譽文字，即為犯罪。其人得由法令禁止之。

尼爾氏所發行之《星期六報》中載有一群猶太人結合開設賭場，賣私酒及其他無賴行為，並攻擊警察署署長及法官、市長忽略職務，並與猶太人交通謀私利等文字。

密尼蘇達州內法院禁止該報出版。尼爾氏將此案上訴於大理院。大理院將密尼蘇達州之法律及其原判，詳細審查，認為密尼蘇達州法律本意在於增進社會幸福，乃有此項不准誨淫或毀壞名譽之報紙之條文。唯某種言論是否屬於造謠與毀壞名譽，且害及公共安寧，其界限極難確立。假定出版人必須證明其刊行文字有良好動機，並有正當目的，始能發行，否則即遭禁止。法官如有此種要求，即等於一種檢查制度。至於公務人員被譴責，自然引起一種社會上之毀謗；但隨便禁止出版物之流通，危害於社會者更大。報紙之批評官吏，自然引起官吏之憤怒，而且此等官吏結黨反抗，自引起社會之不安，假令因官吏之不平，而准許該法院對於言論出版自由，橫加干涉，則憲法之自由之保障，等於具文而已。結果大理院判決密尼蘇達之法官，為破壞美憲第十四項修正條文中所保障言論自由。

以上關於人權者，至此告一結束。我還有幾個結論，要告訴諸位的。唯有保障人權，然後政府地位愈加鞏固。因為人民有人格明禮義知廉恥自然成為一國之中堅分子。所以尊重人民，即所以保障政府尊嚴。一國要希望人權得到保障，第一、要拿人民當人不可拿人民當奴隸。第二、保障人權，政府權力自然受到限制，但政權上之限制，即所以抬高人民地位，為國家百年大計是合算的。第三、萬不可拿一部分人民作為一黨之工具，蹂躪其他人民權利，這種作法無非政府自身採取卑劣手段，徒使國家陷於混亂，夠不上說什麼治國平天下的道理。

行政權（總統與行政院）

此次政治協商會及憲法小組中，有一個爭執問題，即今後對憲法中的行政權應如何組織。明顯些說，就是：「採取總統制抑內閣制？」討論之中我曾向朋友說：各國制憲時都有一個難題，如德國於一八七〇年議憲之際，普魯士與德意志關係如何，換言之，即普魯士王如何能在德意志聯邦中仍居於主要地位，一面普魯士為德意志聯邦主體，一面在德意志聯邦中把各機關之鎖鑰拿在自己手上。這是俾斯麥苦心解決的問題。美國制憲之際，一方要造成美洲合眾國，另一面各州仍要保持各州之平等地位。不論如紐約州占全國人數十分之一（千餘萬）或尼瓦達人口不過七萬七千四百〇七人（根據一九二〇年統計），但各州所選參議院議員同額，每州兩名。同時各州，不論大小，同樣對總統行政有干預之權。此種制度無非要使各州仍保持其州權，而同時參加美國之聯邦。這是美國憲法上一個難題。日本伊藤博文[1]議憲之際，為保存天皇大權起見，其舊憲法中第十一、十二、十三等

1 伊藤博文（一八四一—一九〇九年），日本近代政治家，明治維新元老大臣，帶領日本西化，甲午戰爭後與清廷代表李鴻章簽訂《馬關條約》，獲取臺灣及澎湖。

條規定：㈠天皇統率海陸軍；㈡天皇編制陸海軍並決定常備兵額。天皇這種大權，是與議會政治兩不相容，後來軍事三長官之地位（陸軍大臣、參謀總長、訓練總監）即由天皇行使軍事大權中得來的。彼等的地位可以造成內閣，毀壞內閣，是從這三條文夾纏中建立起來的。日本之所以強在此，日本之所以亡亦在此。雖然在當時伊藤博文匠心獨運，得到解決，但是從這次戰爭來看，結果是不好的。這是日本憲法的難題。這次在政協會中我們同樣碰到這麼一件事。雖然這問題並未表面化，但國民黨中確有一部為擁護蔣主席大權起見，贊成總統制。雖沒有人拿出堅強的理由為總統制辯護，但對於各黨各派責任政府制度之主張，常用內閣風潮的話來反對。我們可以說這次協商討論之中分為兩派：一派主張責任政府；一派偏於總統制，反對責任政府。第二派的意思即要將總統權限擴大。這種對立陣勢，雖不明顯，而暗流潛伏是很有力的。

我要勸告國人：我們如何不預存一個對人的觀念，或曰「因人立制」的成見，而要徹底為中國長久計，應採用何種制度打算。民國成立已經三十六年，民國元年南京政府本來採用總統制，後來因袁世凱任總統時又採用內閣制。不免「因人而制」的毛病。每一大人物上臺，先要變更條文，總是將條文遷就個人，個人不遷就國家根本大法。這實在是件很奇怪的事。要知道條文規定雖然嚴格，但條文之四方八面可活用之處甚多，只要拿條文詳細推敲之後，加以活用，自然個人本領可以發揮，同時也不致破壞國家大法。試問美國上次大戰後，國聯盟約為參議院所反對，終於不獲通過。這次羅斯福與杜魯門遇到外交大問題，每先與參眾兩院內領袖互相協商，並且將兩黨領袖加入美國代表團之中，所以《聯合國憲章》，便得參議會多數人擁護。可見憲法條文能以分析頭腦研究一番，自能將憲法之遵守與人的運用兩方面，匯歸於一。萬不可以逞一時意氣，動輒蹂躪法律，遷就自己。如明白這道理，自然能免於重蹈三十餘年以來的覆轍，為國家尋求新出路。

我們應知世界上之制度，沒有絕對好的，原可由自己創造，不必事事步人後塵。關於行政權，世界上有四種制度：㈠美國之總統制；㈡英國之內閣制；㈢瑞士之委員制；㈣蘇俄之人民委員及其最高蘇維埃制。此四制之中，瑞士制宜於中立之小國，不宜於繁劇之大國；其部長由各委員自由選擇，其總統每年輪流一次，其議事在七人委員會中常以一致精神行之。此種情形只能見之於瑞士，不能見之於他國。故此種制度，決不宜於我國。蘇俄之制，以人民委員會負行政之責，對蘇聯最高蘇維埃負責，在最高蘇維埃休會期內，對最高蘇維埃主席團負責。蘇聯此種制度，其人民委員會任免之權，操之於最高蘇維埃會議，換詞言之，操之於最高主席團。蘇聯現在只許一黨存在，所以甲倒乙起，不生多大問題。這種制度倘以之移植於我國，恐亦未必能適於實用。所以剩下來的，只有英美兩國制度，或者採取英美制度而加以變通，另成一條第三條路。

現在我們對這問題分四段講：一、《五五憲草》中之行政制度；二、美國總統制對於中國之適否；三、英國內閣制對於中國之適否；四、如何找到第三條路。

一、《五五憲草》中之行政制度

《五五憲草》中之行政制度，可說行政權集中於總統一人手上。雖然第五十五條規定：「行政院為中央政府行使行政權之最高機關。」但行政院各部長官由總統任免。同時院長及各部會長官又專對總統一人負責，故院長及各部會首長為總統之僚屬，而非代總統負責之內閣閣員。照《五五憲草》行政權之規定，僅以總統一人為主體，行政院長及各部長官，依總統之好惡或留或去。

此項總統權力之所以構成，不僅由於行政院為總統之僚屬，此外尚有其他兩項原因。美國之國務卿及其他部長，也是總統僚屬。但以美國總統與《五五憲草》上之總統來比，則美國總統之權力尚遠不如《五五憲草》上我國總統之權力。因美國採用三權分立制，總統之用人權，參議院是可以牽制的。關於財政權，眾議院又可牽制。因為有此兩項牽制，所以美國總統名為行政官長，但在行政立法兩方常遇到兩院之反對，無法實行己意。《五五憲草》上之總統，絲毫不受其他機關限制。(一)《五五憲草》第四十六條規定：「總統對國民大會負責」。但國民大會每三年召集一次，會期一月，即三十六個月之中，僅有一月是會期，其他三十五個月是在閉會期中。試問國民大會會期如此短促，有何方法對總統之行政加以牽制或批評呢？即令國民大會每年開會一次，但國民大會既不能討論預算，又不能議決法律，可說國民大會對於行政無一毫監督之權。就是年年開會，也夠不上說監督。

所以第四十六條總統對國民大會負責之規定，似乎總統是一個負責的總統。但是三十六個月中僅有一月開會，除國民大會在三年中有一個月可以發發脾氣外，那有機會批評總統之所作所為。即令國民大會年年開會，因為國民大會無通過法律議決預算之權，所以也無在實際行政上質問總統之權。

我們看來，第四十六條之規定是一種門面語，雖有可質問總統責任之規定，但除總統犯法以外，恐怕負不了什麼責任，所以這一條是空文。以上是從國民大會之性質上造成總統大權之第一種原因。

㈡立法院依中山先生之學說為治權機關，不稱為監督機關，就是說立法院與總統與行政院立於同一水平線上，換詞言之，同為中央政府之一部，而不是對中央政府之監督機關。美國憲法關於國會權力，規定於第一條中，其文曰：「本憲法所授與之立法權，均屬於由參議院與眾議院組成之合眾國國會，」法國憲法第一條曰：「立法權屬於參議院與眾議院。」國會乃國民行使主權之具體機關，故應列在第一條，以示正本清源之意。現在《五五憲草》第六十三條中稱：「立法院為中央政府行使主權之最高機關。」既曰中央政府之機關，自成為政府中之一部分，而不成為人民之代表機關。此其一。第六十四條規定：「立法院有議決、預算、法律之權。」他國憲法中視立法權為國民行使其主權之主要方法，非經國會同意，則法律不成為法律。依上所言，如美法兩國憲法均將立法權一項規定於第一條中，而《五五憲草》將立法權看做中央政府之一種執掌，將法律案預算案大赦案列在一處，與其他國家之以立法權交託國民代表之意義，迥不相同。此其二。他國國會之所以有權，不僅立法而已，在其能質問政府，監督政府。各部長並有對國會負責之規定。而《五五憲草》中但有行政院長及各部部長向總統負責之規定，則政府人員不對立法院負責可知。立法院既不能向部長質問其責任，則立法院除享有日本內閣中法制局之地位外，何有他種地位之可言？此其三。更有離奇之一點，第七十二條云：「立法委員於院內之言論及表決，對外不負責任。」而六十五條規定：「立法院對國民大會負其責任。」試問立法委員在立法院中除言論及表決外，別無其他工作，現在偏要他對國民大會負責，實際上就是說國民大會對立法院之言論有認為不當時，可行使其罷免權。立法院頭上設了個上級機關，試問立法委員如何能自居於人民代表，本其良心所言，對政府充分發言呢？此其四。

因有以上四點，《五五憲草》中立法院之地位，不能與他國國會相提並論。我們把它當法制局，其原因即在於此。從上文所討論之國民大會，立法院之權限看，可說這兩機關將各國所謂國民監督權分在兩處之後，乃變成為兩個不發生效用之機關，而反將總統權力極端擴大，人民代表除舉手贊成外，絕無其他權力可言。以人身來比，是頭重腳輕，或犯了腦充血症。我們在政協會中所以毅然決然要將《五五憲草》中立法、行政兩項，加以徹底修改，其原因即在於此。政協會中政府代表如孫哲生先生，對於現有憲草決不堅持，且贊成吾輩的修正，其態度可佩。立法院中曾有人責問他，可以准許人家將《五五憲草》修改到此種程度。我曾經聽到哲生先生說：當時有人質問時，哲生先生答覆：「人家修改得比我們好，自然應該贊成他們。」哲生先生這種雅量，實在是可佩服的。倘政協會討論根本大法之際，如政府黨堅持將《五五憲草》照原樣施行，那恐怕不但不能促進民主，徒然造成總統大權獨攬的局面，將來流弊所屆，是不可勝言的。關於這點，國民當中除哲生先生外，還有不少人是同我們有同感的。

二、美國總統制對於中國之適否

說到美國總統制，我們要聲明一層。美國憲法成於一七八九年，而英國內閣制確定於十九世紀之後。我提到這話，無非說美國所以規定總統制，並非因為英國內閣制不好，而是因為英皇專制的不好。這就是說，假定美國制定憲法在英國內閣制度成立之後，美國政體是否像今天一樣，也是不可知的。

美國之所以採用總統制，見於美國在邦聯時代中央政府之無能，所以一定要造成有能力的行政機關，而採用今日之行政制度。美國依現行憲法，有下列各項規定：㈠美總統為陸海空軍司令。㈡締結條約，但須得參議院同意，即參議院三分之二之同意。㈢任命大使領事及法官等，但須得參議院之同意。㈣減刑與大赦之權。㈤法律之否決權。㈥每年國會開會時，總統提出咨文，臚舉應辦之事項。㈦注意法律之忠實執行。㈧任命陸海空武官。

但我們知道美國憲法之基本原則是三權分立，就是說國會管立法，總統管行政，法院管司法，因為有此三權分立之原則，表面看來，似乎三權劃分是很明顯，但從實際方面說，三權是互相牽制的，其互相牽制之情況，約略如下：㈠大總統負法律執行之責，而法律的制定，屬於國會，因而總統受國會之牽制。㈡英美兩國中所謂預算，即法律之一種，所以制定預算之權，亦屬之國會，施行預算之責任雖在總統身上，但在議決時又受了國會之牽制。㈢辦理外交議訂條約，是總統的責任，但條約要經參議院批准，派大使亦須參議院同意，所以在外交方面又受國會之牽制。㈣任命文武官吏是總統之權力，但各部總次長及將官之任命，須得參議院同意。從以上各種事實來看，美國憲法雖採用三權分立原則，可是除分例外，制衡原則 (Check and Balance) 占了極重要成分。

我們從一百五六十年之成績來看，可說美國的總統是成功的而非失敗的。因為像傑弗遜[2]收買路易斯安那州，是一件大事，林肯[3]南北戰爭，是一件大事，威爾遜應付第一次世界大戰，羅斯福應付第二次世界大戰，均能應付過去，並未損害國家權威。這都可說是美國總統制的成功。但這制度一旦移至中國，是否能收同樣美滿的效果，真是一個疑問。第一、如總統任命閣員問題，在美國雖然通過者多，否決者少，即使有一兩個否決的，大家淡然處之，不以為意，至多另外由總統再提出一人交參議院通過罷了，但像我們民國初年，總統提出閣員名單，為議會所否決時，大家爭論，面紅

2 傑弗遜 (Thomas Jefferson, 1743–1826)，為美國第三任總統（一八〇一－一八〇九年），《獨立宣言》之起草者，美國開國元勳之一。

3 林肯 (Abraham Lincoln, 1809–1865)，為美國第十六任總統（一八六一－一八六五年），其任內經歷美國南北戰爭。

耳赤，好像這種制度是絕對要不得的，總統因此想出辦法，以次長代理部務，不再提出人選交議會通過。這就是一種破壞《約法》的行為。第二、以通過條約來說，按照美國憲法，總統所訂條約，須得參議院之同意，上次大戰之末，巴黎和會中議訂了《國際聯盟條約》，竟遭參議院反對不能成立，但美國是遠在大西洋背後的國家，即令不簽字於《巴黎和約》，在它的外交上不生任何影響。假令我國有一中蘇條約提出，國會不獲通過，政府無法執行，在我們友邦蘇聯一定要起而質問要求實行。所以參議院通過條約之制，不是我們所能依樣葫蘆的。第三、再說到美國預算編制問題。全部預算分為若干委員會處理，如海軍，陸軍，工商及司法等各委員會，彼此各事其事，絕不相謀。從一九二一年後，另設一預算局，隸屬於總統之下，將各部支出方面匯合為一種概算書，由總統提國會，但關於收入方面（即租稅）之決定權，還是在國會而不是在總統手上。美國這樣的富，稍有浪費，不足為大害，像我們這樣的窮國，將決定支出決定收入之權，交託國會，恐怕不能使吾國財政立在健全的基礎上。

美國總統，自然有其獨立的地位，不受國會牽制的地方。所以美國的總統，可以說是強而有力的。羅斯福在大戰之中，關於擴張軍備，增加工廠，並施行租借法，均能以極敏捷的手段來執行。但這是歐美國家戰時的普遍情形，不是總統制下的特有情形。英國雖採用內閣制，努力於戰備，亦是如此的。

現在我要說到美國所謂內閣。總統以下分設各部長，一七八九年華盛頓就職時僅設四部：㈠國務部。㈡財政部。㈢陸軍部。㈣總檢察官。後來陸續增加。一七九八年設海軍部，一八二九年設郵務部，一八四九年內政部，一八八八年農政部，一九〇三年工商部。合此九部成為今日之內閣。除部之外，還有各種委員會，如聯邦貸款管理處，改造財政公司，其數甚多，暫不細述。

美國總統下之內閣，雖名義與英國相同，但其性質，迥然各別。內閣之名稱，不見於美國憲法條文之中，在第二條第二、一僅有一語與內閣有關者，其文如下：「大總統得令其行政各部長關於其所轄各部，以書面發表意見。」其規定之文，簡單如此，內閣之集合體如何，內閣中應設若干部，憲法中漫無規定。

以上所舉各部，因為事實上之需要，逐漸增加而來，若以美之內閣與英之內閣比較一下，其不同之點，至為明顯。

美內閣下，其為內閣總理之人，即為總統自身，國務卿之地位雖高於其他部長，但決非內閣總理，因為決定政策大權是在總統一人，各部長都夠不上。

㈠內閣各部長對總統個人負責，並不對國會負責，部長雖能出席於美國國會委員會中之討論，但不出席答覆國會議員之責問。

㈡美總統每星期舉行閣議一次，我們從報上看見會議時間或半小時或一小時，因為英國式之內閣由各部長官大家表示意見，造成總體的集體閣議或政策。而美國內閣並不如此，各部長各自獨立，各部長各以其意見對總統有所貢獻，不是內閣各部長之意見彙合而成一種集合體的意見。故蒲徠士[4]

在《美國平民政治》中有句話說：「美國之所謂內閣，並不以一個全體性之資格來動作。換言之，美國內閣不是一個全體，僅是一群人，其中各個人各自對總統負責，去留由總統決定，故無所謂聯合政策，也無所謂聯帶責任。」

假定吾國憲法上所謂總統制，如上文所言，以三權分立為基礎，第一、總統專管行政，但任命內閣與簽訂條約須得參議院同意；第二、預算上出入多少由兩院決定；第三、所謂內閣乃僚屬式之內閣，以總統一人之好惡為取去。此種制度移植於吾國，其能否造福，我是絕對懷疑的。

三、英國內閣制對於中國之適否

內閣制發生於英國，後來傳播到法、德、比各國。英國內閣制之妙處因為上有英王，但英國人慣於保守，不願將皇帝去掉，僅僅要使英王無權干預政治，而且處於無責之地位。所以縮小英王權力之方法，在開始時，有兩種規定：㈠非得議會同意，不得立法。㈡非得議會同意，不得徵稅之類。其後將政治上之領導權完全交託於議會，或者曰議會所擁戴之人物，也可以說議會所選舉的人物議會並非以投票選出，但其人必為多數黨領袖，如同選出一樣。以此種眼光看英國內閣制，可以說世

4 今譯為詹姆斯・布萊斯（James Bryce, 1838–1922），為英國法學家、歷史學家及自由黨政治家，著有《美利堅聯邦》（*American Commonwealth*, 1888）一書，影響近代英國對美國政治的理解。

襲元首，照舊存在外，另有一個民選元首代之而起。英國內閣之精神，即在於此。此一點僅由內閣總理之地位來說，好像內閣總理就是美國總統，但內閣之內容，還不只於此。

英國內閣制有三特點：㈠行政與立法之密切聯繫，就是凡內閣閣員必同時是國會議員。反過來說，非議員不得為閣員。內閣之總理或閣員之本黨，在議會是占多數的，但他自己選舉時落選了，如去年[5]加拿大自由黨得勝，而總理金氏落選了。他的同黨就讓出一個議席來，使他再去競選。他在這裡面是有把握的，極易當選。然後此人才能充當總理或閣員。唯其閣員便是議員，所以政府的方針提到國會裡去，是極容易通過的。而且英國議會中是兩黨對立的，在朝黨一定是議會之多數黨，所以容易得到議會之擁護，行政立法之聯繫當然是很圓熟的了。㈡內閣之純一性(homogenity)，閣員必出於同一黨，其政見必須大致相同，不可有歧異之處。換句話說，閣員不可在演說中表示甲閣員與乙閣員有何不同之處。假定在內閣中，甲乙兩黨員政見真有不同，此兩者不同之最後決定權屬於內閣總理。但有一種公開的問題，閣員不妨表示其彼此不同之處。如第一次歐戰之前，發生婦女參政問題。當時自由黨內閣因為問題第一次發生，所以內閣中並無決定之政策，於是在議會中用試驗方式討論一番，甲閣員贊成，乙閣員反對。而反對黨中亦有人贊成有人反對。這種情形下，閣員意見可以任意參差，但此為極少數之例外。就大體言之，閣員的意見還是要一致的。㈢閣員之聯帶

5 此處應指一九二六年由威廉・里昂・麥肯齊・金領導的加拿大自由黨，因於不信任動議投票中落敗，導致的金—賓事件(King-Byng Affair)。

責任。所謂聯帶責任就是內閣共同進退；進則同進，退則同退。甲閣員所作之事與乙閣員本無關係者，但甲閣員之錯誤影響其他閣員。因為內閣所負責任是聯帶的，英國學者政治家摩勒氏(Morley)說明內閣之聯帶責任如下：

就原則言之，各部之重要政策，由全部內閣共同負責，進則同進，退則同退。外交部一件失敗的公事，可以將財政部長帶下臺；一個愚蠢的陸軍部長的錯誤，又可以把一個好內政部長趕走。因為內閣對君主或議會說是一個單位，內閣的議會提到君主與國會前，如同一個人的政見一樣。他們提出他們的政見，在君主面前在貴族院在眾議院裡面，都好像一個單獨的全體(a single whole)。內閣的特徵，就是聯合而不可分的責任。

以上三種特點之背後，還有一種基礎的事實。就是英國國會中，除去短期的例會之外，是兩黨對立的。一方是多數黨，他方是少數黨。多數黨在朝執政，少數黨在議會中居於批評地位。唯其如此，所以多數黨之在朝，其地位鞏固，不致時時發生動搖，如歐洲大陸上德、法等內閣的情形。因為執政的政黨自身是多數黨，而且內部意見一致。自不致授人以隙。所以英國政府一旦上臺必能維持其地位至少四五年之久。至於大陸上之國家如德、法兩國國會中之政黨是小黨林立的。所以組閣問題發生，必須各小黨互相聯合，然後可以組成政府。假定某黨閣員有意見不同之處，這內閣就要坍臺。所以這種內閣是不易長久的，長則半年，短則一月或數日。我們要知道英國之內閣所以與大陸上各國不同之處，不在於內閣制度本身，而在乎兩大黨對立或小黨林立的問題方面。

現在我還要把責任政治四字解釋一番。英法兩國同樣是內閣制，從它內閣壽命來說，長短之不同，如天淵之別，但其為責任內閣之制則一。㈠總統或英王居不負責之地位，就是說政府一切行為由內閣負責；㈡內閣負責之根源，由政府所發命令，須經內閣總理或有關之部副署，副署之人，即為負責之人；㈢議會對政府認為不滿時，即舉行不信任投票，通過時則有關之部或全內閣因此辭職。原來這種制度是國會防止帝王專制想出來的，因為國家不能天天將皇帝革命，只有將皇帝行為之責任，寄之於內閣身上。政府錯處不歸罪於皇帝，而歸罪於內閣。現在的國家，大抵已去皇帝代之以民選總統。但總統有一定任期，而議員與內閣之衝突是隨時可以發生的，所以在民選總統之下，仍舊保持責任內閣之制，以便國會之意思隨時發揮。而內閣之存留與否，完全看議會對他信任如何。所以責任內閣制，又與信任投票制有聯帶關係：政協會中關於責任內閣有規定外，同時亦規定信任投票制。但議會一旦實行議會投票制，自然容易引起閣潮。我以為責任內閣制與信任投票制，應該分作兩件事來看。責任內閣之精神，在乎政府有了錯誤，議會可以起而質問。如其錯誤不可饒恕，則閣員便應辭職。信任投票制之要點，在乎議員表示不信任後，內閣立即辭職。這是議會倒閣最利害的武器。在我的意思，責任內閣是民主政治的基本精神。如不採用內閣制，同時有不採用美國之三權分立制，總統或內閣可以孤行己意，為所欲為，這是專制而非民主了。唯其如此，責任內閣之必須保存，而信任投票之尖銳性，不妨加以緩和。倘因信任投票制易於發生閣潮，因而排斥責任內閣，那就不免於因噎廢食。所以我的意思，責任內閣仍應保存，而信任投票之行使，自應參以一種緩和之劑。這件事盤旋我腦中，下段再將以詳細說明。

四、如何尋求第三條路

上文說到政協會中有兩派人，一派主張內閣制或責任政府制，一派主張美國式或中國式之總統制。主張總統制的人怕小黨林立，閣潮迭起，因此政府不能辦事。認為能像美國一採用總統制，不受議會干涉，因此國家大事，總統都能放手做去。這派人所以有此主張，是拿法國閣潮作對象的。我以為這派人希望行政敏捷，各部長能久於其任，總統行動不受議會干涉，自然有他們的理由。但是要知道美國總統制的由來，是鑑於一七八九年以前「邦聯」時代中央政府之懦弱無能，所以懲前毖後，要有一個政府，享受獨立地位，授之以行政之權，使之負起行政上之責任，加強邦聯的團結。因為當時美國的病症如此，所以有這樣一張藥方。我們要問當時美國所犯的病，是不是現在我們所犯病症；美國所用的藥方，是否我們也能適用。

十餘年來的局面是國民黨一黨統治的局面。這十餘年中經過內亂抗戰，是很困難的時期，茲舉蔣主席在廬山夏令營訓話詞如下：

自九一八事變以後，我們中國天災人禍，連年不斷，內憂外患，交迫而來，迄於民國二十一年，國家民族的危機達於極點。其實國內人事大多數對於民族復興的前途或革命事業的成功，都喪失了自信心，以為國家危機，已無可挽救。正當這樣國家存亡危急，人心萎靡不振的時候，我們在民國二十二年夏季，創辦廬山訓練團，從此每年一次，召集軍政幹部，研究國民革命的形勢，討論對內對外的大政方針，勵志養氣，自強不息，準備與國內外一切反動侵略勢力，以及假革命反革命者總決鬥。最後到了民國二十六年暑期，日寇侵略中國，日甚一日，逼迫我們走到最後關頭，忍無可忍，乃決定對日發動全面戰爭，於是本黨領導軍民，集中力量，再接再厲，愈挫愈奮，苦戰八年。到了今天，卒能達到驅逐敵寇光復國土的目的。

這種抗戰的功績，自然是大家公認的。但是憲法是國家的百年大計，我們不能存一個對人立法的觀念。應該設想總統的地位應如何，不應以今後作總統的人永遠和蔣主席一樣。況且抗戰時期之所作所為，不一定能作平時憲政上軌道以後的表率。我們大家其熱心於中華民國的法治。既說到法治，我想人人希望民意發揮，行政改善，與政府各機關職權之分明。八年苦戰雖然勝利，但是法治的基礎如何？第一、所謂五權憲法能發揮其效用嗎？第二、主席與行政院長所享有之職權及其責任之界限到底在哪裡？第三、立法院雖有通過預算之權，但立法院監督財政的效果在哪裡？第四、行政院長與各部部長，是憑主席而去取的，應該把所謂總統制的效用發揮出來，但是行政方面只見大家愁眉苦臉，沒有一個人覺得能舒展他的懷抱。第五、行政院長，好像似他國的內閣總理，但他自己常覺得懷抱不能發揮，感覺不快。同時在問政府中之命脈如財政部長、經濟部長又能發揮他們的意思實行他們的政策嗎？第六、目前行政院中央各部部長，絕對不是決策之人，因為部長之上有院長，有國民政府主席，換言之，他們是屬員，而不是決策者。屬員式的部長，還能適用於今後憲法時代嗎？第七、目前財政金融政策，是主席決定嗎？行政院長決定嗎？財政部長決定嗎？誰亦弄不清楚。這種種情形是我們目前所犯的病狀。假定我們不以現有病狀為對象而偏偏假想法國式的閣潮迭起，作我們的對象，實在叫「藥不對症」。

我們既然認為目前病狀如此，所以我們認為今後行政機構方面，應如下方：

㈠總統我們不贊成採用總統制，因為不願像美國一樣將行政大權完全交付總統手中。我們也不贊成像法國一樣大總統不負責任之規定。大總統既經國民大會選舉，他是國家元首，統帥陸海空軍而且能任命文武官吏。所以他在政治上不僅是擺樣子的元首，而是一個負擔國家責任的人物。但是我們為求總統安全計，為使他受全國人愛戴起見，須得有人對他的命令處分加以副署。而因副署之故，發生責任。所以除總統外，另有負責的政府。

㈡行政院依政協會之議決，其要點如下：

⑴行政院為國家最高行政機關。行政院長由總統提名，經立法院同意任命之。行政院對立法院負責。

⑵如立法院對行政院全體不信任時，行政院或辭職或提請總統解散立法院。但同一行政院長不得再提請解散立法院。

這一段規定行政院為行政最高機關，與下一條「總統召集各院院長會商不必明文規定」有相關聯之處，應加解釋。號稱政府之機關，只能有一層樓不能有兩層樓。我的意思說當部長的人，聚在一處開行政會議，這會議就是決策的地方。既執行部，又有決策之權，就是有權的人，就要負責任。假令當部長的人沒有決策權，是從旁人接受訓令，或者他的提案拿到國民政府或最高國防委員會被人修改，他就可以同人說：我原來提案如何，他們將它修改了，現在出了錯誤，這我不能負責的。可見部長之上，不能有上級機關再來修正。如其上級機關可以修改，他就有藉口，說這事我不能負責。可見決策與執行是應該併在一處，不能分開。這就是我所謂一層樓不能有兩層樓的意思。這個一層樓的政府，就是行政院，並不與其他四院再構成國民政府。簡單的說，行政院就是政府。

這行政院須對立法院負責，因為憲法政治下的政府，必須是負責的政府。他做得好，議會擁護他，他做不好，議會可以質問他的責任。就是說或叫他改換政策，或去原來部長，另以新部長代之。我們這意思只要國會對於政府之過失或溺職，有可以矯正的方法，並不想時刻造成閣潮，引起政府更迭。所以政協會決議中原有一條如立法院對行政院全體不信任時，則行政院或辭職或提請總統解散立法院。讀者注意，這裡用的是「行政院全體」五個字，就是說不信任投票。這無非是限制不信任投票之使用，以免閣潮發生。後來二中全會不滿不信任投票方法，要求憲法小組修改，小組中經多少次協商之後，也就同意放棄了不信任投票之制，但並不是放棄了責任政府之制。

歐洲國家採用不信任投票之制，假定不信任投票通過，內閣應立即辭職。所以憲法上留下所謂信任或不信任字樣，就是議會時刻有倒閣之權。現在去了信任或不信任字樣，就是議會立刻倒閣之權沒有了。但並不能說因此行政院對國會不負責。因為議會與行政院之間尚有別種方式，可以發生彼此之衝突。當時經彼此商談之後，曾經政府提出一種方式來解決行政院立法院之衝突如下：

立法院對於行政院重要政策不贊同時，得以決議移請行政院變更之。行政院經總統之核可，對於立法院之決議得移請其復議，復議時，如經立法委員三分之二維持原決議，該決議行政院長應予接受或辭職。

行政院對於立法院通過之法律案（包括預算案、條約案），得經總統核可，移請立法院復議，復議時如經出席委員三分之二維持原案，該案行政院長應予執行或辭職。

我們對這種所謂責任政府制，將其特點扼要的說明如下：

㈠我們沒有採行英美式的內閣制，各部長同時必須為國會議員。

㈡我們沒有要求行政院須負聯帶責任。

㈢我們放棄了國會立即倒閣之不信任投票之規定。

㈣按照前文兩條之規定。所謂移請政府變更決策之決議，或立法院通過之法律案，總統均有交復議權。明白點說，如交復議之際，達不到出席委員三分之二之人數，則變更政府之決議案或法律案，並不引起倒閣風潮。

依照第一項，總統之用人權，甚為寬廣。因為內閣閣員不必須為議會議員。總統盡可在議會之外選人。由此可見，我們的內閣與議會制度下的內閣，迥不相同。未來之總統，其用人權較諸英王及法總統寬廣得多。如果總統選一非國會議員充當部長，只須其行政院長同意，此人便可為部長了。第二、協商會議中，說明行政院須對立法院負責。我們沒有按照大陸各憲政國之慣例，特別要求聯帶責任之特別規定。英、法內閣往往以一部長之錯處牽動其他部長，如上文摩勒氏所說。我們所以避免此種規定之用意，無非希望不因一閣員之辭職，牽動全部內閣。第三、至於不信任制度放棄之理由，上文已說過。這是國會倒閣最利害的武器。我們為遷就國民黨二中全會之要求，共產黨與民主同盟首先同意，青年黨本主張責任內閣制，故關於此點曾有保留之聲明。後來在野黨派特別顧到內閣動搖之有害無益，大家終於不堅持信任投票制度。第四、第四項之規定，立法院對於行政院之重要政策不贊同時，得以決議移請行政院變更之，但總統對立法院之決議得移請復議。如經出席立法委員三分之二維持原決議，該決議行政院長應予接受或辭職。假定此項決議得不到立法委員三分之二之維持原案，則行政院辭職問題，自然不致發生。

合以上四點言之，各在野黨對於政府黨如何讓步，及此可見。此種內閣制，絕非英法式之內閣制，而是一種修正式之內閣制。易詞言之，我們採取美國總統制下行政權穩固的長處，而不忘掉民主國中應有之責任政府之精神。我們了解歐美民主制度，已有數十年之久，但我們這次不甘心於小孩式的亦步亦趨，而願意拿出多少創造的精神來。我們希望國民黨平心靜氣，來考慮憲法小組中已有規定而未完全解決之責任政府制。假定在野黨這樣讓步而成立的政府責任制，尚且不肯同意，我們實在不曉得政府所要的，是什麼一種行政制度了。

第三輯

明日之中國文化

提要

這輯中的文章互相呼應，從更廣的文化角度再申張君勱對於「自由」的重視。關於「明日之中國文化」，也就是中國文化的未來，他先是大粗筆進行歷史性描繪，然後凝縮聚焦在一句話上：「造成以精神自由為基礎之民族文化。」「精神自由」就是中國文化的未來，或說，唯有精神自由才能打造出有意義、有價值的「明日之中國文化」。

什麼是有意義、有價值的文化？張君勱運用了他多年累積對西方文化的認識，以東西對照的方式來奠定判準，也就是如果要能和西方文化競爭，明日的中國文化只能建立在「精神自由」的前提、基礎上。

「精神之自由，有表現於政治者、有表現於道德者、有表現於學術者、有表現於藝術宗教者。各個人發揮其精神之自由，因而形成其政治道德法律藝術；在個人為自由之發展，在全體為民族文化之成績。個人精神上之自由，各本其自覺自動之知能，以求在學術上、政治上、藝術上有所表現；而此精神自由之表現，在日積月累之中，以形成政治道德法律，以維持其民族之生存。故因個人自由之發展，而民族之生存得以鞏固。此之謂民族文化。」

壯哉斯言！雖然張君勱套用了當時流行的「民族文化」詞語，他將源自民族主義濃厚集體意涵的概念進行了轉化。不是個人臣服於集體民族之下，而是民族文化由個人成就累積起來，而個人必須要有自由，才能在各方面有所表現，這些不同面向的自主個體表現才集合成「民族文化」。

在〈立國之道〉的具體提案中，張君勱舉出了五項重點——「由私而公」、「由巧而拙」、「由虛而實」、「由懈怠而不懈怠」、「由通融而守法」，觀其解說就能明白，其實都不是真的放在「政策」層面討論的，仍然是回歸到個人主體主動的努力，可以視之為張君勱因應所見時局提出的另一套「新民說」，而要能「新民」，最終還是要回歸到具備有充分自由空間的個人。

明日之中國文化（上）

過去政治社會學術藝術成績之評判

吾族立國東亞，已垂三四千年之久，而近數十年來，有岌岌不能自保之勢；是吾族文化是否有存在於今後之價值，乃當前之大問題也。自鴉片戰後之對外失敗觀之，吾族文化，在學術上、政治上、技術上，無一事堪與外人並駕者，乃有變法與革命之舉；此西化之說所以日昌也。近年馬克斯與共產之說風行一時。最近以效法外人而無效之故，有提倡中國本位文化或復古之說以抗之者。三四千年歷史之要點，已如上述；茲更舉吾國文化總體中之政治、學術、宗教、藝術之與歐洲不同者，約略言之。必如既往之得失，乃語夫今後之出路也。

一、政治方面

第一、吾國政治上之特點為人所共見者，是為君主專制政治。以一人高拱於上，內則有六部九卿，外則有封疆大吏與府縣親民之官；此一人而賢明也，則一國治，一人而昏愚也，則一國亂。除此一人之外，社會上無如歐洲所謂貴族階級，世世代代保有其社會上政治上之特權，可以牽制此一人所作所為者。故吾國過去政治之大病，第一在於無社會基礎。

歐美人中有謂吾國之專制政治，即令有無數缺點，然自其所統治之人民之眾、地域之廣、及其在司法與行政上能保持相當之秩序言之，可稱為人類文化成績之一。若此大一統之君主專制，以之與求而不得之印度相較，則其優點尤為明顯。吾以為此種君主專制政治，與其說在政治上有成績，不如說在文化上有成績。此君主一人高高在上，以考試制度錄取多士，以四書五經為基本典籍，令全國兒童而習之；凡有意入仕者，不能不讀書，不能不考試，不能不受朝廷之任命。由此之故，孔孟思想，乃廣及全國，而成為思想之中心。且由此方法，乃有今日四萬萬同文化之同胞，此即文化上之成績也。

政治上因君主制度連累以起者，有篡弒之禍、有宦官之禍、有外戚之禍、有王室子弟相殘之禍、有流寇之禍、有群小包圍之禍。其所造成之國民，則四萬萬人中有蠢如鹿豕者、有奴顏婢膝者、有個人自掃門前雪者、有敷衍塞責者。凡西方所謂獨立人格，勇於負責與為國犧牲之精神，在吾絕無所聞，絕無所見。自近年政體改革以還，憲政之難行、選舉之舞弊、與夫「做官欲」之強、權利心之熾，謂為皆君主專制政治之造孽可焉。

二、社會方面

第二、中國社會之特點，可以「家族主義」名之。自周秦以降，久已確立敬宗尊祖之習；更以喪服之制定其親疏之差；以姓以氏為社會分子團結之唯一基礎。古代如此，今日內地之鄉村如此，今日海外之僑民如此；可知此種思想之入於人心者深。吾國家族由男子承繼，子孫多、族人眾，足為同族光寵；人口增加之速，即由於此。一家中婆媳姑嫂妯娌之不和，殆為各地同一之現象；名為同堂，實則彼此相待如仇敵。各族祠堂中積有財產，以培養其同族子弟之能讀書者，不可謂非互助一法。唯既以家族為單位，而個人失其獨立之價值。古代刑法上有所謂夷三族、夷九族之刑，至明之方孝孺[1]尚舉十族以殉一人；可知宗族制度之殘酷至於何等。子弟既與父兄同居，以有父兄可依，不務正業，浪費家財，即名門貴冑，傳一世二世之後，未有不衰亡者；以視歐洲貴族能傳百年之久者，迥不相同。近年以來，居民咸集於都市，其居上海、天津者，皆局促於小屋中，雖欲於祖宗生死之日，盡其祭奠之禮，遠不如昔日高堂大廈中之誠敬。家祠中每年春秋兩祭，對於子弟之遠在異方者，不能促之使返。況乎自海外留學歸國者，見夫歐美一夫一妻同居之習，故近年反對大家族而

1 方孝孺（一三五七－一四〇二年），字希直、希古，號遜志，明朝建文年間重臣、文學家及思想家。因參與削藩，並在靖難之變後不願配合明成祖朱棣而遭處死。

實行小家族制度者，已遍及南北一矣。

三、學術方面

第三、自學術方面言之，春秋戰國之末，為吾國思想勃興時代，有儒、墨、道、名、法諸家，此外更有兵家、陰陽家等；循此軌道而發揮之，吾國學術或可不至如今日之落後。然其所以有今日者，不外二故：一曰文字之障礙；二曰理論思想之缺乏。

㈠吾國古代文字，有所謂蝌蚪[2]與大篆，小篆出於秦時，至漢代更有隸書八行與真、行、草諸體。因此字體之不同，不免魯魚亥豕[3]之誤，此猶傳寫時筆畫脫漏之所致也。乃自秦始皇焚書後，漢儒搜拾灰燼，舊典籍先後發現，其中因古文本[4]、今文本[5]之不同，而生學派之差別。漢時已陷於「釋五字之文至於二三萬言」之弊，後世乃以訓詁考證為專門之學，可知吾國學者束縛於文字之苦者何如？

---

2 上古筆墨未發明前，以竹籤點漆的方式書寫文字於竹簡上，竹硬漆膩，畫不能行，文字之體乃頭粗尾細，狀似蝌蚪，故名之。

3 魯魚亥豕指因文字形似而致傳寫或刊刻錯誤。

4 古文本即指古文經，泛指以六國古文字所撰寫之儒家經書。

5 今文本即指今文經，指以漢代宿儒憑藉記憶口授，以隸書傳抄之儒家經書。

此乃吾族二千餘年來學術上最可憐之一事，西方所無而吾國獨有之現象也。由此文字之遞變，乃生古書難解之大病。第一，有所謂校勘之學，「也」字可作「他」字，「議」字可作「儀」字。此校勘家之功也；第二，有所謂訓詁之學，光被四表之「光」字可與「充」字與「橫」字相通，此戴震所發見者；第三，《尚書》中「無偏無頗遵王之義」一句中，有唐代「頗」、「陂」之爭，有「義」讀「我」之爭，此屬於音韻者也；第四，有考訂全書真偽之爭，如《尚書》之真偽，其尤著者也；更舉若干例，以明古書之難讀：如《禮．射義》發而不中，則不怨勝己者，求反諸己而已；王念孫[6]謂求反諸己，文義不順。蓋涉上文求正諸己而誤也。然又有人謂求反諸己，猶言反求諸己，倒文成句也。亦有因古代器具之亡，而字義之不可解者：如《論語》云「觚不觚」；朱注曰：「或曰酒具，或曰木簡，器亡而義亦晦矣。」又有古代之字，今日全不解者：如《論語》云「高宗諒陰」；朱子謂「天子之喪未詳其義」。凡此諸端，可以見字體之變，影響典籍、意義與治經者為何如？更有因年代久遠而來歷不明，乃不能不加以考據者：如老子為何時人，左丘明為何時人，因其人來歷之不明，其與他人之關係，如老子在孔子之前或後，左丘明與公穀之關係。皆不免於甲一說乙一說之爭執。吾所欲言者，二三千年來，全社會之心力，消耗於文字訓詁之中者，不知其幾何？清之中葉，更視此為人間唯一學問；今日如梁任公、胡適之等尚特別表而出之。吾常以為一國中必有若干思想內容

6 王念孫（一七四四—一八三二年），字懷祖，號石臞，為清代音韻學、訓詁學、校勘學家，為乾嘉學派代表人物，與錢大昕、盧文弨、邵晉涵、劉台拱有「五君子」之稱。

之學，即曾文正[7]所謂義理之學，而後可以立國；若專以此等支離餖飣之學為學問，吾恐其因考據而亡國矣。

㈡所謂論理思想之缺乏者何耶？歐洲學術因有論理學而後促成科學之進步，亦因有科學之事實，而後尤能確定論理學中之精密方法。希臘蘇格拉底、柏拉圖時代之治學方法，不離概念、定義、歸納諸方法。蓋學術之研究，第一貴有概念。概念云者，乃研究各個體事物，求得其共同現象而後成立者也。既有概念，而後一種學術乃有單位；推而廣之，乃成為命題；再推而廣之，為學問系統或思想系統。吾國以無論理學之故，乃不知有概念。清代漢學全盛行之日，有「不通文字不能窮經」之言；孰知文字為言語之單位，與概念之為學問單位，完全不同。通其文字，未必能知概念之內容；知概念之內容，未必能通文字之來源。此乃截然二事，不可混而為一。此論理學思想之缺乏，影響於吾國學術者一也。

既不知有概念，既不知對於一個概念而下定義；不知下定義，則此概念與彼概念之不同，無由辨別；此學問與彼學問之分界，亦無由確定。定義之為用，其作始也簡，然有下定義之習慣後，自然發見此概念與彼概念之不同，此學術與彼學術之不同，而引起種種辯論、種種新意見、新觀點。吾國戰國時儒墨各派有一段正名定義工作，宋儒在理學中，又有一段正名定義工作；此可謂論理學之應用，而非論理學自身之發展。如是，因無概念而又不知有定義之故，自然一種思想主題或一種

7 即曾國藩（一八一一—一八七二年），字伯涵，號滌生，晚清重臣、湘軍創始者及將領。

思想系統，其範圍如何、內容如何、限界如何，皆無由確立。其持論也不免於武斷。如《孟子》云：「墨子兼愛是無父也，楊子為我是無君也。」兼愛之結果，何以成為無父？為我之結果，何以成為無君？若能將兼愛之定義劃得清楚，恐無父之結論，即無由發生；將為我之定義劃得清楚，恐無君之結論，亦無由發生矣。可知以無概念無定義之結果，致分疆劃界之不明，而無由予思想以刺激，無由因刺激而生明晰之對象與範圍，而造成學問系統。此論理思想之缺乏，影響於吾國學術者二也。

人類之智識，不離論理上同一律、矛盾律、排中律與夫數學上大小之量。此兩類之思想原則，可以應用於一切自然界與人事界之智識：由數學方面可應用於天文地理，由天文地理可推廣及於動植物。但須各人智識能求其基礎於論理與數學，且輔之以概念與定義之工作，則各方面所得之智識，必須形諸文字而經過一度「向外化之歷程」(Process of externalization)。此向外化之歷程，自然而然，可以廣及於一切人事界自然界之實物。故由數學論理之基礎，可以達於自然界與人事界，其相距不過一間。吾國自《墨子》一書沉埋之後，即無再談論理學者；而論理學既為凡百學術之母，則論理學之消亡，即成為一切學術智識之消亡。吾國既為缺乏論理學之民族，其自然科學自亦無由而發展矣。此論理思想之缺乏，影響於吾國學術者三也。

更換一方面言之，吾國儒、墨、道、法諸家，從其發端之始，即以人事為中心，即以君臣父子之關係如何歸於正當為目的。此等人事問題以善惡為標準，與數學、論理學可以甲非甲數量之大小表而出之者，完全不同，換詞言之，數學與理論學可表現於外形，而人事問題則存之於內心。凡內心善惡問題之討論，雖不離論理，然不如自然界智識嚴格立於論理學之支配之下。吾國人所注重者，為善而非真；為人倫問題，而非宇宙問題自然界問題。吾族思想局促於人事問題，不知有所謂自然問題者，殆亦由於無論理學有以致之。此論理學思想之缺乏，影響於吾國學術者四也。

希臘學術，自其發端之始，亦與吾國同，以道德問題政治問題為討論之中心；然同時注重於幾何學及動植物學。吾國古書中謂神農能嘗百草，《堯典》亦謂羲氏、和氏治曆象以齊七政，歷代對於日蝕、月蝕與水火之災，未嘗不加注意；何以後代對於天文、地理、醫學與動植物均流於醫卜星相之手，而不能提高之以成為學術？吾以為此亦由於論理思想之缺乏。即無論理方法以驗其為學之標準，因而永不知此數者之可以為學，反轉而墜落於術數之中矣。其他如農工商賈與夫水利工程之學，亦因而日趨於衰落。此論理思想之缺乏，影響於吾國學術者五也。

四、宗教方面

第四、自宗教方面言之，孔孟以前已有所謂「天人合一」之思想。天人合一者，一方面天能生人生物，故以天為萬物萬有之本，如《詩經》所謂「天生蒸民」之謂也。他方面則以為天有自然之法則，如《詩經》所謂「天生蒸民，有物有則」之謂也。又謂天能臨察下土，如《詩經》所謂「皇矣上帝，臨下有察，臨觀四方，求民之瘼」。吾國人之論天也，常不離人；其論人也，常不離天。言人事者，必推本於天道，言天道者，必求其效驗於人事。因此之故，在吾國人之思想中，天人之間，初無大鴻溝之橫亙，與西方思想中將上帝與人類劃為兩界者，大不相同。此中西兩方最大差異之點也。

吾國人習於天人合一之觀念，合之於陰陽五行之說，於事物之一陰一陽一動一靜之兩面，皆認為可以並存而不可偏廢，故民族兼容並包之量最大。新發生之道教、佛教與夫卜筮風水之說，皆坦然迎之，絕不認其間彼此之互相衝突。吾國人於生時，信仰儒家之說，在其追薦死亡之日，則信仰佛教、道家乃至於喇嘛教。自耶教輸入後，有人信仰耶教，而不欲拋棄祭祖之禮，乃釋祭祖為民事的風俗，非崇信多神；以此謀祭祖與耶教調和。由此可以見吾人對於宗教之態度，在好的方面言之，謂其兼容並包；在壞的方面言之，可謂雜亂無章。此其所以然之故，由於平日言天事不離乎人事，因而缺少事天之誠敬，陷於信仰上之不專一。徹底言之，吾國人之心靈中有真正確信與真正誠意者，實不可多見。因其念念不忘人事之故，而所希望於宗教者，不外乎「益壽延年」、「有求必應」之要求；以視西方人對於上帝，但求悔罪赦免者，大不同矣。西方人有此信心，故處事有誠意，社交上率直而不失其真，政治上有不折不撓之氣概；視吾國人之專以敷衍應酬為生者，不可同日而語。此乃吾國人對於宗教之態度，而同時影響及於人事者也。

五、藝術方面

第五、吾國之文化成績為西方人所最賞識者，莫過於藝術；玆舉西方學者之言以證之，拉士勒[8]氏(Latourette)之言曰：

假令藝術為民族靈魂之表現，假令一國文化之綱領，可以一切求之於審美形式中，則中國文化乃最為多方面的，中國人之帝國思想，欲以一中國統治全人類。此種大氣魄，見之於其京城之宮牆及大殿中。其保持疆土斥攘夷狄之長期奮鬥，見之於長城之建築。其孔子哲學所鼓吹之節度，見之於其整齊之宮室房屋中。其與天地合一之願望，見之於宋人山水中。其對於來生之見解，見之於佛教之繪畫與雕刻中。此民族之精細的女性的靈敏性，見之於其花草畫動物畫與其他雕刻中。

拉氏聊聊數言中，可謂將吾國藝術之優點備述而盡之矣。蓋吾國人之思想之中心為「天人合一」。

8 拉士勒 (Kenneth Scott Latourette, 1884–1968)，為美國歷史學家，曾於二十世紀初前往中國傳教，專注於基督教史、中國與美國關係的學術研究。

在宗教方面，以天道遷就人事，則天道流於淺薄。而在藝術方面，以天地納入於山水之中，則山水自具有一種穆然意遠，與天地為儔侶之意；如深山流水旁高僧修道之像，立意既超絕人寰，則意境自深遠矣。王維[9]、米南宮[10]之畫，淡墨數行，而富有宇宙無窮之意味，此乃天地與藝術合而為一之所致也。故吾國藝術之長，不僅以「真」為務，兼具天道於其中；所以為歐人所嘆賞者，即在於此。

拉氏所謂花卉人物之精妙，以吾國畫家大抵為文人出身，陶冶於詩歌之中，時而登山臨水，時而讀書寫字，則其下筆之際，自能得窺天地之祕而形諸筆端；此亦彼等兼具精神上之修養以致之也。若乎瓷器象牙雕刻等類，先由帝王文人學士之提倡，而一般工匠沾染於其風氣之中，其工作亦由是而趨於精妙矣。

藝術與學術迴乎不同。學術須受論理學規則之支配，故有一種呆板性；藝術之美，在乎妙手偶得於無意之中。此吾國優游自得之士大夫，自優為之；而與西方人之日常生活動輒不離規矩者，迴乎不同。此亦吾國藝術勝於他人之一因也。

合以上各項言之，則吾國文化之短處、受病處，可以舉而出之矣：

9 王維（七〇一－七六一年），字摩詰，號摩詰居士，唐代山水田園派詩人、畫家，因作品中融合佛法充滿禪意，故有「詩佛」之稱。

10 即米芾（音ㄈㄨˊ）（一〇五一－一一〇七年），字元章，太原人，號襄陽漫士、海岳外史、鹿門居士，北宋著名書法家、畫家、收藏家，因其任官至南宮員外郎，故世人亦稱其為米南宮。

㈠政治上以久處君主專制政治之下，故人民缺少獨立性。

㈡社會上盛行大家庭制度，一方增長各人之倚賴心，他方以處於面和心不和之環境中，種下忌刻與口是心非之惡習。

㈢學術上受文字之障礙與缺乏論理學的素養，但有支離瑣碎的考據，思想天才不發展，更少偉大的思想系統。

㈣宗教上夾雜以功利之念，絕少真正之誠意，更少以身殉道之精神；宋明儒者雖有殉道氣概，然而不普及。

明日之中國文化（下）
未來政治學術藝術之新方向

今後文化之各方面，如政治如學術之改革，其根本問題，在於民族之自信心。民族而有自信心也，雖目前有不如人處，而可徐圖補救；民族而失其自信心也，縱能成功於一時，終亦趨於衰亡而後已。或曰：民族對外成功之日，自信心自易於確立；對外屢次失敗之餘，雖日日叫喊自信心，有何用處？不觀昔德意志經拿破崙戰役之後[1]，菲希德[2]常舉德國之語言、詩歌、宗教以證明德國之為原始民族 (Urfolk) 乎？菲氏意謂此民族精神，大有過人之處，一旦內心發動，即不難轉弱為強。吾人根據菲氏之言，移而用之於吾國，則以吾民族之能自創文化，如上文洛意佛氏、威爾斯氏所云云，不可以當原始民族之名而毫無愧色乎？此吾民族之所當念念不忘而引以自豪者也。

然秦後之兩千年來，其政體為君主專制，養成大多奴顏婢膝之國民。子弟受大家族之庇蔭，依

1 指於一八〇三至一八一五年間由拿破崙領導法蘭西帝國與反法同盟爆發的多場戰役。

2 菲希德 (Johann Gottlieb Fichte, 1762–1814)，為德國哲學家，德國唯心主義哲學主要奠基者，亦有人視其為德國國家主義之父。

賴父母，久成習慣。學術上既受文字束縛之苦，又標「受用」、「默識」之旨，故缺少論理學上之訓練，而理智極不發達。此乃吾族之受病處。而應有以補救之者。凡圖今後之新文化之確立者，宜對於此總病根施以療治。若但曰科學救國也、實業救國也、或曰德謨克拉西救國也；但表示其欣羨歐西近日之優長，而於此優點之所由來，未加深考焉。吾人以為今後吾族文化之出路，有一總綱領曰：

造成以精神自由為基礎之民族文化。

所謂以精神自由為基礎之民族文化，其意義應分析言之。精神與物質相對待；物質者塊然之物，無心靈、無思想，故無所謂精神；人類有思想、有判斷，能辨善惡，故有精神。此人類之所以異於物質也。

精神之自由，有表現於政治者、有表現於道德者、有表現於學術者、有表現於藝術宗教者。各個人發揮其精神之自由，因而形成其政治道德法律藝術；在個人為自由之發展，在全體為民族文化之成績。個人精神上之自由，各本其自覺自動之知能，以求在學術上政治上藝術上有所表現；而此精神自由之表現，在日積月累之中，以形成政治道德法律，以維持其民族之生存。故因個人自由之發展，而民族之生存得以鞏固。此之謂民族文化。

或疑精神自由之說，與物質生活之注重相衝突，容俟下文論之。若疑精神自由之側重於創新，謂為與舊文化之保存不相容者；吾則有以答之。國人在思想上以孔孟之經籍為宗，在政治上有專制帝王，在宗教上有本土之拜祖先教與後來之道教及印度之佛教；合此種種，可名之曰傳統。在此傳統之空氣中，各個人之精神自由，即令有所表現，亦必託之於孔孟之名；在藝術家有所謂仿米襄陽[3]、或臨王麓臺[4]之筆法。吾以為今後此等遺產中之應保存者，必有待於新精神之發展；無新精神之發展，則舊日傳統亦無由保存。何也，舊傳統之不能與歐西文化競爭，證之近百年之歷史已甚顯著，今後必須經一番新努力，以求新政治之基礎之確立，而後舊傳統反可因新努力而保存，而不至動搖。否則新者不能創造，而舊亦無由保存。此言今後文化者所當注意之點也。今分述精神自由與各方面之關係。

一、精神自由與政治

第一、政治方面。君主政體之下，國民之於納稅當兵也，曰法令所在，不敢不從；其從政時之守法，亦曰法令所在不敢不如此。假令國民之義務、官吏之守法，完全以憚於政府之權力，而不敢不如此，此乃命令下之守法，命令下之道德，而非出於個人精神上之自由也。吾國人之立身行己，

3 即米芾，因其遷居襄陽縣，故有米襄陽之稱。

4 即王原祁（一六四二—一七一五年），字茂京，號麓臺、石師道人，清代政治人物、畫家。

與乎處於政府之下，皆曰有政府之命父母之命在，而不覺其為本身應有之責任。此命令式之政治、命令式之道德，與夫社會上類此之風尚一日不變，則人之精神自由永不發展，而吾國政治亦永無改良之一日。何也？個人之生活，不離乎團體，不離乎國家；團體國家之行動與法律，所以保護個人；個人各盡其心力，即所以維持團體。故其守法其奉公，皆出於各人固有之責任，以自效於團體之大公，而非有憚於他人之威力也。此自動之精神不存在，即責任心無由發生；而求如西方人之於自己工作、於參與政治、於對外時之舉國一致，皆能一切出於自動，不以他人之干涉而後然者，吾將何以致之乎？

吾人亦知各個人之自由，非在衣食足倉廩實之後，不易說到；各個人在寒無衣饑無食中而談精神自由，猶之緣木而求魚。然西方正以其尊重各個人自由之故，在昔日有所謂《救貧法》[5]，在今日有所謂勞動保險；可知唯其尊重個人自由，乃能為人民謀衣食，與衣食既足而後，人民自由亦易於發展之說，初非背道而馳。

西方因尊重各個人自由之故，自法國革命以來，乃有自由平等之學說；其在憲法上，則有生命財產、言論、結社自由之保護。且為公民者，皆有參政之權利；一切設施，無不以民意為前提。各

5 《救貧法》(*English Poor Laws*)是為了解決圈地運動迫使眾多農民集中城市，形成教會亦無足夠財力救濟的大規模貧困人口。英國政府遂制定了一系列濟貧法案，承認解決貧困問題是政府應盡的責任，標誌著社會救濟制度的建立。

國公民於選舉之日，不惜奔馳半日以投一票者，誠以其自知責任之重大也。其為政治家者，大抵胸有成竹，不以一時之挫折，而遽灰心；故勝者立朝，敗者退位，而功罪是非，亦易於分明。及至對外戰爭之日，政府以國難二字相號召，人民皆踴躍爭先以赴之。即其平日相反之政黨，亦以一致對外而息其爭端。此乃西方民族國家立國之要義也。

吾國自鼎革以來，亦行所謂選舉，賣票也，買票也，假填選票也，與夫總統之賄選也，皆為社會上共見共聞之事。此以國民中之各個人，不知有其自身之價值，不知自身之人格，安望其於參與選政之日，忽將其獨立人格，從而表現之乎？幾千年來，人民受統治於帝王，政治上之工作，等於一己之功名；故有意於致身顯要者，爭權奪利，無所不至。今且移此舊習於政黨之中，名為以主義相結合，而實則猶昔日之相傾、相軋，各自為謀也。本此習慣以形諸政治，而望國中有好選民與好政治家之出現。我不信焉。此精神自由之應表現於政治者。

二、精神自由與學術

第二、學術方面。學術之目的，雖不離乎利用厚生，然專以利用厚生為目的，則學術決不能發達；以其但有實用之目的，而缺乏學術上遊心邈遠之精神自由也。希臘學術之發端，哲學家名之曰出於好奇心。好奇心者，以其見某種現象之不可解，乃思所以解之；至其有益於實用與否，初非所計。人類因有思想有智識，以解決宇宙之祕奧為己任；若但以有用無用為念，則精神之自由必不能臻於高遠與抽象之境。吾人鑑於希臘時代蘇格拉底之自信其學說，至於以身殉之；又見乎伽利略之自信其地動之學說，至於大為教會所責罰；可見歐洲人為真理而奮鬥者何如，初不僅以其有益於人生日用而後為之。此乃所謂精神上之自由也。若夫利用厚生者，乃學術之結果，而非學術之原動力。既言學術，則有學術上之規矩；如論理學之規則，數學上之規則，此為一切學術之基礎。近年更有所謂試驗觀察，以為證實之用。懷特海氏[6] (Whitehead) 有言曰：「吾人之思想，一方要求發展之自由，在他方則又能自守一種規律。」即是此意。此論理學等與學術上之實用相去甚遠，而一切學術則由之以出者也。

抑一國所以貴乎有學術者，有時指示方法，如論理學；有時指示內容，如自然科學社會科學及哲學等。自然科學也，社會學也，哲學也，皆能對於人生示以生活之標準，即曾文正之所謂「義理」也。吾國兩千年來，以困於文字之故，專以考據為事；唯宋明時代少能從事於義理之學，為元明清三代立生活之準繩。今日除重創立「新義理」外，無可以饜學者之求智欲而定社會生活之秩序。此尤吾國人所當急起直追者。否則以國內思想界之空虛，青年輩唯有求之於蘇俄與義大利矣。

學術上多數問題，往往有不關乎實用，而學者不能不加以研究者，如天上星辰，地上地球之構成，人種之由來，文化之由來等是。歐洲人一方嚴格受學術規矩之支配，設為種種界說以研究之；

6 懷特海（Alfred North Whitehead, 1861–1947）：英國數學家及哲學家，與羅素合著《數學原理》一書。

他方則輔之以想像力，以進於無限之鄉，而後古生物學人種學乃能成立。若僅以實用為範圍，則此種學說可以不必研究，而一切高深學術何由發展乎？

上文所言，皆與政府保護人民思想自由之原則互相關聯，此為當然之問題，無待陳說。但就學術發展之要素言之：必人民對於宇宙內一切祕奧，認為負有解決之義務，一也；學術之發展，在乎思想上自受約束，而守論理學上種種規矩，二也；學問家不可無高遠之想像力，三也。此精神自由之應表現於學術者。

三、精神自由與宗教

第三、宗教方面。佛、回、耶等教，皆先有創教人，而後宗教乃能創立。自表面言之，今日之人民，墜地之初，已受宗教之包圍，故在信仰上無自由之可信。然自歐洲之宗教革命言之，可知信仰自由，不關於宗教之已存在與未存在，而應以良心上信仰之真假為標準。宗教之信仰，誠以精神之自由為前提，則真正之信仰不應為多元的。信奉佛教者，不能同時信奉道教；信奉耶教者，不必遷就拜祖先之習慣。若自居於天道主義 (Deism) 者，不信有所謂造物主如耶教之所云，而以「道」為創造萬物之主，如儒道兩家之所言，亦未嘗不可認為為一種宗教。歐洲十八世紀有所謂自然宗教，即為此類。德國大詩人歌德氏自居於不信耶教者，然信宇宙之間有所謂「道」則一焉。凡一人但屬於一宗教而同時不屬於他宗教之習慣不養成，則此國中雖謂其無真正宗教之信仰可也。凡為宗教，不外乎神道設教之義。為維持其宗教上之尊嚴計，其代神說法者，應有豐富之智識與尊嚴之儀表，然後能引起人之注意。歐洲之耶教、天主教之教士，態度和藹，智識豐富，絕非吾國之酒肉和尚道士所可同日而語。就吾國廟寺觀之，即其儀式已不完全，尚何精神可言？誠欲改革之，應從一人一宗教下手；信仰既真，則僧道習慣自隨之而改。此精神自由之應表現於宗教者。

四、精神自由與藝術

第四、藝術方面。就藝術言之，似乎吾國不必有所學於外人。然歐洲藝術之特長而為吾國所無者，往往而有；以歐人遊心於無限之境，其所超境界，往往為吾人所不及。如詩歌中長篇作品，但丁之《神曲》、歌德之《浮士德》，吾國詩文中無此體裁與意境也。至於雕刻建築音樂戲劇，常有人焉就其民族心靈之深處而體味之，而表而出之，故亦當在日新月異中。其他為西方所有，吾國所無者，尚不可勝數。吾國人苟在此方面繼續加以努力，則除舊日成績外，應有新領域之擴張與新創作之表現。此精神自由之應表現於藝術者。

五、精神自由與其他

以上各節中，吾人立言之宗旨，或有疑為側重於個人自由之解放，而忽視全民族者。此其所云，與吾人宗旨正相反矣。個人自由，唯在民族大自由中，乃得保護乃能養成；民族之大自由若失，則各個人之自由亦無所附麗。所謂政治學術宗教藝術，皆發動於個人，皆予個人以發展之機會，而同時即所以範圍個人，所以奠定民族之共同基礎；故個人自由之發展之中，不離乎大團體之自由。唯有在民族大自由鞏固之中，而後個人自由始得保存。此又吾人雙方並重之旨，不可不為國人告者也。

吾人注意於精神自由，自與唯物論者之偏重物質者異。一般人之所見，以為吾國所缺，在乎自然科學之發達，在乎實業之發展，在乎軍事上之防禦，以為此數方面尤為重要；故應先圖振興實業，先圖增加戰鬥力。然吾人自歐洲科學發展史求之，其始也，有地動之說；繼也有物體下墜之公例；其後乃有牛頓之公例。一屬於天文學，一屬於物理學。其創始人但知探求真理，初無足食足兵之實用目的存乎其間；及十八、十九世紀以後，生理學化學物理學漸次昌明，蒸汽機造成後，而後科學之應用乃推及於工商。可知誠能培養國民探求智識之原動力，則其應用於工商與軍事之效果，自可隨之而來；若但以物質為念，而不先培養科學精神之來源，如此而謂能發達科學、能發達工商實業、能鞏固國防，吾未之見也。

其次則有復古與創新問題。近年國內以外國學說之屢經試驗而無成功，於是有提倡復古者；亦有以對外之失敗為增進國民之自信力計，而出於復古者。吾以為復古之說，甚難言矣。同為儒家，有主宋學、有主漢學：漢學之中，或主古文、或主今文、或主鄭玄[7]、或主王肅[8]；宋學之中，或主程朱[9]、或主陸王[10]，其優劣得失可以不論，要其不能對於現代之政治、社會、學術為之立其精神的基礎一也。若復古之說，但為勸吾國人多讀古書，闡發固有道德，其宗旨在乎喚醒國人，使其不至於忘本，此自為題中應有之義，與吾人之旨本不相背。若謂今後全部文化之基礎，可取之於古昔典籍之中，則吾人期期以為不可。自孔孟以至宋明儒者之所提倡者，皆偏於道德論。言乎今日之政治，以民主為精神，非可求之古代典籍中也；言乎學術，則有演繹歸納之法，非可取之於古代典籍中也。與其今後徘徊於古人之墓前，反不如坦白承認今後文化之應出於新創。

7 鄭玄（一二七－二〇〇年），字康成，東漢經學家，集兩漢經學大成。

8 王肅（一九五－二五六年），字子雍，曹魏時代經學大家。

9 指由二程（程顥、程頤）及朱熹等人發展出來的流派。程顥、程頤視「理」為宇宙本源，前者主張「明心見性」，後者主張「格物致知」，強調道德修養為治國、平天下的經國濟世基礎。朱熹繼承程頤的思想，為理學之集大成者，認為必須用「格物致知」的方法來了解「理」。

10 指由陸九淵及王守仁發展出來的流派。陸九淵提出「心即理」說，認為天理、人理、物理只存在自己心中，心是唯一的實在，因此「宇宙便是吾心，吾心即是宇宙」，道德規範是人心固有且永不變化的。其學說由王守仁繼承發展。

且一時代之社會，自有一時代之哲學為其背景。吾族今日所處之時代、所遇之鄰國既與昔異，除吾民族具有一種勇氣另闢途徑外，別無可以苟且偷生遷延度日之法。其在政治上，當有盧梭、洛克輩之理想，以闢政治上之途徑；其在哲學上，當如笛卡兒及康德輩以立哲學之系統；其在科學上，當如伽利略、牛頓、達爾文之勇於探求真理；與夫十九世紀初年德國科學家於各方面之努力。誠能如是，則新文化之基礎，自不難於成立。有此新基礎，國民對於祖宗之遺產，有增益而無消費，其崇敬之心，亦有增而無減。所謂於創新之中，以求保存之法者，即此義也。不觀德人乎，在科學哲學上時有發見，而對於路德、哥德、俾斯麥等，未嘗少減其崇拜。英人之科學哲學同在創新之中，而米爾頓[11]、莎士比亞與夫休謨、穆勒之書，未嘗不家喻戶曉。可知在日新之中，而古亦自能保存。換詞言之，在創造之中，則繼既往而開將來，自能出於一途也。

新文化之創造，亦曰對於國民生活之各方面，如政治、如學術、如宗教等等，指示以標準，樹立其內容；先之以言論，繼之以事實；則一二人之思想，以成社會之制度。歐美十六、七世紀以降之文化，即由茲以成；而吾國今後之途徑，亦不外此而已，亦不外此而已。

---

11 米爾頓（John Milton, 1608–1674），英國詩人、思想家。其著作《失樂園》(*Paradise Lost*, 1667) 在英國宗教及政治動盪的背景下完成，內容描述了人類始祖亞當與夏娃的墮落過程，他亦因此著作而被後世譽為英國偉大詩人之一。

立國之道——文化政策

一、新文化——政治社會改造之先驅

近年來國人很多討論文化問題。所謂文化，即是一社會中精神與物質生活中全部現象。若自古代各國如希臘、印度、埃及之文化說起，其內容甚為複雜，非本書所應詳論。拙著《明日之中國文化》一書中，曾將歐洲、中國、印度三種文化作比較研究，讀者可以參考。[1]茲從簡單言之：所謂文化，即是精神生活與物質生活兩方面，那一民族智識先發達，即那一民族先有發明，即先有文化，而且占優勝地位。第一、以原始時代文化言之，如石器時代，此時代以石器為生活之工具。此即是知識，此即是發明，亦即是生活上文武二者的武器。第二、為語言文字，有了語言文字，彼此意思可以相通，且可以之傳諸後代。如西南各省邊境之苗瑤，有的只有語言而無文字，如苗人、瑤人是，

1 此處指張君勱於一九三八年出版之《立國之道》一書，本選集收入第四編「文化政策」。

有的有語言更有文字，則僰人[2]是，僰人至今尚保有其祖先手抄之文字。至於語言文字以外，是否尚有書籍，這點在歐洲、中國、印度等民族看來，本極平常，但與無文字的民族一比，便覺得書籍的可貴了。第三、農漁畜牧及衣食住之設備，是人類生活上之一大進步。有房屋，方可避風雨，有火食，乃與茹毛飲血者不同。農事與畜牧更是人類衣食住所需材料之一大要件。野獸變為家畜，既可免曠野狩獵，且可使家畜滋生不已。凡此皆人類之進步。以上係就原始時代而論人類知識與進步關係之密切。

以全部文化史論，誰為文化史上之先登？以古代論，最著者有埃及、巴比倫，繼之而起者有希臘、羅馬，在東方者有中國與印度。研究文化史者總不能離此數國。譬如一村莊中，在科舉時代，有一舉人或進士，則此舉人或進士即為某一村中之人望，在現時村莊中眾望所歸者為大學生，為留學生。此可見「文雅」元素在文化史中之重要性。人食人 (Cannibalism) 總不如不吃人肉的好；無文字總比不上有文字的好。文化之可貴者在此。而文化離不了「文」者，其原因亦在此。

世界儘管分了幾大洲，分好多國；但文化上總是甲承受乙，乙承受丙，彼此互相依賴處甚多。如一年分為三百六十五日，七日為一星期，為巴比倫所發明；歐洲之二十六字母，自腓尼基傳至希臘；現代建築中之大圓柱創自希臘羅馬；指南針、火藥為中國所發明；棉花來自印度；番麥來自美洲；可見精神與物質方面所謂文化是各國互相傳授的。文化是無國界的，其流傳甚速。事物之甲優乙

2 僰（音ㄅㄛˊ），為中國西部古族，從族姓及分布地域來看，明代僰人即今日白族之先民。

劣，甲進步而乙則否，世人自有公共之認識。由此觀之，文化之發展，在公論中固自有同一之標準。

世界文化，雖有其共同之好惡，然在歐洲、印度、中國，其發展途徑各自不同。歐洲文化起自希臘羅馬。希臘學說與現代歐洲學說同在一根線上；希臘之民主政治與現代歐洲民主政治同出一源。此同出一源之故，由於人民性格之相同歟？抑為偶然之相同歟？此問題很難答覆。因為希臘文化與現代文化有其歷史上之聯繫；但不能說英、法、德、美民族與古希臘人民血統上有何關係。希臘人之學術方法、歷史、政治，在文藝復興時代供西歐人之參考者不少，一若有老師傳授心法，所以學生之言行與老師自有其相同處。我們丟開中世紀一段不說，僅就文藝復興後之歐洲與希臘時代來談歐洲文化之特點：一、長於尋求知識，以自然界為其對象；二、事理物理之是非，以論理學為標準，論理學中之方法，類於歐洲所謂奧抗之刀 (Ocam Razor)，一刀兩斷，是者是，非者非，無所遁形；三、社會上政治上能發展個性，愛自由，此為市府國家或現代民主國家之共同點。中世紀耶教侵入歐洲，因耶教來自亞洲，鼓吹愛人如己之教義，耶教中亦不乏乞丐式之教士，如佛教中之行腳僧，主張靜修，亦有閉關之說，與禪宗同。歐洲中世紀世間皇帝與出世間之教皇，常在互相競爭中；結果各國之君王，就羅馬教皇手中奪來政權而宣布獨立。到了最近更有所謂政教分離運動。歐洲教會之好爭鬥，亦即由於歐洲人之好爭鬥，與回回教國及亞洲國家帝王與教主彼此不相衝突者迥然不同。

凡宗教皆產於亞洲，而印度為亞洲國家之一，有婆羅門教與佛教。自其文化開始時有所謂四毗陀：㈠梨俱毗陀 (Rigaveda)；㈡沙磨毗陀 (Samaveda)；㈢耶柔毗陀 (Iajuveda)；㈣阿闥毗陀

(Atharveda)，以後又有所謂優婆尼沙陀，乃森林中講學之書。其學說，其統治，總脫不了古代神話之色彩；以其居於熱帶，農產品生長甚速，無須辛苦之工作，而謀生甚易，所以易於走上冥想之路。至於婆羅門乃印度之貴族，為社會之上層，視下層民眾為穢俗不堪，彼此絕無往來。佛教信徒看不過此情形，於是來一反動，以慈悲之說普及於全社會。如是者三百年。後來佛教復消沉而婆羅門教代之而起。現有人在印度求佛教之種種跡象，反不若在中國之有所得。印度自成立蒙兀兒帝國，[3]回教勢力因而侵入。故迄今回教亦為印度國中一重要因素。至於語言、行政，向不統一，各宗教復彼此仇視，故在印度文化之下，實無統一民族之可言。印人更無歷史觀念，為構成冥想中之世界起見，不惜顛倒其歷史年代而應用之。今人欲考印度古代至近代之歷史年月實甚困難，近年來西人以科學方法考訂其歷史居然有印度全史可讀。印人之長處在冥想，在宗教。然其宗教有充分之學理，與耶教只有信仰而不談學理者迥然不同。佛教自貪憎痴愛直至涅槃，頗有精密之分析，且有綜合之方法，所以佛教不能作普通宗教論，而是宗教的形上學。此乃印人以論理學方法輔助其宗教，故有此成績。或以為印度為已亡之國，視為不值一錢；但其文化價值之偉大，固不容否認。

至於中國，其特長處既不在宗教，而又無如歐洲之正確科學知識；其長處在於人事與藝術。自政治方面言：自漢唐以迄宋明，都造成大帝國，與印度之分裂者比較一下，便覺此大一統之可貴。印人不重歷史，而我有一部翔實記載各事之二十四史，更為印人望塵莫及。我們對於做人之道，如

3 蒙兀兒帝國（一五二六—一八五八年），為成吉思汗及帖木兒後裔巴布爾，自阿富汗南下印度建立之王朝。

父慈子孝、君義臣忠，乃我社會組織之大原則。而社會之核心為家族，乃成聚族而居之習。祠堂中有所謂敬宗尊祖之禮，社會上有所謂孝友睦姻之道。至於學術上之短長得失，大體言之，頗有其特長，不過在方法上不如歐洲人之正確，俟下篇中論之[4]。

中國、印度、歐洲所代表之三大文化系統，自以上所言觀之，固各有其特長。梁漱溟[5]先生謂歐洲人生觀是向前的，印度人生觀是向後的，而中國人生觀是折中的。此說未嘗沒有其獨到之處。陳獨秀[6]先生謂歐洲文化是主動的，中國文化是主靜的；歐洲為個人主義，而中國為家族主義；歐人重實際，而中國重虛文等等。亦有他的道理。

我人以為今後要改造中國政治經濟，其下手處應先從人生態度著手，或曰人生觀應徹底改造。由此生活態度之改造中，乃生我們所要之新文化。有此新文化，不怕無新政治制度與新經濟建設。此新政治制度與新經濟建設，若無新人生觀或新文化為襯托，恐怕便成為無本之木、無源之水。但所謂造成新文化，並不是說只要新文化而把舊的文化打倒，儘管採取新文化，舊文化不妨讓其存在。

4 下篇為本文「二、中國學術思想之過去及今後」。

5 梁漱溟（一八九三－一九八八年），字壽銘，筆名壽名、瘦民、漱溟，中國現代新儒家的代表人物之一，曾於一九三一年在山東鄒平創辦鄉村建設研究院，積極推廣鄉村建設。此處提到的是一九一五－一九二七年間當時大批學青文人針對東西文化優劣取捨論戰的回應。

6 陳獨秀（一八七九－一九四二年），字仲甫，號實庵，是新文化運動的主要開創人和領袖之一，同時也是中國共產黨主要創始人之一。

因舊者並不妨礙新者之發生。在兩者並存之中，各人自然知道選擇方法。五四運動以後之「打倒孔家店」、「打倒舊禮教」等口號，是消滅自己的志氣而長他人威風的做法。須知新舊文化之並存，猶之佛教輸入而並不妨礙孔門人倫之說。歐洲有了耶教，何嘗能阻止科學技術、民主政治之日興月盛？

上文所說三種文化，各有其優劣。其所以優劣之故，因時代而起，適於時代者優，不適於時代者劣。以耶教而論，耶教發生於亞洲，有慈祥愷悌之性質，與亞洲人之性格相近，而與好鬥之歐洲人相異。但歐洲民族到了羅馬帝國末年，厭倦羅馬之驕恣淫佚的生活，對於耶教之謙退的態度反而羨慕，乃相率從而歸之，此即以耶教適合於當時需要之故。我國受孔門人倫學說之影響甚深，但在五胡亂華之後，人心厭惡戰爭，佛教適於此時輸入，於是當時之士大夫相率皈依，此為佛教適合我們當時需要之故。假定世界各國不擴張軍備，實行裁兵，組織超國家之政府，則孔子之所謂大同，墨子之非攻，何嘗不可為世界所贊同？反過來說，歐洲因科學之發明，所看到的多半是殺人利器，何嘗不有人批評其殘酷，而望其有廢棄之一日。總括言之，歐之所重者為科學，印人長於冥想，我國則專講人倫，各有其偉大之處。我人不能因印度、中國之削弱，而輕視自己文化，須知文化之特點不在一時之成敗利鈍，而在其對於人類之永遠貢獻。國人不可因目前之失敗，而遂看輕自家文化。

以時代論，西方文化實為天之驕子。須知西方文化有其源流所在。要有飛機大砲，不能不從科學下手；要建設農工商，不能不從技術上下手，但技術係根據科學而來；談到民主政治，不能不推源於《民約論》以後之政治思潮，此科學、此思潮，不能不推源於西方文藝復興後之新態度或新人生觀。其一脈相傳的史實，可分四點來說：㈠宗教改革；㈡文藝復興；㈢科學興趣之重興；㈣民主政治運動。此四大事背後，有其一貫之精神，即各人理性與人格之發展。

㈠宗教改革。天主教在歐洲有長久的歷史，在十五世紀時，教會之腐敗，處處暴露。馬丁．路德乃一虔誠之教徒，發願到羅馬去，親見教堂在一極狹之街巷中，蛛網滿布，汙穢不堪入目，堂外且有許多乞丐；而教皇之信奉耶教，更無虔誠之意，只是形式的，而非精神的，只須人民肯買教皇一紙上諭[7]，便可贖罪。馬丁．路德大起反對，認為一己之罪過，唯有良心上之悔過，方可解除；豈有出錢買一紙上諭，即可贖罪之理？於是到處講演反對羅馬教會。因此引起一場大辯論。天主教士自知理屈，願和路德和好，為路德拒絕，於是路德被逐出於教會。時德國各邦諸侯，贊成路德者大有其人。新教之所以能得勝利者在此。於是新教離教皇而獨立。此種運動，西史中名之曰宗教革命。路德之有此舉，在表示其宗教之信仰，須出於良心上自發自動；不然，僅有祈禱之形式，不能謂為信仰；教皇以其威權而實行其斂錢之行為，更與耶教精神相反。由此可知，國之士大夫，儘管在口頭上熟讀聖賢書，而行為上去聖賢之道幾千萬里，何得謂為能行聖賢之教？此所以教義之行於國中，只有形式而無精神，勢非墜落不可。路德提出良心上之自動自發說，要求信仰與之一致，對於有權力之教會予以極大打擊，而當時歐洲人心因此得一大刺激，自不待言。由路德自身而推及於一般社會，致後來各國憲法上有所謂信仰自由、思想自由之規定，即由此而來。我所謂理性與人格

7 指大赦 (Indulgentia)，或稱贖罪券。

之發展者，此其一。

㈡文藝復興有關於文藝者，有關於古書者。歐洲人在宗教革命後，棄其禁欲生活。而求人生樂趣方面之發展，於是乃產生新文學、新藝術。中世紀以來，所讀亞里斯多德古籍，竟有倡議焚毀者，因亞氏書籍為羅馬教會所利用，以討論上帝問題。文藝復興以後，英儒培根[8]說：「我敢獨自主張，我願焚毀亞里斯多德之書籍。讀亞氏書，徒生錯誤，增加我之愚昧，浪費我時間而已。」又說：「我們不應為古籍為權威所壓制；我們應該睜開眼睛看看世界。」這時大家反對亞里斯多德所著書，但同時搜查希臘有無其他古籍，而發現柏拉圖之著作，此即古籍之復興。所謂古籍復興，並非盲從古書之謂，而是溫故知新的運動；讀古人書，貴乎以自己理智運用之。我所謂理性與人格之發展者，此其二。

㈢科學興趣之重興。希臘時代，亞里斯多德之論理學，已把方法奠定了基礎。希臘羅馬衰亡之後，埃及之亞歷山大城成了文化之中心。歐幾里得之幾何學，即產生於此。此書把數學的基礎確定了。此外關於政治學及動植物學，亞里斯多德曾以科學方法研究之。大家只尊重亞里斯多德所書，而於自然科學與政治學之興趣，反而茫然。此所以引起培根之焚書說。迨十五世紀，研究自然界者日多，自實驗入手的精神，重新復興。於是培根有「實驗！實驗！」之呼聲。此即是說，不迷信書本，須從自然界考查入手。因此而有戴文悌[9]（一四五二—一五一九年）之發明化石，哥白尼[10]有地動之

8 法蘭西斯・培根（Francis Bacon, 1561–1626），為英國哲學家、政治家、法學家，以歸納法理論聞名於世。

說，伽利略有動力學之發明，牛頓之發明力學之公例。其他關於生理植物各科學，皆先後成立，姑不細說。因此人智之發動，把數百年來相沿之見解廢棄而推翻之，而新自然法則因以確立。我所謂理性與人格之發展者，此其三。

㈣民主政治。自以上三項觀之，可見人類心思既經發動之後，先影響於宗教學術，其次更及於政治。其進步之次第，顯然可見。我在本書政治一編中[11]，說過《民約論》中幾個原則，人類是自由的、獨立的、平等的、一國以內不應有特殊階級之存在，在法律上應該人人平等云云。此思想在其開始時，有一個假設，是為社會契約。他們研究政治之起源，說人類最初在自然狀態中，互相爭執，繼而覺得互相爭執，乃是毀滅人類，因而要求成立政府。政府成立之後，有人主張以全權交與皇帝，以為唯有君主專制政治才能使社會安定。此派以霍布斯為代表；盧梭主張則不然。大家相約而成政府，其目的在望太平，政府應先求得被治者之同意。此話已充分表現盧氏之民主精神。到了法國革命盧梭之理論完全實現於法國憲法中。十九世紀中各國憲法，雖未採用《人權宣言》中之語句，但

9 今譯達文西（Leonardo da Vinci, 1452–1519），與拉斐爾、米開朗基羅並稱文藝復興三傑，不僅以繪畫聞名於世，其傳世筆記更顯示其博學且通才的一面，因此也被視為文藝復興之典範。

10 哥白尼（Nicolaus Copernicus, 1473–1543），文藝復興時期之波蘭數學家、天文學家，提倡日心說，認為太陽為宇宙中心，其著作《天體運行論》開啟哥白尼革命，推動科學革命。

11 本選集未收入第三編「國家社會主義下之計劃經濟」。

其精神並無二致。我所謂理性與人格之發展者，此其四。

歐洲因有此四大運動，始造成他們的近代式國家。教育之普及、義務徵兵之實現、農工商之發展、科學之發達，凡此皆所以成其現代國家者。其力量既經充實，自易向外發展，以成其帝國主義之大業。我們把帝國主義撇開不談，而歐洲宗教改革以來之理性發展，實為我們學術政治改革之唯一方針，此即我所說新生活與新人生觀之基礎。須知徒然羨慕飛機大砲，而不注重理性發展，則科學何由昌明？且富力不增加，何從而能負擔現代的國防經費？此乃無本之木無源之水，本末倒置之說。

或曰歐洲文化是動的、是自由的，與我們靜的、因襲的、奴隸的文化并在一起是不可能。我所欲請讀者注意者：歐洲自宗教革命後，反對羅馬教皇，焚燒亞里斯多德所著書籍；於是而有新教。但羅馬教會並未因有新教而被解散。亞里斯多德所著書至今依然有人研究。更有人以為科學與宗教二者對立，前者是真理，後者是迷信。儘管如此說，而歐洲出入實驗室中者，星期日還是照常到禮拜堂去。可見靜的宗教並未被動的科學打倒。所以我們盡可將新舊二者等量齊觀，而不必有排他之態度。

茲再舉兩例以說明新舊平等之可能，或曰以新排舊之不必要。東方有兩國家，都認為舊文化不行，要走上歐化之途；其中甲國見到較早，採用西方制度，同時仍舊保存其舊文化，此即是日本。其所採用之西方制度如義務徵兵、議會、憲法，同時尊重其萬世一系之天皇，保持神道教、家族制度、以及男尊女卑之舊倫理。東方之另一國家為土耳其，歐戰後，凱末爾[12]秉政，其黨綱第一條之文曰：「造成土耳其為近代國家。」凱氏廢除回回教之權力，使教育與法律完全走上世俗化。土耳其之民法，本是採回回教之教典，現在則仿自瑞士、義大利之民法。一九二八年十一月且廢止舊土耳其文字，而以拉丁文代之；以法律規定全國使用拉丁字母，一切書籍皆用拉丁文印行。婦女之面幕，亦以命令廢除。一九三〇年更許婦女得參加公務。現土耳其國會三九九會員中婦女占九十七人。所以土耳其的做法比日本更進一步。

須知採取歐洲文化，應採者是精神，而非形式。如採其精神，歐洲文化自可移植東方，而同時無礙於舊文化之存在。日本之先例可為明證。以土、日兩國來比，土所採取歐洲化之成分更多於日本。這原因由於政治家有無先見之明。日本政治家能早看到要點，把西方文化早早移植過來，加以國家有治安，自然不至發生舊文化之動搖。土耳其則不然；在歐戰前後屢戰屢敗，到了《凡爾賽和約》時，幾乎不成國家。可見一國之政治家若有先見之明，則雖採用外來文化，不至發生舊文化之動搖；如其一個國家，自己無定見定識，今日採甲制，明日採乙制，隨風轉動，此乃一無指南針之輪船，永無達到彼岸之日。若云救亡，則更離題太遠。

須知新文化之本身，雖有其極寶貴之價值，不能謂單單有了新文化，即可解決國家之存亡。蓋一國之存亡，在乎政治家之深識遠見，懂得世界潮流之趨向與夫本國人情風俗邪正之故，自可使國家由衰而盛，由亡而存。不然，僅僅靠知識階級鼓吹大砲飛機之購買與民主政治等之重要，則此國

12 凱末爾 (Mustafa Kemal Atatürk, 1881–1938)，土耳其軍事將領及改革家，被稱作近代土耳其之國父。

家如輪船在海上亂航，依然不能得其一定方向之所在。僅有新文化之不能救亡，可以歐洲各國文化雖同而仍不能免於危亡為之證明。德國與英法等國，其所著之衣同，所信奉之宗教同，同用羅馬文，同為阿利安人種，何以在十九世紀與二十世紀中德國吃兩次敗仗？（一為拿破崙之戰爭，一為一九一四年戰爭。）可見兩個國家在同一文化系統中，而國家之盛衰興亡則別有所在。因為語言文字思想，是文化問題；有無深識遠見之政治家是政治問題。與其說新文化可以救亡，毋寧說有道德有知識之政治家可以救亡之較為確當。新文化與救亡純然是兩事，不能并為一談。假定一國上流社會，其所活動者為鑽營奔走，為營私舞弊，政治如何上軌道，民生如何得救濟，此而不問，縱有新文化亦無濟於事。公正廉明是好政治產生之根本，私邪貪暗是惡政治產生之大源。此善惡分別之基本觀念，在新舊文化中是一樣的。我們要文化，要注意政治好壞之基本概念。

吾人所欲指陳者，非不要新文化，乃在僅有新文化而不以新政治相輔而行之無濟於事。至於膚淺之科學救國論，或以買飛機、買大砲為可以救亡者，尤為有害無益。我們大聲疾呼，主張國人應以歐洲之新思潮，從宗教革命起到民主政治止，以其理性發展，為吾們文化前進之方向。㈠科學方面之實事求是與其正確性，大可糾正我們「差不多」之惡習；㈡哲學方面之論理學，大可糾正我們議論縱橫，漫無規矩之惡習；㈢至於政治社會方面，應尊重人格，抬高民權，一方解除平民疾苦，他方許人民以監督政府之權利，使政界汙濁風氣，可以廓清。有此三種大改造，則中國之進為近代國家，一定可以成功。

二、中國學術思想之過去及今後

一國之學術思想，對於方法學，對於所研究之對象，對於人事，皆有極大之影響。中國學術思想自有其特長，但亦有其缺點，此不可不牢記者。請先言其缺點：一、我國學人所研究者，就漢武帝表彰六經之後說起，完全以書本為對象；歐人所研究的，側重在自然界，而我國的學人全不注意及此。二、自漢武帝置五經博士後，西漢之劉歆[13]劉向[14]、東漢之鄭康成[15]、晉之王肅、唐之孔穎達[16]，直至明代所公認之朱注經義為止，其心思都用在書本之注解上。西方大學亦有文字學（Philology），故

13 劉歆（約西元前五〇－二三年），字子駿，西漢經學家劉向之子，他承繼父親未竟之業，整理六藝群書，編成《七略》，對經籍目錄學有重要貢獻。其所編製的《三統曆譜》，系統性的整理《太初曆》的內容及天文學知識，並考證分析上古以來的天文文獻記載，因而被視為世界上最早天文年曆之雛形。

14 劉向（西元前七七－前六年），字子政，原名更生，西漢宗室。著有《別錄》、《說苑》、《列女傳》等書，因劉向曾官中壘校尉，故世稱劉中壘。

15 鄭康成即鄭玄。

16 孔穎達（五七四－六四八年），字衝遠、沖遠、仲達、沖澹，孔子三十二代孫，唐朝經學家。於唐太宗貞觀年間主持撰寫由《周易》、《尚書》、《毛詩》、《禮記》、《春秋》五部儒家經典註解之疏義，即《五經正義》（亦稱《五經義疏》）。

拉丁、希臘古籍迄今猶為學人所攻讀，然未有如我國之專以注解為事，而忽略其他現象者。三、我國學術思想長處在直覺，而少論理的展開(Logical development)。如孔子云：「逝者如斯夫，不捨晝夜。」此即言宇宙現象無時不在變遷中。《易》曰：「天行健，君子自強不息。」以為宇宙之現象，無時無刻不在變動中，因而覺得行動之可貴。又如老子云：「當其無，有車之用。」此即以車之空處，說明「無」之為用。周濂溪[17]不去窗前草，或問其故，答曰：「欲觀天地萬物生意。」凡此所云，對於宇宙有特別見到之處，且能一語破的；但皆不採論理的展開方法，以證明其理論的曲折，而採畫龍點睛法，使人心領神會。因而其思想缺少系統，以成為首尾完具之文章。四、國內學人所研究者為經義，或為詩賦，或為策論，或為八股，其目的在應試，在科場中求得一己之功名。直到清末之新教育開始，猶有小學畢業相當於秀才，中學畢業相當於舉人，大學畢業相當於進士之規定。至於各國現代之學術機關，如大學中之各教授，其目的為研究宇宙間種種現象而設；物理學之講座，為研究物理現象而設；生物學講座在研究各種生物。有政治經濟現象，乃有政治經濟之講座。大學中之分科，因宇宙現象有種種不同，故設各科教授，使其從事於分科研究，使學生養成有繼續研究之精神。宇宙現象一日不消滅，則研究工作一日不止，所以今之教授與往昔之五經博士、翰林院庶

17 周濂溪（一〇一七—一〇七三年），原名敦實，字茂叔，後為避宋英宗諱，改名敦頤，號濂溪，世人亦稱其為濂溪先生，為宋明理學理論基礎的創始人之一。著有〈太極圖說〉，以道教圖式融會陰陽五行等觀念，探討宇宙的真理、道德的本源。

吉士為政府之一員者，迥然不同。大學學生除學得謀生之技能外，更應有少數人以研究宇宙現象為其終身事業。簡言之，為學問而學問。此亦我過去歷史中所缺少者。

本書非論學術之專著，故學術史之內容，不能詳細論列。約略言之。中國一部思想史可分為四個時代：㈠諸子百家時代；㈡經學時代；㈢玄學與佛學時代；㈣理學時代。

㈠諸子百家時代：即中國思想之開化時代。這時期的思想寄託在《詩》、《書》、《易》、《禮》、《春秋》及諸子百家。經學家中有的說，五經為孔子所作，有的說並非孔子所作，僅由其刪定。這問題迄今尚未有人搜集資料作系統的說明，或為之證實。近年來頗有人用功夫於文化之起源，而對於五經之起源，尚無精博之考證。中華民族中，欲求一可以範圍百世之思想家，不能不推崇孔子。孔子是一生好學，且能誨人不倦之人。他所以說：「發憤忘食，樂以忘憂，不知老之將至。」他又是一個好古者。他說：「我非生而知之者，好古敏以求之者也。」「夏禮吾能言之，杞不足征也；文獻不足故也。」「郁郁乎文哉，吾從周。」可知孔子對於夏商周典章制度，曾下過一番考訂整理功夫。一人之學說，其根據不求之於一國歷史，則不能推行久遠，孔子所謂「述而不作」，此語頗難解釋；所謂述而不作，不僅因襲之謂，至少對於古代典章制度，禮樂文章，有其斟酌去取之地方。所以述而不作之中，自有其「作」者在。孔子思想迄今兩千餘年，猶能支配人心。如⑴對於天道觀念。中國人不信有造物主之說，但信有主宰之「天」。如：「天降下民。」「萬物本乎天。」天道之存在，自古代到今一脈相傳，未嘗間斷。故孔子書中亦時有「天」之一字，如說：「不怨天。」「知我者其天乎。」「五十而知天命。」；⑵孔子敬祖尊宗說，為後來人敬祖尊宗之根據，如說：「祭神如神在。」「敬鬼神血遠之。」但孔子未嘗如歐洲之宗教家說出世界創造之本末，因孔子說：「未知生，焉知死。」「未能事神，焉能事鬼。」「知之為知之，不知為不知。」可知孔子所重者為「人事」，為「生」與「可知」方面。至於世界以外之事，六合之外，聖人存而不論。⑶現在社會上所流行的三年之喪，即根據《論語》中所謂「三年之喪天下之通喪也」一語。⑷道德基本觀念，是孔子確立的。孔子書中講「仁」的地方很多。所謂「仁」即道德之總名，如仲弓問仁，孔子曰：「出門如見大賓」云云。「己所不欲，勿施於人。」「在家無怨，在邦無怨。」可見「仁」字，其所包括者至廣，故孔子書中仁之一字與孔子時代仁義對立之仁字不相同。孔子之所謂「仁」乃一切德性之總稱。由此道德觀念發展言之，孔子在中國之地位，與蘇格拉底之在希臘頗相彷彿。⑸中國政治基本觀念，在乎德治，如說：「政者正也，子率以正，孰敢不正？」中國社會組織之基本觀念，不出孔子所謂「君君臣臣父父子子」之範圍。此八字中有一意義，即君應盡君之責，臣應盡臣之責，父應盡父之責，子應盡子之責。政府及家庭中能各盡其責，國家自然太平。由以上五項言之，可以見孔子對於吾國文化之貢獻，不僅在刪詩書，定禮樂，以古代之文物制度寄託於五經之中而已，乃在吾國宗教上學術上政治上種種基本觀念由孔子而確定。太史公著〈孔子世家〉有云：「高山仰止，景之行之，雖不能至，心嚮往之。」孔子之權威，兩千年前已確定了。

孔子實中國學術思想中之開創者。孔子以後有所謂六家：即儒、墨、名、道、法、陰陽家是。

繼承孔子者為儒家。墨家主張非樂、薄葬、短喪。此種立論乃對儒家三年之喪而起。名家以公孫龍[18]為代表，此派起於各學派辯論精確的要求。法家以為治國之道在乎法令之整齊劃一，大盛於戰國之後，以商鞅[19]、韓非[20]為代表。道家以老莊為代表，近年來有說老子是孔子之師者，以老子之出生年月放在孔子之前；其實老子之書乃戰國時之作品，司馬談[21]〈六家要旨〉中明言道家採儒墨之長，撮名法之要。既採儒墨之長，則老子一派起於孔子之後可知。至於雜家如淮南子之流，雜採儒道各家之言，以成其說，更是漢以後的事了。

我國思想最蓬勃之時期，遠一點說，自春秋直至漢代為止，以之與希臘思想比較，亦無愧色。但有一點須聲明者，其中缺少論理學的基本思想。墨家在《墨經》中，很有許多類乎論理學的話：「夫辯者，將以明是非之分，審治亂之紀，明同異之處，察名實之理，處利害，決嫌疑，摹略萬物

---

18 公孫龍（西元前三二〇—前二五〇年），戰國時期趙國人，為名家代表人物，提出「白馬非馬」、「離堅白」等論點聞名。

19 商鞅（西元前三九〇—前三三八年），戰國時期政治家、法家學派代表人物，推動秦國的變法改革，使秦國日益富強。

20 韓非（約西元前二八一—前二三三年），戰國時期韓國宗室之子，故又稱公子非，法家思想代表人物，提出法、術、勢三者並重，有《韓非子》一書流傳於世。

21 司馬談（約西元前二世紀—前一一〇年），西漢時期太史，專掌管天文及曆法。為著名史家司馬遷之父，著有〈論六家要旨〉一文。

之然，論求群言之比，以名舉實，以辭抒意，以說出故，以類取，以類予。」梁任公先生曾以墨家論理學與西洋之論理學相比。依《墨經》中語，似論理學在古時已有萌芽，何致埋沒兩千年之久？蓋我國思想家所法意者是人事問題，而人事問題中所包含的是非、善惡、得失，皆有主觀之元素在內，以現代術語言之，即為價值論。所討論的既限於價值論，雖各派學說亦自能發展，但毫無論理學或方法學為其基礎。反之純粹之名數學，如云甲等於乙、乙等於丙，則甲等於丙；又如云等邊三角形者，三邊相等。此名數二例中，以外界之數字或形體為之證明，我曾名此為「外在化」(Externalization)。此種「外在化」，能促成論理學與數學之發達。不幸我國所注意者在價值論而不在名數，因此我國古代思想界竟無如亞里斯多德之《論理學》一書，因其所研究的是內心而非外物。

㈡經學時代：秦漢以後，不但政治上有一統之結構，即在思想界亦然。其思想上以五經為標準。〈秦始皇本紀〉中云：「古者天下散亂，莫之能一，是以諸侯并作，語皆道古以害今，飾虛言以亂實，人善其所私學，以非上之所建立，今皇帝并有天下，別白黑而定尊，私學而相與非法教人。聞令下，即各以其私學議之，入則心非，出則巷議，非主以為名，異趣以為高，率群下以造謗，如此而弗禁，則主勢降乎上，黨與成乎下。禁之便。」此議雖行於秦，但不久而秦亡。漢武帝時，有罷黜百家表彰六經之說。董仲舒曰：「春秋大一統者，天地之常經，古今之通誼也。今師異道，人異論，百家殊方，指意不同，是以上亡以持一統，下不知所守，臣愚以為諸不在六藝之科，孔子之術者，勿使并進，邪辟之說滅息，然後統紀可一，而法度可明，民知所從矣」。因此，《易》、《詩》、

《書》、《禮》、《春秋》五經，漢代每經各置五經博士，各有其家法。茲列表如下：

五經	家法
易	施、孟、梁丘、京
書	大小夏侯
詩	魯申公、齊、韓
禮	后、慶、大小戴
春秋	公羊嚴氏、公羊顏氏
穀梁	江公

以上每經之中，各有其家法。置博士云者，政府許其教授；未置博士者，不得傳授。以現代術語言之，即教科書經教育部審訂與否之謂。西漢末劉向[22]請以《古文尚書》、《左氏春秋》、《毛詩》、《逸禮》等書列入學官，五經博士多反對之。經學時代之特徵，仿佛歐洲大學中神學教授研究新舊約，只許誦讀或注解，可以運思處，不過就原本加以注解而已；欲如春秋戰國時之意見紛歧，甲曰厚葬，乙曰薄葬，甲曰短喪，乙曰久喪，甲曰德治，乙曰法治，所謂百家爭鳴者，至漢時不可複見。雖西漢有今古文之爭，晉有王肅、鄭康成之爭，晉時更以老莊之說解釋五經，宋以理學解釋五經。大體上說，自漢置五經博士以後，直到清朝止，學風絕少變更。

㈢玄學與佛學：魏晉之時，厭惡漢朝經學之繁瑣，乃有玄學因之而起。當時有所謂清談派，賤

22 此處應為劉歆，可能是張君勱筆誤。

棄儒家之五經，而祖述老莊，〈王衍傳〉中有云：「何晏、王弼著述老莊，理論以天地萬物皆以無為為本。」〈嵇康傳〉云：「長好老莊。」〈阮籍傳〉[23]云：「博學群籍，尤好老莊。」讀此諸傳，可見當時排斥儒家走上老莊之路，其於漢朝之經學，實為一大反動。此諸人之行為，更與漢朝之注重名節者不同。《晉書》中有評當時風氣之語云：「學者以老莊為宗而黜《六經》，談者以虛蕩為辨而賤名檢，行者以放濁為通而狹節信，進仕者以苟得為貴而鄙居正，當官者以望空為高而笑勤恪」。《晉書・帝紀第五・孝愍帝》）「元康以來，賤經尚道，以玄虛宏放為夷達，以儒術清儉為鄙俗。永嘉之弊，未必不由此也。」（《晉書・應詹傳》）。故卞壼[24]曰：「悖禮傷教，罪莫斯甚！中朝傾覆，實由於此。」當時社會上流人物，喜談「有無」問題，故與佛教上之「空」、「有」兩問題頗為接近。佛教在晉時有道林[25]、支遁、道淵[26]等佛弟子與士大夫往來。同時，五胡亂華之後，北方十六國中，頗有接受佛者，尤以秦姚[27]興為最。前此所誦者，皆小乘經典；姚興歡迎鳩摩羅什[28]，始譯大乘經典。南北朝

23〈阮籍傳〉，出自《晉書》。阮籍（二一〇—二六三年），字嗣宗，三國曹魏時期詩人，為竹林七賢之一，好老莊之學，曠達不拘禮俗，政治處事上採謹慎態度以避禍患。

24卞壼（音ㄎㄨㄣˇ）（二八一—三二八年），字望之，晉朝大臣，活躍於東晉時期，以禮法自居，於蘇峻之亂時率軍抵抗戰死。

25道林，即支道林、支遁（三一四—三六六年），遁為其名，字道林，為東晉時期高僧、佛學家、文學家。

26道淵，即釋道淵，俗姓寇，為南朝宋時期高僧，高僧慧琳為其弟子。

27姚興（三六六—四一六年），字子略，五胡十六國時期後秦皇帝。

時，北朝雖有排斥佛教之舉動，但其基礎已根深蒂固，直到唐初，印度佛教已深入人心，且自己能創立宗派，蓋此時已成立中國的佛教了。

關於各宗派列表如下：

宗名	取義	起始	
		印度	中華
律	宗律中之四分律	曇無德	魏時印度僧曇摩迦羅
禪	宗禪那	摩訶迦葉	梁時印度僧達摩
法相	明諸法之體相	戒賢律師	唐時玄奘
三論	以中論百論十二門為宗	印度以文殊為高祖、馬鳴為次祖、龍樹為次祖	東晉時鳩摩羅什
真言	宗祕密之真言	大日如來為教主	唐時金剛智為始祖
淨土	以德淨土為主	馬鳴、龍樹、天親諸德為祖	惠遠、善導二德為祖
天臺	因開祖智顗棲於天臺山		僧智顗為始祖
華嚴	宗華嚴經		隋時法顯為始祖

梁任公先生於其《中國學術思想》一文中，論佛教輸入中國後，國人能創立宗派，可見國人不好模仿而貴特創。馮友蘭[29]先生於《中國哲學史》中指出中國佛學有三特點與印度不同：(1)不像印度

28 鳩摩羅什（三四四－四一三年），西域龜茲僧人，曾翻譯多部佛教經典。

以為外界是空的，而我認為外界是不「真空」；⑵中國人注重自強不息的道理，認為佛的境界並非永寂不動，所以有「寂而恆照，照而恆寂」之說；⑶印度社會中階級之分甚嚴，且有某種人不能成佛之說，而中國人有人皆可以為堯舜之說，因而有無人不可成佛之論。所謂「頓悟成佛」、「一念相應便成正覺」。可見中華民族不吸收外界思想則已，當其吸收之後，未有不表現其特點的。

㈣理學時代：自佛教輸入後，刺激了中國思想界。如明心見性，如世界是空還是有？此發問方法，引起我們儒家之興趣。唐韓愈主張闢佛，而其門人李翱作〈復性書〉三篇，其中有云：「喜、怒、哀、懼、愛、惡、欲，七者皆情之所為也，情既昏，性斯匿矣。」「或問曰：將復其性者，必有漸也。曰：弗思弗慮，情則不生，情既不生，乃為正思；正思者，無慮無思也。《易》曰：天下何思何慮。」李翱之有此說，可見其以佛家方法，融合於儒家之中，其目的在成一新儒家哲學。此大理想到北宋時，周濂溪、邵康節[30]、二程等完全把他實現出來。周濂溪、邵康節所論者為宇宙問題，〈太極圖說〉、《皇極經世》都是屬於這一類的。張橫渠[31]亦論太虛與氣的問題，但漸漸歸到人的本位來。

29 馮友蘭（一八九五—一九九〇年），字芝生，中國哲學家、哲學史家，有「現代新儒家」之美譽。

30 即邵雍（一〇一二—一〇七七年），字堯夫，自號安樂先生、百源先生，諡康節，後世稱邵康節，北宋五子之一，為宋代儒學家、思想家、詩人。

31 張載（一〇二〇—一〇七七年），字子厚，為陝西鳳翔郿縣（今陝西眉縣）橫渠鎮人，故世稱橫渠先生，為北宋時代的理學家、哲學家，北宋五子之一。

程明道以後所討論的為理氣、為情欲心性等問題，其所重者為內心修養問題，而非宇宙問題。到朱子時，把北宋周、邵、二程等學說成一大系統，五經之外，更提出四書為經之一部分；其所用之名稱如理氣情欲等，各有其定義，以定義為基礎，加以種種推廣推論。觀其彼此辯論之中，與現在科學家辯論方法頗多相合之處。同時，其學說亦頗有系統，如理氣之關係如何？有說是一，有說是二。主張理氣關係為二者，以惡的來源，歸在氣邊；主張理氣關係為一者側重於理，便以善為宇宙本質，而以惡為起於過與不及之差。其立說之謹嚴，即此可以為證。此乃受佛教影響而造成儒家思想的經過。理學支配了中國宋元明清四代，其間頗有甲論乙駁之處；如陽明反對朱子，顏習齋[32]對於周、邵、二程、朱、王等一概加以排斥。有清一代，漢學家治學方法，在社會上流行甚廣；而於理學方面無特別發明，僅承明末之後，有反對王陽明運動，同時對於理學家之著作，集合而印行叢書。曾滌生在咸同之間，頗想在理學上造一新局面，但以戎馬倥傯，致未能大有所發明。

中國學術思想，經過這四個時代，以之與現代歐洲學術政治經濟一比，自不免有相形見絀之勢。但我四千年學術史中很有許多特點，而西方人亦常常稱道的。

㈠在宗教方面，沒有武斷的態度。孔子曰：「知之為知之，不知為不知，是知也。」對於不可知者，不強作解人，而明認之為「不可知」。因而宗教上取一種容忍態度。佛教之輸進，道教之創立，耶教之傳入，各有其解決信仰問題之道。在西洋各國，因宗教問題，引起許多血戰。而在我們

32 即顏元（一六三五－一七〇四年），字易直、渾然，號習齋，為明末清初時期之思想家。

則無此種血戰，這並不是說釋、道、耶等教在中國絕無爭執，但在理智方面，總以「六合之外聖人存而不論」的態度去對付他。法國老虎總理克里蒙梭氏云[33]：「中國人對於不可知之事，不再設法作更進一步求知；但中國之所謂道，不追求宇宙之原始。這一點是中國的弱點，還是優點？此問題讓讀者自己去解決。假定我歐人之祖先，如自己知道想像中之斷言是暫時的、是跟時代進步的，因我們的智能是隨時去求進步的，我們祖先如能如此，則歐洲至少可以減少很多痛苦的誤會。」這即是說，以宗教所言者為一定不易，則引起許多無謂之爭執。克里蒙梭把我們對宗教容忍的態度，歸功於孔老。且以為未有宗教武斷主義 (Religious dogmatism) 傳入中國，是一個很好的現象。克里蒙梭又曾以佛教與耶教相比云：「釋迦牟尼死後數百年，佛弟子挾傳教之熱心，自印度至中國。中國境內許多疲敝不堪的多神之上，乃有佛教以確立其溫和的統制。聖保羅傳耶教於歐洲，初時亦採用平和手段，但為爭取政權起見，變成了鬥爭的。而中國人之思想完全相反，其心目中之上帝，乃宇宙力之象徵。印度之思想亦是如此。此所以中國與印度等國人民心理，都有容忍態度，故能相合而無間，非歐人狹隘的同情心可比。」克氏更引一例以作證明：「法顯[34]自印度返國之日，海上遇著大風，

33 喬治・邦雅曼・克里蒙梭 (Georges Benjamin Clemenceau, 1841–1929)，曾於一九〇六至一九〇九、一九一七至一九二〇兩度出任法國總理，時人稱其為「法蘭西之虎」。

34 法顯（三三七—四二二年），為東晉、南朝宋時期之高僧，曾前往天竺取經，並帶回多部原文佛經返國，著有《法顯傳》（又稱《佛國記》）。

將其衣缽棄之海中，而妥藏其自印度帶來之佛經與佛像，願與之同盡。當時之同舟者，有信原來之中國教者，有信耶教者，各人信仰不同；但法顯願以佛經歸同舟者共同保護。各人以信仰的不同，各以慣用之祈禱法以祈禱。」故克氏說：「中國人之精神是最普遍的容忍與極高的調和。」(Its spirit was one universal tolerance and supreme conciliation)

㈡我們的求知精神與希臘相比，相差甚遠，所以克里蒙梭說：「中國文化開始時，能創造指南針，可惜後來在科學知能上忽而中途停頓。」我們仔細想想，中國人求知精神所以中途停頓之故，究是環境使然呢？還是無求知之本能呢？以我看來，是關於環境而非本能。譬如一部二十四史，不是僅僅一部政治史，其中關於天文、地理、音樂、各方面都包括其中。美人洛佛爾[35](Laufer)對於二十四史大致讚賞之詞：

西方古代印度歡欣鼓舞於神話，而忘其歷史記載之日，中國人對於一切事物，不論其屬於內政與外族交通，皆本極正確、極細致、極公平之心，從而記載之。中國人之傳說，記載於二十四史中，可謂世界諸大奇跡之一。此艱辛工作，即中國所自造之最永久之紀念碑。

35 貝特霍爾德・勞費爾(Berthold Laufer,1874–1934)，為東方學家、漢學家，通曉漢語、日語、藏語，曾多次在中國進行考察。

此外茶有茶史，筆有筆史，以及草木鳥獸無不各有其記載。謂此記載不合現代方法則可，若謂其無求知之精神則斷斷不可。

㈢洛佛爾氏以中國與印度作比較的研究，謂印人並歷史之常識亦無之，把歷史年代之先後，隨便顛倒。因印度歷史無正確之記載，所以研究印度史者常引為苦事。反過來說，中國有部二十四史，不但於中國三四千年的史實有詳細之記載，即關於中亞細亞及印度情形，亦有相當之論列，如〈四夷傳〉，如《佛國記》，實為研究中亞細亞與印度之寶貴資料。國人在愛好歷史方面，更有多種精神：⑴歐洲十九世紀初年有所謂歷史學派，此派不喜談抽象的理論，凡事側重於歷史的沿革，而吾國之藝文志、貨殖傳、租稅法、官制考等等，未有不自三代以下說起，直至著書人之當時為止。可見吾國人自來富於歷史學派的精神。⑵中國各事都保持一種歷史的繼續性，以地理說，現在之涿鹿，即黃帝時代傳下來的，蒼梧傳自秦，四川為蜀出自戰國，荊襄為楚國之舊名，在歷史地理各名詞中，其所保持之繼續性，隨處可以見到。

㈣學術方法，對於學術之發展大有影響。有了嚴格方法，其立論與辯論，才能正確。如孟子云：「墨子兼愛是無父也，楊子為我是無君也。」兼愛之結果，何以成為無父？為我之結果，何以成為無君？近人評此種立論，毫無論理學之修養。其所以如此，由於各國所研究的，以人事為主，關於人事之善惡，是非偏重於主觀的，所以各隨其理論聯繫，可以各說各的話。可是真正的辯論，就不能不恃論理學之定義了。如荀子之〈正名篇〉，宋儒關於理、氣、心、性、情、欲，所下之定義，皆極明晰。可見有了思想，要想成一思想系統，此論理的習慣或規則，是免不了的。我國儘管沒有成本的論理學書，亦不能謂其不知論理學及方法學之用處。

最後，中國人之求知心極真切。克里蒙梭曾引出法顯、玄奘[36]兩人之實例。此二人之求知之切，以宗教為背景；然其中確含有求知的要求，則無可疑。克里蒙梭說：「法顯、玄奘於四至六世紀往印度求佛法。若以聖保羅去異邦人中宣傳宗教與之相比，不啻小巫見大巫。兩者工作，適得其反。聖保羅所宣傳者為一己之信仰，而中國兩行腳僧之往印度，在調查其所得之佛經有無錯誤，而非為一己宣傳。法顯與玄奘所欲考證者為釋迦牟尼之言行。其精神之崇高，求之於世界宗教史中，實所罕見。宗教精神中所常表現的為信仰與服從，而此兩僧所求者為經典之有無錯誤，尤為難能可貴。彼輩步行到印度，費時十有五年，其所受之痛苦，為前人所未嘗經歷。以今日之眼光觀之，彼兩人至少有兩種精神，一為宗教上之虔誠，一為求知之熱心。」克里蒙梭又曰：「世界史中有許多征服者，如亞歷山大，亦嘗跋涉萬里，毀壞廬舍，屠殺人民；成功以後，有為之造像者，然不久即歸於烏有。至於法顯與玄奘，其為長途跋涉同，在其求知求真方面，有不可遏止之欲望，雖未嘗想在歷史中占一頁，但歷史上自有其地位。我走到他兩人遺像前，表示無限之敬意。假如我能使若干人明

---

36 玄奘（六〇二－六六四年），唐代高僧，法相宗奠基者。曾於貞觀三年（六二九年）從長安出發前往天竺取經，在貞觀十九年（六四五年）攜帶六百多部佛經返國。其一生中翻譯眾多佛經，影響遍及朝鮮半島、日本及越南等東亞地區。留有由玄奘親自口述，弟子辯機執筆撰寫之《大唐西域記》一書。

瞭其行事之美善，乃我平生最愉快之事。」我祖先中有此人，但僅在《高僧傳》中占一地位，一般國民心目中，知有法顯、玄奘者能有幾人？我不意對此兩高僧發生熱烈之崇拜者，出之西方一偉大人物，而非我國之國民，此非我們之大恥乎！

此外，我國文化為西方人所讚賞者，莫過於藝術。茲舉拉士勒氏 (Latourette) 之言證之：

假令藝術為民族靈魂之表現，假令一國文化之綱領，可以一切求之於審美形式中，則中國文化乃最為多方面的。中國人之帝國思想，欲以一中國統治人類，此種大氣魄，見之於北京之宮室及大殿中；其保持疆土斥攘夷狄之長期奮鬥，見之於長城建築；其孔子哲學所鼓吹之節度，見之於齊整之宮室中；其與天地合一之願望，見之於宋人山水中；其對於來生之見解，見之於佛教之繪畫與雕刻中；此民族之精細的女性的靈敏性，見之於其花草畫動物畫與其他雕刻中。

就上述之特點觀之，吾國現時學術雖遠不及西方，但在心理上潛伏之可能性則很豐富。以我看來，中國學術上之發展，很有其偉大之將來。我們明白了過去的缺點，特提出以下之補救方法：

㈠應重思想。所有精神上物質上應有之問題，如宇宙如何造成？將來結果如何？現在科學家與哲學家所解釋的已否滿足？應否另創新說，推而至於物理、生物、電學、光學，莫謂此種種方面之學理被西方人都說盡了，我們還得作進一步之追求。人類既有思想能力，而不肯用在思想上，固對不起自己，同時亦是對不起世界。所謂思想，即是求知精神，因為求知離不了思想。

㈡注意思想方面之方法學。淺而言之，亞里斯多德時代之方法，離不了形式論理。迨科學發展時，離不了歸納法。以為論理學方法盡於此，則又不然，近年來更有所謂象徵論理學（Symbolic Logic）。吾祖宗對論理學不肯注意，以致吃了大虧，所以今後不但已有之論理學應加意研究，更須研究其未經研究者。

㈢以思索求政治社會問題之解決。政治經濟應如何？在平常時代可以傳統來解決，到了變革時代，不能靠傳統而貴乎思想。如歐洲君主民主遞嬗時代，則有國民主權、人民基本權利等問題，今日則有計畫經濟與非計畫經濟之爭，政治上有法西斯主義與民主主義之爭。有了爭執，便應用思想以求解決；不但解決吾們的問題，同時即為國人對於政治思想之貢獻。人類生活是無窮盡的，是日新月異的，因此人類思想也須隨之而日新月異。十九世紀有十九世紀之問題，二十世紀有二十世紀之問題：問題是無窮盡的，故人類思想亦是無止境的。

㈣以學問為終身事業。西方人之學問工作，導源於希臘，其兩大思想家為柏拉圖與亞里斯多德。柏氏長於想像，其為文富有美術上之意義，而真正之科學工作，則自亞里斯多德始。亞氏研究動植物，搜集資料甚多，因研究憲法制度，竟搜集百餘國之憲法作為參考。可見西方人研究學問以大宇宙中自然界人事界之現象為題材，我們的學者所從事者則為經義為策論，即如唐朝之「算」、「律」，亦皆科舉場中所需要而研究者；至於「讀大地無字之書」，兩三千年來未嘗注意及此。直到現代，留學生自海外歸來，其學陸海軍者，因政府需此，學鐵路郵政者亦然，學政治財政經濟者亦然。今後學問界須有獨來獨往之氣概，以發明宇宙之祕奧為己任。此風氣應大加提倡，方可語夫與西方學術界相競爭。

總之，我以往兩三千年中，西人評我只知因襲，而不知創造，自歷史上觀之，實不盡然，佛教之輸入，理學之勃興雖有因襲部分；然亦有其創造部分。今後但恃因襲，是過不了日子的，唯有學術界力求思想自主思想獨立，乃能解決學術問題，乃能解決國家建設問題。

三、國民生活風氣之改進

一個國家各有其生活風氣，此生活風氣是由窮年累月積壘而成的。譬如英國人的風氣是沉默寡言，長於計算，注重事實，不尚理論，不喜談普通原則，遇到事實上發生問題，逐件的解決。它的法律不一定有系統，但切合實際。至於各人政治上的信仰，都很堅定；不論其為保守黨，或自由黨抑是工黨，遇有國難當前，都能拋棄各黨的成見，共同應付政治上的難局。不僅政治上如此，其於教育、實業、陸海軍各方面，都能表現出這種風氣。

法國人的性情是喜談抽象原則，以抽象原則來支配一切。如革命時的口號，自由、平等、博愛，成為法國的立國原則。《人權宣言》中有所謂人類生而平等，人類生來享有天賦權利，其與英國貴族、中產階級凡事根據習慣歷史說話者大不相同。法國人生來富有數學頭腦，思想很精闢、很確實，能把握著每個問題的要點，對於事實不如英人的注重，但以其所把握著的要點，支配一切，也往往得到很好的效果。這一民族富於情感，與人來往，一見便成知己，因為如此，所以在友誼上不如英國人之可靠。其在公務方面多偏重形式，行政上的手續非常麻煩。比方到海關領取物件，往郵局取錢，必須簽字的單據有很多張，不但外賓感麻煩，即他本國的官吏亦厭其煩；但習慣上如此，只知道應該如此做去，亦無人感覺有改革的必要。法國人的天性都喜歡老死家鄉，而不願向外發展；偶爾有少數人向國外投資，其所求者在蠅頭微利，不如英、德兩國人民有大氣魄。其在政治上，黨派林立，除在新聞紙上所常見的黨派外，尚有議會以內的派別。各黨組閣可以不到幾天或幾月，大家又拆臺了。所以法國人最易鬧意見，人民的性格不穩固、不堅定，常在變更中。

德國人的性格很徹底。所謂徹底，即是說對於每一問題必有其所以然之故，非尋根追底，問到最高源頭不可。大事有大事的根底，小事有小事的根底，一件一件的來調查，求得其根本原因或曰基本原則，更翻過來，考查此原則影響於各方面如何？這即是說，每問題有其根本理論之所在，非徹底弄清楚不可，此乃德國人之特性。以康德的哲學說：他的《純粹理性批導》所研究的為知識何以可能？其所用的研究方法，不同於英人以為知識之起源在於外界感覺、觀念、聯絡與記憶等。英人以洛克．休謨所研究的為滿意，而康德則不然，要問知識之確實性 (Certainty) 到底如何？於是先來檢查人類的判斷，在此判斷中查出許多論理的成分。但康德學說亦不否認知識與外界經驗有密切關係，把經驗與先天方式熔合於一系統之中。此康德思想之徹底，與其系統性，是由於德人根性而生的。德人更以此特性應用於實際生活上。以歐戰為例而說明之。德人早知對外作戰，東西同時有兩戰場，於是研究此兩敵人中到底先應付誰？是俄還是法？此在德國參謀部頗費爭論的問題。小毛奇主張先把法國消滅了，再對付俄國。既決定把主力放在西戰場上，而法國的要塞線又不易衝破，因決定從比國衝進法國去。小毛奇[37]作戰的計畫：主力軍多少人？後方交通線應如何？國內各工廠動員應如何？砲彈應如何製造？處處細針密線，件件事都預先看到，預備得很好。儘管戰爭是失敗了，但其計畫之周密，不能不令人佩服。其徹底周到處與康德哲學系統一樣。德人的性情最長於組織，軍隊中最能表現此特性。最近德人又能將此特性利用到工廠與經濟方面。以沙赫德之管理外匯說，某廠應得外匯？某種貨物應得外匯？那一種進口商人應得外匯？此種種問題最為麻煩：他用整萬的辦事員集中一處，以應付此千萬工廠以及國內外之旅行者。此事除非有徹底性的國民，是不易辦到的。但說到活動的政治上，須得一個人一個人來應付，一問題一問題來應付；在這方面，其能力就不如英人了。自一九一八年至一九三〇年前後，亦曾實行政黨政治，其形式與英法所行者大致相同，在成績上雖不差於法國，但卻遠不如英國了。因德國人受過多時的軍事訓練，最樂於有最高統帥以一完備計畫來指導一切；易詞言之，德人最長於聽命令，不長於平等的合作。此乃《威瑪憲法》所

37 赫爾姆特・約翰內斯・路德維希・馮・毛奇（Helmuth Johannes Ludwig von Moltke, 1848–1916），於一九〇六至一九一四年間擔任德意志帝國參謀部長，參與策劃戰爭和引發第一次世界大戰。

以失敗，而希特勒所以能夠上臺的原因。至於各黨間之協商，德人未嘗做不到，但總認為權力應該集中，執行才敏捷；此其議會政治之所以失敗，而造成希特勒今日的局面。

我們的敵人——日本人——能在幾十年中立於近代國家之林，自有其特長。他受了中國文化的影響，才有今日的文化，此為不可爭之事實。他接受外來文化，能取其長而去其短。自唐以後，件件事都模仿中國，如佛教，如尊王，如唐宋的畫法，如陽明學說。可是歷史上所流傳下來的惡習，如科舉，如纏足，如宦官，都未傳到日本去。這不能不說是日本人眼光之銳敏，他能採長捨短。

日本所採的西方制度，如義務徵兵、義務教育、煉鋼廠、製砲廠、郵船會社等等。日本與西方接觸在我之後，但他能見到西人之長而行之於國內，則還在我國之先。日本政治家之有眼光，與其國民能細心學習，不能不令人佩服。日本國民性之聰明不及中國人，關於研究學問，觀察人情，在中國人稍一瀏覽便懂得了。日本人之領悟力在吾國人之下，但他領悟後，能孜孜不倦的去作。如日本人在上海所辦的同文書院，成立於甲午戰爭以後，派了一大批學生來學華語，每年派學生到中國內地旅行，調查各地的風俗人情，以所搜集的材料，成了一部《省別志》[38]。所搜集者有各省當票，各地錢票，這一個民族的精細，於此可見。其在政治上，自九一八事變以後，雖發現許多危險現象，但自憲政運動開始直到現在，大體上政府還能遵守憲法，依然把每年的預算提交議會。近年來軍人

38《省別志》全名為《支那省別全誌》，由日本政府贊助下的東亞同文書院所完成，於一九一七至一九二〇年間出版，共十八卷，內容涵蓋中國內地十八省（亦稱作漢地十八省、關內十八省）。

法西斯派想把各政黨打倒，迄未收效，各政黨依然存在。此皆日本人對國家有公忠精神的表現。總之，日本國民性，頗富於情感，沒有冷靜的頭腦，又有好大喜功的毛病，他們能不能在東亞負起很大的使命，實是疑問。但據過去的幾十年來說，他們的生活習慣，不能說不是有朝氣而勤奮的民族。

我在上文中所列英、德、法、日等國情形，意在說明，一國的國民生活習慣，與一國的學術政治軍事現象有密切關係。本來西方人是先有了某種生活習慣，然後才產生某種政治法律制度與文化現象；所以兩方是一致的，是殊途而同歸的。而我們的困難問題即在一方採用西方的制度，而他方則有幾千年所沿襲的舊習慣；兩方面是不一致的、是衝突的。蓋今日西方制度，是起於文藝復興之後，已有了四五百年的歷史，生活是日日在改進中，制度時時在演進中。我敢說，生活觀念不變更，新制度是不會隨之而起的。我們的生活是舊式的，而西方制度之採用是由於外界壓迫的結果；所以結果制度自制度，生活自生活。茲再舉幾個例子來說明：歐洲的現代國家，無一不是法治國，因為國家統治國民，非靠法律不可，非以法律為標準不可，不管是憲法，不管是命令，一字即有一字的拘束力。我國人民素來對於政府所頒布的法律命令等，視若具文，當作官樣文章；而政府之執行，其有利於它的法律、命令、公文，便嚴厲執行，其不便於己者即以斯文的手段把他擱開。此為外來文化與實際生活不相呼應之第一例。

現在大家皆知尊重科學，而科學之最要特性即在其正確性 (accuracy)，一步一步的求其數字的表現，再試之於實際，以求其答案。國人在思想上最籠統，最廣泛，你和他談數字，他表面上不便反對，而實則終不相信。聞說浦東砲兵屢次打中日本出襲旗艦，但鐵甲船之鋼板多厚，何種砲方能打穿？吾陸軍人實無此知識，故雖命中而不能擊沉。軍人之忽視正確性，尚且如此，其他可以想見。此蓋由於科學是外國輸進的，而我國人思想習慣是浮泛的，是天馬行空的，是毫無根據的。此為外來文化與實際生活不相呼應之第二例。

再以議會政治來說，議會政治中含有各黨各派，且各有其主張，大家都希望獲得政權，以實現其主張。歐洲議會中的黨派之競爭雖亦甚激烈，但不能超出憲法之範圍，同時更不能不顧到國家之大體。到了國家對外戰爭之日，黨派之爭，無不偃旗息鼓，而一致為國努力。但憲法政治搬到中國後，有議會、有政黨，而各黨各派與議會以外之軍人彼此互相勾結，致造成常有以武力解散議會之局面。不但不遵守議會規則，反常有破壞憲法亦所不惜之舉。此是革命軍北伐以前的政況。及至敵人已奪我四省之地，而我們的內爭猶未停止。須知議會政治是以公忠精神為前提的，而我國人之自私自利的習慣尚未消除，則議會政治胡由實行？此為外來文化與實際生活不相呼應之第三例。

大家皆知文官制度好。文官須經過考試，其服務為終身職。可是我國社會上請託之風依然盛行，靠八行書信為進身之階的仍復不少，尤其是政府高級職員之薦信。受信者直無法拒絕。因為你如其不用這求差事者，則寫薦信者會利用其他事故來和你為難，而求差事者更造出種種謠言來毀謗你。一方以干謁為當然，他方又欲實行文官制度，這如何可以收實效？此為外來文化與實際生活不相呼應者之第四例。

我們的問題是生活風氣乃一事，而所欲採用的現代文化又是一事，各不相涉，且復隨處發生衝突。實際生活與新制度之衝突，既是隨處可見，所以在我輩看來，大家拼命鼓吹歐美的法制，或某種主義，其能否在中國生根發芽，實是一大疑問。何以故？因制度與主義是新的，而生活習慣是舊的，兩方面實有扞格不入之勢。依吾看來，要在國民之實際生活上加上一番改造功夫。我曾經舉出改善生活的標準：

㈠由明哲保身變為殺身成仁

㈡由勇於私鬥變為勇於公戰

㈢由巧於趨避變為見義勇為

㈣由退有後言變為面責廷諍

㈤由恩怨之私變為是非之公

㈥由通融辨理變為嚴守法令

此六條中，每條之上半句所指的為國人之通病，下半句所指的為改造之方向。此六條更可使其略為簡單化，變其五項原則：㈠由私而公；㈡由巧而拙；㈢由虛而實；㈣由懈怠至不懈怠；㈤由通融到守法。

㈠西方人路見兩人互毆，因之而涉訟者，只要他曾目擊此事，沒有不到庭證明的。唯其如此，國家之公的方面才能立得起來。不像我國人遇有此類事件，明明是看見的偏說未曾看見，更怕到庭做證人。大家如此，國家的威信何由而建立？國人向來持各人自掃門前雪的態度，甚至於在國家的大團體中，彰明昭著的利用公家為自己謀私利。此種態度，豈有不令國家塌臺的道理？簡而言之，我們大部分人都是假公濟私，在一方「公」既無由建立，在他方更以私害公，徹底的說，「公」方面非塌臺不可。國家如此危險，自私的結果，亡國的危險即在目前。所以以自私為一己之利益者，其結果不過做了外國人的奴隸。反過來說，假定能有為公之精神，不但「公」因此可以建立起來，即吾人之私利亦可因此得到保護，此為生活改造之第一事。

㈡我國國民實在太聰明了，以國人與日本人讀外國書來說，即可發見國人之聰明與日本人之笨拙。西方大學中的日本學生，很少有露頭角者，而我國大批留學生，如王亮疇[39]氏英譯德國民法，竟能做英美人所未做的事。近年林語堂氏之譯著，頗博得西方人之愛好；更有如熊式一[40]氏所編《王寶釧》劇本，在倫敦舞臺上演至百餘次。凡此皆表現國人之聰明。可是談到孜孜不倦的精神，我國國民遠不如日本人。譬如說，日本過去在軍事上亦曾請過外國顧問，不久自己便能獨立了；我國政府自清末到現在也請有顧問好幾次，可是迄未由學習而進於獨立地位。最近德國政府召回德籍顧問，我國還受了一場奚落。我以為這病源即在國人太聰明了，而缺少《中庸》上所說：「人一己百，人

39 王寵惠（一八八一—一九五八年），字亮疇，為中華民國建國元勳，民國初年憲法暨司法界泰斗。

40 熊式一（一九〇二—一九九一年），筆名熊適逸，為近代著名雙語作家及戲劇家，代表作有英文小說《天橋》、改編成英語戲劇的《王寶釧》等。陳寅恪將其與林語堂並稱「海外熊林」。

十己千」的精神。此為生活改造之第二事。

㈢吾國人專門在虛文方面工夫，有了條文，有了名詞，便算了事。法律條文上規定以一夫一妻為原則，不得蓄妾，但社會上依舊有姨太太身分的人，而亦無人告狀；衙署中規定十小時工作，但公務員能坐到八小時而切實做事的實不多見，不是遲到即是早退，甚至簽到即算完事。不論其為行政官署，或學術機關，表面上未有不冠冕堂皇的，可是一考其內容，不是一無所有，即是不堪聞問。此種情形，是由於國人只知敷衍門面，只須點綴一下，即算過去。所以吾人主張由虛而實。此「實」字有下列種種方面：⑴誠實。即誠心之謂。如現在的喪儀，表面上非不堂皇，而寺廟佛場之上，可以打牌，則哀痛之意何在？宴客所以接人待物，而今名之曰酬應，此即是不誠。⑵真摯。即真有意思之謂。如西方人宴客，事先有種種預備，且預先約定日期，請者與被請者大家盡一夕之歡，不似國人赴宴，坐了一坐，便可走開。⑶實在。學校中既設有物理化學一科，自應備有試驗室，而我國一般中等學校，只在書本上講講物理化學，實事實物之忽略如此，何從而有真正教育、真正政治之可言？⑷鄭重。國家頒布一條法令，或設一衙署，必須鄭重考慮，若是真正合乎國家之需要，乃始頒布或設立；以一錢之使用，一人之進退，關乎人民之痛苦。然吾國之設官，所以敷衍他人，其設機關權限不清，互相推諉，有的但見一塊招牌，名不符實。此種種即是輕率、隨便、敷衍，而不是鄭重。長此下去，上自國防，下至禮俗，是決不會產生新生命的。此為生活改造之第三事。

㈣由懈怠到不懈怠。以家庭來說，我們家庭的境況，往往第一代很昌盛，到了第二代就衰落。

以學校來說，創辦時未嘗不是奮發有為，到了創立人退休，繼任者很少有人能保持原有精神的，至於發揚光大，更談不到。以個人論，在年輕求學時期，未嘗不抱負大志，想到外國求高深學問，並說將來如何介紹外國學術；可是到了回國後，找到了職業，鮮有能繼續研究的；其能始終不懈，趕上世界學術進步的，更是鳳毛麟角。再以國家來說，我國有人存政舉、人亡政息等話；某一朝代有幾個好人，即可保持一時的治安，待前人亡，政亦息了。

反過來看看西洋。英國憲政維持幾百年而不隳，儘管世界潮流日在變動之中，英之憲政還是有毅力的有活氣的進行下去。儘管有獨裁者攻擊他，他依然表現他的成績。遇有對外戰爭之日，他能集中權力以度過難關，此乃其所以能歷久而不敝。此就政治上言與我中國不同者一。再以西方的學校來說，大學之歷史較長的有四五百年，管理人儘管更換，而學校的傳統與精神，歷數百年如一日。學術界的情形，日新月異，而年老教授的思想總是前進的。再以中等學校而言，一旦成名以後，到了負責者退休或離職以後，總可以找到繼任者以維持開創時的精神。外人參觀學校時，總能說出他自開創以至今日之不斷的進步。此就教育上言與我中國不同者二。在西方不論其為貴族為富豪之家，抑為仕宦之家，能多少代的傳下去，而無式微之象。此就家庭言與我中國不同者三。

我曾推究中西兩方關於家庭、教育、政治，何以西方的能持久而我不能之原因。其唯一之關鍵即在我們誤於享福二字。譬如一個帝王，在其初登基時，未嘗沒有清明氣象，等到政治上稍有光明，便又走上享福的路子，如唐明皇之由開元而至安史之亂，即是如此。

凡是創業者，常能勤勤懇懇去做，直至死而後已。一個學校、一個公司，創辦者辛苦一場，始克有成。而繼起者，能循規蹈矩的做下去，且能保持前人之遺風，這是好一點的。不然，只知坐享其成，甚至把前人的基礎，破壞無遺。凡此皆社會上常見之事，亦即是政治上社會上良好傳統不能維持之一大原因。欲補救此弊，不能恃一二開創者的毅力、精神所得解決，而在繼任者能否辛苦勤勞的維持下去，使前人打好的基礎，不致敗於一旦。抽象言之，要能在不斷的努力中求進步，然後此良好的傳統才可維持下去。以一個家庭而言，先人手上所造的高屋大廈，屋內又有極富麗的陳設，到了子孫手中，如能勤儉持家，督促僕役各執其事，屋內自不致有汙穢不堪之象。所以這個問題即在就前人手創之業，繼起者自己須能照舊維持下去；能加倍努力者更好。此即我之所謂由懈怠而到不懈怠。豈獨一家庭為然，凡百事業莫不皆然。讀書人從師學得很多知識，自己有著作，在學術界亦有相當地位。如到此境界，猶以為未足，依然不斷的努力邁進，能如此，個人的學業，自不致落後，而國家關於此一門學問在世界上亦自有其地位。以政治言，前一代的人有眼光、有氣魄，把國家的政治基礎確立了，此前一代人更能注意後一代的人選，以繼承其事，自然這國家的基礎益趨於穩固，一切的制度法律自不會腐敗。是以懈怠，全恃社會上的各個人體力、德力、智力能否繼續。所以當今的問題，第一要務即在如何造成好的傳統，不僅造成就算了事，還得顧到後代如何繼續下去。能如此，我們的政治、法制、學術、家庭、及其他事業，才有繼續不斷的生命；不然將永遠在一盛一衰一治一亂循環的狀態中。此為生活改造之第四事。

(五)從通融到守法。我在第一篇中已說過國家與法律的關係。但守法的習慣，應普及到一般國民，使其知道法律的一字一句非常重要，大家非遵守不可。要達此目的，政府應以身作則，不得以法律作為政治手段，以敷衍旁人。如既採用考試制度，那麼一切公務人員便須經過考試，其不經考試而從事公職者，便是不守法，便是破壞考試制度。若政府單單望人民守法，而自己不守，那麼人民決不會尊重法律的。我國人民對於法令之尊重，就遠不及西方人，法律儘管定得嚴，而我官民總有逃避方法。所以「舞文弄法」四字，成了國人的口頭禪。國人之所以有不守法的習慣，歸根還是在政府自身不肯守法；如政府能以身作則，人民豈有不守法的理？所謂草上之風必偃，人民是無法抵抗的。此為守法習慣養成之基本原則。但政府不妨把守法當作社會教育看，先就社會上小事著手以推廣法律的效力。舉例來說，國內各大城市，大半都有電燈的設備，官廳及高級軍官的家庭或地方有權勢者，照例是不付費，公司方面儘管去催索，他亦置之不理。以我所知，日本社會上電燈用戶，亦有類此之舉，公司方面以不付電費的用戶轉請警察廳辦理，日本警廳並不用強制方法迫其付款，只是每天通知不付電費的用戶到廳盤問，問他們何以不付電費的原因。每次所費的時間常在一二小時之久，只要他一日不付電費，就得天天到警廳去受訊。後來這些不付電費的用戶，覺得如此下去，不勝其煩，倒不如乾脆付款了事。這是日本改造國民生活習慣的方法，很可以供我們的參考。我國政府對於人民玩法的不良習慣，能用這類似的方法去改造他，又何患守法習慣之不能養成？此為生

41 本文「一、新文化——政治社會改造之先驅」。

活改造之第五事。

以上所舉的五點，即是我國今後如何改造我國生活風氣的方法。我國歷史上對於生活風氣之改造，亦已有過好幾次。如西漢王莽篡位時，頌莽功德者以數萬人計。到了光武，注重經學，獎勵節操，所以到了東漢末年，有好多砥礪廉隅的人死於黨錮之禍。西晉時有所謂竹林七賢，喜清談，不守禮法，後來有王導[42]、陶侃[43]等人排斥清談派，專提倡勤勞刻苦，頗能改變當時的風氣，所以東晉尚能維持至百數十年。五代時是君子道消小人道長之時，到了唐中興以後，忽而變為君明臣良之新環境；雖唐朝除太宗、明皇開元之外，很少有長時間的清明政治，但遇有國家大難，總有幾個正人君子出而與惡勢力相抗衡的，如武則天朝的駱賓王[44]，明皇時之顏真卿[45]、郭子儀[46]等是。至於清末之曾文正，亦是有轉移風氣本領的大人物。

---

42 王導（二七六—三三九年），字茂弘，東晉權臣，團結僑姓氏族支持晉室，鞏固東晉立足南方。

43 陶侃（二五九—三三四年），字士行，兩晉時期名臣，參與平定石冰之亂、蘇峻之亂，時人比之諸葛亮。

44 駱賓王（約六四〇—約六八四年），字觀光，唐朝詩人，與王勃、楊炯、盧照鄰合稱初唐四傑，六八四年隨徐敬業討伐武則天時，起草聞名流傳於後世之〈為徐敬業討武曌檄〉。

45 顏真卿（七〇九—七八五年），字清臣，唐朝政治家、書法家，與歐陽詢、柳公權、趙孟頫並稱「楷書四大家」。其書法筆力雄厚渾重。

46 郭子儀（六九七—七八一年），唐代名將，曾參與平定安史之亂，歷事玄宗、肅宗、代宗、德宗四朝，時稱郭令公。

我以為關於國民的生活習慣，如上文所謂由私而公、由巧而拙、由虛而實、由懈怠而不懈怠、由通融而守法，把這五點當做全國人生活規律，再加上一種組織，互相勉勵，何患我國風氣不能改造？所以改造生活風氣，應注意下列之事項：㈠讓社會自動的提倡，而不必由政府辦理。蓋由政府經手，又成了官僚的、形式的，政府稍不注意，其所屬即把他當做官樣文章看，或生輕視的態度。㈡此新生活的規則，應無黨派的界限，不論其為極右派或極左派，大家共同努力，由各黨各派共同來提倡，不為一黨一派所包辦，可免彼此傾軋之惡習。最後應討論的，即此新生活的標準與舊道德問題有聯帶關係。現在有所謂恢復禮、義、廉、恥、忠、孝、和平等固有道德之說。我以為道德的本質，是亙古不變的，但道德的名詞，是隨時代而變的，孔孟時代討論仁義與兼愛等說，到了漢代有所謂孝悌、力田、賢良、方正等名詞。晉代好曠達而輕名節。宋儒常講太極、理氣，為孔門時代所不說。後來又有所謂致良知說、知行合一說，可見歷代所討論的問題是隨時代變的。此可證明一時代的道德的名詞，某時代過去了，其道德上的概念或名詞亦成過去，僅僅成為書本上的記錄，而不存在於人民實際生活之中。我們現在所處的是一個日新月異的時代，欲以幾百年的舊道德名詞，以招魂的方法，使其復活於今日，雖煞費苦心，怕終無實效。吾人以為應就現在的要求上，定出現代的標準，如國家的民族應高於黨的利害說；如國家對外作戰之日，應該舉國一致說；如各黨相互間應守公平競爭原則說。這些都是起於新時代的新事實，而為我國舊道德中所不見的原則。這些新事實中，求出一個新標準，大家容易認識，且易於遵守。唯如此，乃能奠定新生活風氣的基礎。

這樣的一個大運動，應該全國上下一致勵行，先做一番解釋功夫，再立一規約，大家互相遵守，如清末之不纏足會，不嫖不賭不娶妾的會。只要以自動的精神努力去做，推廣到各省會各鄉村去，何患幾百年的惡習慣不能大大的刷新，而造成新的氣象。須知這事要比鼓吹新思想、新主義還重要，因為鼓吹新思想、新主義亦不過是在造成生活的新風氣。論到主義，甲主社會主義，乙主資本主義，甲曰自由，乙曰統制，往往容易引起紛爭、引起磨擦，若有人能把新生活標準或曰新道德來做一番功夫，很容易得到全國一致的贊同決不會引起各派各黨的反對。此種工作有成績，則各黨各派的新思想、新主義，自亦容易灌輸進去。所以我認為新道德標準的確立，乃是新中國最基本的工作。

第四輯

新儒家思想史

提要

本輯選錄了張君勱人生最後階段的主要撰述內容。長期不懈努力推動制憲，深信憲法可以保障人權、給予中國人民基本自由，諷刺地，在中華民國立憲三年後，張君勱徹底離開了這套憲法所管轄的領域，從此再也不曾和這套憲法有直接的公民政治關係。

在這種情況下，他的憲法學很難再有什麼發展，於是他將主要心力轉而投注在「新儒家」的整理與闡發。需說明的是，《新儒家思想史》是張君勱先以英文寫成的，因而此處談的「新儒家」是對照「原始儒家」，指的是「理學」，也就是張君勱在「人生觀論戰」中已經主張應該提倡、復興的「宋學」。至於在現代中文語境中所說的「新儒家」，有時又稱「現代新儒家」，則是民國學術思想上的一個集體現象，一個潮流，而張君勱經常被列入其中，視為「現代新儒家」的重要成員。

要向外國人介紹「理學」，張君勱充分動用了長期累積對於西方哲學的認識，行文中時時比較、處處對照，致力於將中國思想在觀念、邏輯上予以普遍化，試圖證明其內在的普世關懷性質。另外，他特立專章，不只介紹了奠立「新儒學」在日本流傳基礎的朱舜水，而且在時代眼光上也擺脫了一般所稱的「宋明理學」，將清代一直到曾國藩的思想發展都納入記錄範圍內。很顯然地，從曾國藩的「復興宋學」努力可以直接聯繫到張君勱自身，及其同代「現代新儒家」的努力。

在現代環境中推動儒家思想，有何作用與意義？〈儒家倫理學之復興〉長文就是針對這個問題所提出的論理方向，張君勱所衷心信持的是：「古往今來政治社會制度之所以變，或因戰亂，或因暴政，或因束縛太甚，或因分配不均，然所以謀人之各得其所者，不外乎『平等』、『自由』與『胞與』（民胞物與）之三義。此三義之背後之主動，則人而已，心而已，理而已矣。」

他關切的，仍然是在政治、社會上如何有集體的安排，而終究還是歸結到「平等」、「自由」及同情同理心的發揮，在彰顯儒家本位立場的同時，也表現了對自由主義的根本堅持。

既是「新儒家」，也是自由主義者，張君勱的特殊歷史地位建立在這樣難得的結合上。

宋儒哲學之理性基礎(一)——程顥

哲學史上有一現象，即哲學思想經過一個討論宇宙問題的時期以後，往往會回到比較直接具體的人生問題。當時討論宇宙統一問題的理論，開始表現過分的抽象虛矯時，哲學便回到對觀念性質、道德和知識限度的探討。古代希臘思想上，最初有所謂科學時期，在此時期中，泰利斯[1](Thales)、安拿克斯曼德[2](Anaximander)、畢達哥拉斯[3](Pythagoras)、赫拉克里圖斯[4](Hecraclitus)分別提出他們的宇宙本質：泰利斯認為水是宇宙的本質，安拿克斯曼德、畢達哥拉斯、赫拉克里圖斯則分別認為無限、

---

1 泰利斯(624B.C.–545B.C.)，古希臘數學家、天文學家、哲學家，創建米利都學派，擺脫神話觀點，主張水是萬物之本，因此又被譽為「科學和哲學之父」。

2 安拿克斯曼德（約610B.C.–546B.C.)，古希臘哲學家，為泰利斯之學生。

3 畢達哥拉斯(570B.C–495B.C)，為古希臘哲學家及數學家，他認為世界上的一切事物皆可用數學解釋，世界則是和諧的整數。創立畢達哥拉斯主義。

4 赫拉克里圖斯（約540B.C.–480B.C.)，為古希臘哲學家，他認為火是萬物的本源，火永遠在運動變化，艾菲索斯（亦稱以弗所、艾菲斯）學派創立者。

數、火是宇宙的本質。此後便是道德論時期，蘇格拉底與辯士派致力於另一不同方向——即人生行為的探討。他們開始思考倫理和知識問題：什麼是知識？什麼是是非標準？道德能不能傳授？

希臘哲學如此，宋代的中國哲學也是如此。周敦頤、邵康節、張橫渠的宇宙論思想之後，產生了二程子的學說，二程子著力之處主要是道德和知識問題。他們希望將理學置於一理論基礎之上，他們認為理和感覺不同，新哲學之建立，必須建立在理的基礎上。他們也思考到性與理之間的關係。性與理有區別嗎？如果有區別，便無法在人性中發現任何合理的基礎。如果沒有區別，便可以在人性中發現合理的基礎。這種對性理間關係的看法，是二程子最重要的貢獻。這個看法的重要性僅次於也是宋代新哲學基礎的「理」本身。

二程子還致力於其他問題的探討，例如：什麼是成聖的正確途徑？人如何才能過一種合理的生活？知識和沉思默想對成聖事業同樣重要嗎？哲學如何重新繼承儒家傳統？程顥、程頤一直希望解答這些問題。他們將中國思想的趨勢從當時的宇宙論轉變為人生問題的探討。

本章和下章分別敘述二程子哲學思想之大要。我們很難把兩位程子分開討論，因為他們的思想語錄是在共同名義即「二程子」名下留下來的。無法分出那個是大程子的著作，那個是小程子的著作。但是，我們盡可能找出他們的分別，只要仔細研究他們思想語錄的內容，便可發現兩位程子之間確有不同之處，而且其不同之處是非常有趣而重要的。我們不必像馮友蘭在其《中國哲學史》中所表現的那樣失望。

大程子程顥於一〇三二年生於河南。他父親程珦是個反對崇拜偶像的人，這可以從他作龔州知州時發生的一件事情上看出來。有一次，傳說一個罪犯伏誅後成神，他的屍體被拋入河中，據說有人看見屍體浮在水面逆流而上。程珦又叫人把它拋入河中。當然，屍體沉下去了，迷信也就止息了。還有一件事，也顯出他的懷疑性格，人們傳說石刻佛像頂頭有光輪出現，圍觀的人很多，甚至相互踐踏。程珦安坐不動，專等佛光第二次出現，當然，永遠不會第二次出現。二程子的父親心思細密，具有懷疑批評精神，只接受合理的事情。當他認識周敦頤後，便要求他教兩個兒子讀書。

程顥進士及第後，調鄂任上元主簿之職。

當他實行一個仔細籌劃的行政設施時，總是盡力為人民謀福利。這種人道觀點，表現於他在初至上元時，對該地所行的一套稅收制度的不滿上。當時上元地方規定，農民繳納的糧粟要載往邊區，邊區路遠運費高，一旦饑饉時，很難將糧粟運回來。程顥改變這個辦法，選擇富而可任者預貯剩餘的糧粟，以待饑饉的發生。因此，他大得人民的擁戴。老百姓有事到他府署，總要對他們講一些道理，教他們如何履行道德義務，如何孝敬父母兄長，如何與鄉里和睦相處等。暇時親至鄉校，對兒童所讀書，親為校正句讀。在縣任職三年期滿，老百姓愛之如父母。

一〇七一年（熙寧初），任監察御史。神宗素知其名，數次召見。某次應對時，神宗告訴他希望常常見到他。有一天，君臣之間從容應對，忘了午飯時間，午後才離開，內侍提醒他，皇帝還沒有吃午飯。我們可以假定，這位御史向皇帝陳說的，可能是進諫皇帝如何成為柏拉圖所謂的哲人王[5]，因而使皇帝入迷了。在這方面，像一般宋儒一樣，程顥前後進說的，大多是如何正心制欲。平常他多是闡明道德意義，很少議論朝政。

程顥這種純粹哲學的態度甚至表現在實際生活上，他對首輔王安石的態度就能說明這一點。有一次他奉旨赴中堂與安石議事，這位大政治家因事正在發怒，程顥表示自己的意見說，天下之事非一家私議，應該平心靜氣來討論。王安石聽了他的話，感到慚愧，便靜下來了。於是程顥趁機對他說，一個好政治家應該像大禹治水那樣明智地處理政事，大禹治水重在疏導而不思遏止。當各方反對之聲不絕，而悍然決定實行某一政策者可謂不智。自古興治之事，未有中外交謂不可而能成功的。況且排斥忠良，沮廢公議。王安石對這位哲人的意見，雖然不盡同意，但卻敬其忠信。

最後，程顥辭去監察御史，改任鎮寧軍判官。在任間，一群擔任黃河護河工程的五百多名士兵發生騷動，要求准許進城。程顥勸同僚答應士兵的要求，否則可能發生變亂。同僚怕這種要求可能違命，程顥便答應自己對此事負完全責任，並且親往開門。他對士兵說，大家可以進城，城中休假三日，假期屆滿，必須重回工作崗位。後來，負責治河官員（程昉）聽到程顥在這件事上的所作所為，威脅著說要奏明皇上。可是，程顥不怕，因為他知道，如果河督奏明皇上，其本人就會有麻煩。

5 哲人王又稱哲學王、哲學家皇帝、哲學之王，是希臘哲學家柏拉圖在其著作《理想國》中建構的一幅理想社會藍圖，理想國分為三種社會等級，第一級為執政者，柏拉圖認為執政者應由富有理性及知識的哲學家擔任。

在程顥擔任鎮寧軍判官期間，各方面表現他的才能，他的公署接近黃河。有一次黃河在楊村地方潰決，他知道，如果不加整治，京師便危險。最初，他想調集士兵修治，可是一位友人說，此舉沒有用處。於是程顥命善於游水的人渡過決口，在決口的兩岸架設繩索，以便利工作人員攀拊繩索乘舟來回。這工作非常困難，可是，結果決口堵塞住了。在工作進行當中，一塊巨大浮木順流而下，橫卡在決口兩邊。程顥利用這意外事件，用浮木加強河堤的堅固性。

還有一件事表示程顥施行法律的人道方法，這件事是在他擔任扶溝縣縣令時發生的。他治理的區域原是海盜出沒之處。程顥捕得其中之一，要他告知其他海盜的情形。然後，他邀集所有海盜，命其在沿河西岸以繩索攙攬行船為業。

哲宗即位，召程顥為宗正丞。還沒有到任便去世了。享年五十四。

《宋史》中有一段話頌揚這位哲人：「顥資性過人，充養有道。和粹之氣，盎於面背，門人交友從之數十年，亦未嘗見其忿厲之容。遇事優為，雖當倉卒，不動聲色。自十五六時，與弟頤聞汝南周敦頤論學，遂厭科舉之習，慨然有求道之志。泛濫於諸家，出入於老、釋者幾十年，返求諸六經而後得之。秦漢以來未有臻斯理者。」（《宋史》卷四二七）

程顥死後，宋帝賜諡「明道先生」。

就哲學家而言，程顥奠定宋學的基礎，宋學有時叫做理學，因為他重視理的功用。他說過，天理是他自家體貼出來。後來，他的弟弟程頤提出一個觀念：性即理。所以，宋學有時候稱為性理學。

理學和性理學兩個名詞的產生，應歸功於二程子。

現在，我要引程顥討論「理」的一段話。他說：「天地萬物之理，無獨必有對。皆自然而非，非有安排也。每中夜以思，不知手之舞之足之蹈之也。」又說：「萬物莫不有對。一陰一陽，一善一惡。陽長則陰消，善增則惡減。斯理也，推之其遠乎。人只要知此耳。」（《二程遺書》卷十一）

這段話使我們想到《柏拉圖對話集．裴獨》(Phaedo)中，借蘇格拉底之口所表達的類似思想。「相對的萬物，豈不是從其對立者產生出來的嗎？這裡我指的是善惡，正義與不義——世上有數不清的其他相對者，都是從其對立者產生出來的。我要告訴大家，所有相對者都是如此。」（《柏拉圖對話集》卷一〈裴獨篇〉，頁三九七）

程顥繼續表示，對立是一種普遍現象。「質必有文，自然之理。必有對待，生生之本也。有上則有下。有此則有彼。有質則有文。一不獨立，二則為文。非知道者，孰能識之。」（《宋元學案》卷十三）

程顥假設萬物之中皆有理的原則。因此，他相信整個宇宙有一理性基礎，從宇宙的開端到宇宙的萬殊現象都是如此。他說：「《詩》曰：『天生烝民，有物有則，民之秉彝，好是懿德。』故有物必有則，民之秉彝也，故好是懿德。萬物皆有理，順之則易，逆之則難。各循其理，何勞於己力哉？」（《二程遺書》卷十一）

「服牛乘馬，皆因其性而為之。胡不乘牛而服馬乎？理之所不可。」（《二程遺書》卷十一）

我想，從程顥著作中引出的這些話，足夠顯示當時的學術環境如何？當時，以理性基礎解釋宇宙現象的信念已根深蒂固了。這是宋學的推動力量。但是，這理性基礎是什麼呢？是不是天命之理？或是人心的產物？根據二程子的觀點，此理存於萬物本性之中，為天所命，為人所見。由於理是天命的，所以，自然而然，無可改變。人之理存於人之性中，而人之性含有四端：仁、義、禮、智。此四端乃人性的基本特質。四端也確立人的理。所以程頤說性即理。換句話說，完成這些德行的理使人成為理性動物。

程顥甚至更進一步。他知道，有一徹底的原則為天命、理、人性、心的基礎。他說：「在天為命，在義為理，在人為性，主於身為心，其實一也。心本善，發於思慮，則有善有不善。若既發，則可謂之情，不可謂之心。」（《宋元學案》卷十三）從這一點，我們可以知道，宋儒希望替一切現象，包括自然知識和人生價值判斷，找出一合理的解釋。他們著眼之處是人與物構造上的合一，而不是知識論中所謂的人類知識，或康德所謂：「知識如何可能？人應該如何行為？人能希望什麼？」這種問題。宋學中有玄學、倫理學、心理學及某些自然科學；但沒有西方思想中特有的知識論。宋學和西方哲學有共同之處，即兩者都要替人生和自然世界找出一合理基礎。

這裡，我們暫時離開本題，以在二程子關於理性或道的不同意見，或中國人所謂的理與柏拉圖的理念 (Idea) 是否相似方面說幾句話。這些問題是馮友蘭在其《中國哲學史》中提出來的。

據馮友蘭說，在理或道之本性方面，二程之間意見不一。馮友蘭從程頤著作中引下面一段話：「這上頭怎說得存亡加減。是它元無少欠，百理俱備。幾時道堯盡君道，添得些君道多，舜盡子道，添得些子道多。元來系舊。」(Fung Yu-lan, *A Short History of Chinese Philosophy*, Macmillan Co. New York. 1984, p. 286.)（在這段引語中，我將羅馬拼音“ri”字代替馮友蘭的“li”。讀者也許注意到馮友蘭把“li”看作多數名詞，而我卻把它看作單數名詞。我們很難了解，既然他認為道是單數，而理又相當於道，怎能把理看作多數名詞呢？不過，無論把理看作單數或多數，在兩種情形下，都是形而上的概念。）

從馮友蘭的討論中我們可以看出，他認為程頤有於理的概念，相當於柏拉圖的理型 (Platonic Ideas)，他認為在這方面，程頤之說與程顥不同，他說，程顥以理為事物的自然趨勢。馮友蘭在其《中國哲學史》中說，根據程顥的觀點，理與事不能分開，而程頤卻認為理與事可以分開，我可以說，馮友蘭將程頤看成柏拉圖主義者，完全是他個人的想像。二程子都強調，在道即形上世界與氣即物質世界之間應該有一界限。馮友蘭誤以為屬於程頤的一段引語與永恆之道或理的本質有關。我們不能認為這個道或理是可以加減。這段引語與道之是否離氣而獨立無關。程頤和程顥一樣，嚴格主張在道與氣之間應該加以區別，因為道既為形而上的，便無形跡可尋，氣既為形而下的，便有形跡可尋。從形上與形下世界之間必須加以劃分一點看來，我看不出二程子之間有什麼不同。兩人都認為離開氣無法發現道，同樣，離開道也無法發現氣；換句話說，道之外無物質世界，物質世界之外無道。道與氣不可分離。既然如此，馮友蘭怎能說程頤認為可以離氣——即最終的形上實在為外加的而可以離開物質世界呢？總之，怎能證明馮友蘭所謂程頤為柏拉圖主義者的說法呢？

我們把這個批評更向前推進一步，程頤對物質世界很感興趣，因此，他認為除透過對物質世界的探究以外，是無法發現道的。的確，他常常說，道本身具足，但這句話的意思只表示道與物質世界不同，不應把兩者相混。

我認為馮友蘭誇大二程子間的不同傾向，帶來相當大的誤會。我想，他所謂程顥以這為事物自然趨勢的說法，是由於他曲解這位哲人對道的看法。馮友蘭一定知道程顥所說的下面一段話：「一陰一陽之謂道。自然之道也。」從這兩句話我們可以知道，在形而上和形而下之間，有一明顯界限。既然程顥重視這個區別，怎能說他認為道只是具體事物的自然趨勢呢？程顥完全了解離開物質世界，無法發現道。然而，這個觀點並不能使他不認為道是不能分割的和本身具足的。根據二程子的看法，道（形上世界）是不能離開氣（物質世界）的。這就是說，形上世界不能離開物質世界，如果這是程頤的觀點，我們怎能說他的道相當於柏拉圖的理型呢？如果我們了解柏拉圖理型是一種不可改變的形式，便可說，縱然理也是永恆的，然而，中國哲學中，理或道所指的，只是西方哲學中所謂的道德律或自然律。而且，從柏拉圖理型論，又生出來了「分享」(Participation)之說或事物模仿形式之說。如果我們說程頤心中竟然擬想觀念與事物之間的分享關係，那是不可思議的。如果我們認為理與柏拉圖理型之間有任何類似的話，那只是混亂東西方哲學概念的意義，而不是釐清東西方哲學概念的意義。

最後，我要提出一個證據，證明馮友蘭把某些引語歸之於程頤之舉，是由於他自己說解的結果。下面的一段話，《宋元學案》上記載是程顥說的，可是，馮友蘭卻說是程頤說的。程顥說：「天理具

備。元無欠少。不為堯存。不為桀亡……常理不是，何曾動來。」（《宋元學案》卷十三）

《宋元學案》中這段話，證明馮友蘭的說法完全是曲解！他的錯誤可能是由於他偏愛把理當作柏拉圖理型。

我將就程顥所了解的，來討論人性問題，作為氣與道之間關係問題的進一步說明。這個問題是千年以前孔孟提出的。孟子認為人性本善。荀子則說人性本惡。到了宋代張橫渠和二程子，則開始區別人的氣質之性和天地之性。我們必須作這種區別，因為，事實上惡人的實例太明顯了。宋儒解釋說，人性本善，人生下之後具有肉體，惡存在肉體之中。惡的產生是由於物質因素的缺陷。氣質之性與天地之性間這個區別，使我們仍然可以維持孟子的學說，同時，也可以解釋人性中所以有惡的事實。換句話說，惡的產生是由於人有肉體。

宋儒堅信個人修養工夫可以除去惡的因素。程顥說：「生之謂性。性即氣，氣即性，生之謂也。人生氣稟，理有善惡，然不是性中元有此兩物相對而生也。有自幼而善，有自幼而惡。是氣稟自然也。善，固性也，然惡亦不可不謂之性也；蓋生之謂性。人生而靜以上。不容說，才說性，便已不是性也。凡人說性，只是說繼之者善也。孟子言人性善，是也。夫所謂繼之者善也，猶水流而就下也。皆水也，有流而至海，終無所汙。此何煩人力之為也。有流而未遠，固已漸濁；有出而甚遠，方有所濁。有濁之多者，有濁之少者。清濁雖不同，然不可以濁者不為水也。

如此，則人不可以不加澄治之功。故用力敏勇則疾清，用力緩怠則遲清，其清也，則卻只是元初水也，亦不是將清來換卻濁，亦不是取出濁來置在一隅也。水之清，則性善之謂也。故不是善與惡在性中，為兩物相對，各自出來。此理，天命也。順而循之，則道也。循此而修之，各得其分，則教也。自天命以至於教，我無加損焉。此舜有天下而不與焉者也。」（《宋元學案》卷十三）

在上幾段話中，程顥從兩個層次討論人性問題：即形而下層次和形而上層次。他充分了解，如果沒有人類的肉體，便無法發現人性。這就是說，在物質世界之外，無法發現道。不過，他認為道優先，因為道處於較高層次，並決定人性之所然。程顥也充分了解，道不能獨立於氣之外，但道比氣具有較大力量，道也優於氣。這可視為程顥自己駁斥馮友蘭的解釋，即所謂道或理只是具體事物之自然趨勢。

這裡，我要提醒大家，宋學不只是一種邏輯和形而上的理論，也提出一套完成個人修身的方法。如果一個人言不符行，便被視為不誠。因此，除了以理智態度探討道與氣之外，道的誠信全在人的行為如何。人不但要信，人的行為更要符合所信的。這是成聖之道。因此，在中國哲學中，個人修養與邏輯和形上理論一樣的重要。

現在，我要介紹程顥有關個人修身上的理論。他寫過兩篇文章：〈識仁〉和〈定性〉，在宋學之中，這兩篇文章與周敦頤的〈太極圖說〉或張橫渠的〈西銘〉一樣重要。

下面所述是程顥〈識仁篇〉：

學者須先識仁，仁者渾然與物同體，義、禮、智、信皆仁也。識得此理，以誠敬存之而已。不須防檢，不須窮索。若心懈則有防，心苟不懈，何防之有。理有未得，故須窮索。存久自明，安得窮索。此道與物無對。大不足以明之。天地之用，皆我之用。孟子言萬物皆備於我。須反身而誠，乃為大樂。若反身未誠，則猶是二物有對。以己合彼，終未有之。又安得樂。訂頑意思，乃備言此體。以此意存之，更有何事。必有事焉而勿正，心勿忘，勿助長。未嘗致纖毫之力。此其存之之道。若存得便合有得。蓋良知良能，元不喪失。以昔日習心未除，卻須存習此心。久則可奪舊習。此理至約。唯患不能守。既能體之而樂，亦不患不能守也。（《宋元學案》卷十三）

也許「仁」這個字須加以解釋。仁的意義和道德意義之下的「愛」相同。英國道德學家巴特勒[6] (Joseph Butler) 在其「仁慈」論中曾經討論過仁。他在某次講道時說：

當我們說仁慈是一切德行的總和時，並非說它是一種盲目的傾向，而是理性動物中一種原則，因此，應該受理性指導：因為理性和反省思維符合我們對道德主體的觀念——理性（只被視為促進仁慈，有助於產生更高的善）會教我們特別重視這些關係和環境；因為，明白地這是為了

6 巴特勒 (1692–1752)，為英格蘭國教會主教、神學家及哲學家。

這個世界上應當被承認的善。(*British Moralists*, edited by L. A. Selby-Bigge, in two volumes. The Clazrendon Press, Oxford, 1897, vol. I. p. 241.)

如果我們比較一下程顥的話——義、禮、智、信都是仁的構成因素——和巴特勒的話——仁慈為一切德行的總和，便可知道，這兩位哲學家在根本上是一致的。程顥所謂仁者與物同體，也與巴特勒將仁慈和上帝之愛相聯的觀念相似。巴特勒說：「我們所稱為憐憫者或上帝之愛……也許有人認為無法和仁慈相聯，然而，事實上，如果真要成為無限良善者的話便應該相聯。」(*British Moralists*, edited by L. A. Selby-Bigge, in two volumes. The Clarendon Press, Oxford, 1897, vol. I. p. 224.)

我希望，程顥和巴特勒之間的比較，會使讀者相信東西方間確有類似之處，這一點，普通一般人是不承認的。這個比較也會使我們明瞭為什麼程顥的〈識仁篇〉可以使人得道，因為，它視別人的幸或不幸為自己的苦樂，而這種感覺是完成人我同體的唯一基礎。

我引下面一段話進一步說明程顥有關仁的理論：「醫書言手足痿痹為不仁。此言最善名狀。仁者以天地萬物為一體。莫非己也。認得為己，何所不至。若不有諸己，自與己不相干，如手足不仁，氣已不貫，皆不屬己。故博施濟眾，乃聖人之功用。」(《宋元學案》卷十三)

程顥又說：「觀雞雛可以觀仁。」(《宋元學案》卷十三)

張橫渠提出一個問題：「定性未能不動，猶累於外物」的問題，程顥於是寫一篇名為〈定性〉

的文章回答張橫渠。在我敘述這篇文章的內容以前，先簡單地解釋一下這篇文章名稱的意義。布魯斯[7] (J. P. Bruce) 在其《朱熹及其老師》(*Chu Hsi and His Masters*) 一書中把這篇名譯為 A Treatise on the Steadfast Nature, (J. P. Bruce. *Chu Hsi and His Masters*, Probsthain and Ca,. London, 1923, pp. 47, 259.) 這和我的英譯 tranquillity in human nature 或 how to tranquillize human nature 不同。中國字為「定性」。不幸，布魯斯將「定」字看作形容詞，因此，使用 steadfast 一字。但「定」並非形容詞。中國文字中，縱使緊接名詞前面的字，往往都不是形容詞。這裡，「定」是動詞，所以，我的英譯為 "to tranquillise"。除了文法上的細節以外，布魯斯譯文中還有一個缺點。這些字所指的意義不是 "steadfast nature"，而是佛家的「三昧」(Samdhi) 觀念。從這篇文章的內容看，「定」表示一種靜的境界——從這篇文章的第一句就可以證明。所以我要將篇名譯為 Tranquillity in Human Nature，因為，這幾個字相當於佛家的三昧。

下面即為〈定性書〉：

所謂定者，動亦定、靜亦定。無將迎。無內外。苟以外物為外，牽己而從之，是以己性為有內外也。且以己性為隨物於外，則當其在外時，何者為在內？是有意於絕外誘，而不知性之無內外也。既以內外為二本，則又烏可遽語定哉。夫天地之常，以其心普萬物而無心。聖人之常，

7 布魯斯 (Joseph Percy Bruce, 1861–1934)，為英國傳教士。他於一九〇八年在濟南成立齊魯大學。

以其情順萬物而無情。故君子之學，莫若廓然而大公。物來而順應。《易》曰：「貞吉悔亡。憧憧往來，朋從爾思？」苟規規於外誘之除，將見滅於東而生於西也。非唯日之不足，顧其端無窮，不可得而除也。人之情，各有所蔽，故不能適道。大率患在於自私而用智。自私則不能以有為為應迹。用智則不能以明覺為自然。今以惡外物之心，而求照無物之地，是反鑑而索照也。《易》曰：「艮其背，不獲其身；行其庭，不見其人。」孟氏亦曰：「所惡於智者，為其鑿也。」與其非外而是內，不若內外之兩忘也。兩忘則澄然無事矣。無事則定。定則明。明則尚何應物之為累哉？聖人之喜，以物之當喜。聖人之怒，以物之當怒。是聖人之喜怒，不系於心而系於物也。是則聖人豈不應於物哉，烏得以從外者為非，而更求在內者為是也。今以自私用智之喜怒，而視聖人喜怒之正為何如哉。夫人之情，易發而難制者，唯怒為甚。第能於怒時遽忘其怒，而觀理之是非，亦可見外誘之不足惡。而於道亦思過半矣。（《宋元學案》卷十三）

程顥在〈定性書〉中所探討的觀念，相當於周敦頤所謂的主靜，宋儒從禪家的禪定功夫中獲益良多，現在，他們想建立自己的禪定方法。〈定性書〉等於中國的禪學。

程顥求定性方法，他自己的踐行最能說明。有一次，他走過一條柱子很多的長廊，想猜猜究竟有多少柱子。猜了一次，不敢確定，又猜一次。然後要別人再加估計，別人估計的，剛好和他第一次猜測的相同。最後他認為，當一個人內心激動時，他的心思必過於活動，而陷於不定。所以，程顥勸告我們，我們的心應該保持在無住之境。

程顥還有坐井觀天的比喻，使我們明瞭人為什麼會心胸狹小。他說：「坐井觀天，非天小。只被自家人井中，被井筒拘束了。然井何罪？亦何可廢？但出井中，便可見天大。已見天如此大，不為井所拘，卻入井中也不害。」（《宋元學案》卷十三）程顥用這個比喻再次告訴我們，我們的心應盡可能地不受任何繫縛。

長期靜坐和默想之後。程顥能有如佛家的泰然境界。他對人一向寬厚。的確，他對人的態度總是和和善善，看起來威嚴，與人接觸時，卻使人有如沐春風之感。

程顥的靜坐默想功夫，是他〈定性書〉中所述而自然產生的結果。他說，並非是心專注於某物。然而，心應勿忘，勿助長。只要使心像鏡子，鏡子可以反照任何東西。「勿助長」是《孟子》裡的一句話，孟子的意思是表示心的把握或修養，應以自然而然的方式行之。「助長」是人為做作的象徵，表示心的匆忙。縱使意向好，還是一種偏向，是應避免的。

程顥一再說，耽溺於外物，如耽於賭博、搜藏珍寶圖籍——玩物喪志，使人迷失心神。

至於程顥的政治哲學，我只能略為敘述。自宋以後，哲學家有一種習慣，總認為三代之主和堯舜二帝為柏拉圖式的哲人王。幾乎沒有人勸皇帝如何聚財或擴軍。德政的主要前提是正心誠意。這和柏拉圖相似，柏拉圖在其《共和國》中說，凡想成為真正優秀而高貴的國家保衛者，內心應要求「哲學、精神、敏捷和力量」。這裡，所謂「哲學和精神」的意義，遠超過這兩詞所通常表示的。中國人的說法更抽象。所以程顥說：

臣伏謂君道之大，在乎稽古正學，明善惡之歸，辨忠邪之分。曉然趨道之正，故在乎君志。先定君志，而天下之治成矣。

神宗問程顥如何定志，程顥說：「所謂定志者，一心誠意，擇善而固執之也，夫義理不先盡，則多聲而易惑，志意不先定，則守善而或移，唯在以聖人之訓為必當從，先王之治為必可法；不為後世駁離之政所牽制；不為流俗因循之論所遷惑，自知極於明，通道極於篤，任賢勿貳，去邪勿疑，必期致世如三代之隆而後已也。」（《明道文集》卷二〈論君道〉）

上面是程顥政治哲學的基本原則。關於他的實際政論，我在第三章中[8]已介紹他的〈論十事札子〉。程顥對佛家的態度使人感到有趣。他對佛家的批評也比韓愈深刻。他說：

8 本選集未收入《新儒家思想史》第三章「理學所確立之政治及文化制度」。

聖賢以生死為本分事，無可懼。故不論生死。佛之學為怕死生，故只管說不休，下俗之人固多懼，易以利動，至如禪學者，雖自曰異此，然要之只是此個意見，皆利心也。（《二程遺書》卷二）

今彼言世網者，只為些秉彝，又殄滅不得。故當忠孝仁義之際，皆處於不得已，直欲和這些秉彝都消殺得盡，然後以為至道也。然而畢竟消殺不得。如人之有耳目口鼻，既有此氣，則須有此識。所見色者；所聞者聲；所食者味，人之有喜怒哀樂者，亦其性之自然。今強曰必盡絕為得天真。是所謂喪天真也。（《二程遺書》卷二）

中國人的方法是不將自己對外界封閉或隔絕，而將其心靈當作為主人，以為行為的尺度或標準。這樣，人便不會有迷失的危險。

我想引程頤讚揚其兄長的一段話作為本章的結束。程頤在〈明道先生行狀〉中說：

先生資稟既異而充養有道。純粹如精金，溫潤如良玉。寬而有制。和而不流。忠誠貫於金石。孝悌通於神明。視其色其接物也，如春陽之溫。聽其言其入人也，如時雨之潤，胸懷洞然。徹視無間。測其蘊，則浩乎若滄溟之無際。極其德，美言蓋不足以形容。……辨異端似是之非，開百代未明之惑。秦漢而下，未有臻斯理也。（《二程遺書》卷七《伊川集》）

其他讚揚程顥的哲人，都是程顥之於宋代，有如孟子之於古代。程顥著眼之處全在兩個問題：第一、為宋學奠定理性基礎；第二、強調天理觀念。後來，天理觀念發展成一種學說：「性即理」。孟子也倡議過這兩個觀念。所以，程顥在宋學史上占有永久性地位，後人稱宋學為程朱學派，以別於陸王，陸王者即陸象山和王陽明學派，其主要觀念為心即理。

宋儒哲學之理性基礎(二)——程頤

本章前面一部分簡單地討論程顥和程頤的見解是否有不同的地方，以便了解「道」或「理」的真正意義。

根據馮友蘭的看法，認為程顥把道（或理）當作具體事物中的自然趨勢，而程頤則把理視為柏拉圖式的理念。不過，兩人都認為道是形而上的，並非程顥一個人的看法。馮友蘭所引有關道成理之本質而認係程顥所說的，以及其他有關這問題的話，以我看來，是兩兄弟的共同觀點，現在我引每人一段話以作比較：

程顥	程頤
《易・繫辭》曰：「形而上者謂之道，形而下者謂之器。」又曰：「一陰一陽之謂道。」陰陽亦形而下者也，而曰道者，唯此語截得上下最分明。（《二程遺書》卷十一）	一陰一陽，道非陰陽，一陰一陽之謂道。離了陰陽更無道，所以陰陽者，是道也。陰陽氣也。氣是形而下者，道是形而上者。形而上者，則是密也。（《宋元學案》卷十五〈伊川學案〉）

從上面的比較中我們可以看出，程頤從來沒有認為道可以和氣分開。因此，我們可以說，兩兄

弟的看法並無不同。而且，這兩段話還使我們了解，並非程頤一個人認為道是本身具足的，應該說，這種看法是兩兄弟共同持有的。

現在，我要根據這條思路敘述程頤的哲學體系。第一，他和程顥一樣，認為道是不能和氣分開的；第二，他也認為只有在氣中才可以發現道，不過，他的看法是道比氣的層次更高，力量更大而已。如果有人問我程頤的哲學觀點是不是和程顥完全一樣，我會告訴他，兩人的基本原則一樣，只在細節上不同而已。程頤比較重視認知或思慮，而程顥的起點則是仁。如果要找一種類似的情形，我們以西方哲學中康德和黑格爾的哲學為例。康德認為上帝、自由和不朽是實踐理性的要件，黑格爾卻把上帝包括在他的邏輯體系當中。換句話說，黑格爾比康德更屬於主知主義者。如果要在程顥和程頤之間找出一些差異的話，我們也可以說，程頤比程顥更屬於主知主義者。

然而，兩兄弟的氣質畢竟不同。朱熹說：「明道宏大，伊川親切。大程夫子，當識其明快中和處。小程夫子，當識其初年之嚴毅，晚年又濟以寬平處。」（《宋元學案》卷十六，黃宗羲引朱子言。）

周敦頤、程頤和程顥各有其個人修身的方法。周敦頤主靜。他的方法是：「靜立人極」。程顥以「定性」代替「靜」。程頤則另有說法：「涵養須用敬，進學則在致知。」（《宋元學案》卷十五）在這兩句話中，「用敬」與「致知」同時出現，這表示對程頤來說，知或智與心敬或靜是同等重要的。

程頤比程顥少一歲。很有才能，甚至在幼年時期，他的作為就和一般人不同。十四歲那年，與其兄同受教於濂溪門下。十八歲上書仁宗皇帝，勸仁宗謹守為政之正確原則及人民福利，黜世俗之論，以王道為心。可是，未蒙皇帝召見。

同年，遊太學，胡安定[1]以「顏子所好何學論」試諸生，看到先生的文章，大為賞識，不久即為國學教授。一〇五九年，舉進士。此後，大臣屢次薦他為官，都未蒙接納。哲宗初，得司馬光之薦，任為祕書省校書郎，轉為皇帝侍講。這時候，他上奏哲宗：「習與智長，化與心成。今士大夫家善教子弟者，亦必延名德端方之士與之居處。使之薰染成性。故曰少成若天性，習慣如自然。伏以皇帝陛下春秋之富，雖睿智之資得於天稟，而輔養之道不可不至。所謂輔養之道，非謂告詔以言過而後諫也。在涵養薰陶而已。大率一日之中，視賢士大夫之時多，親寺人宮女之時少，則自然氣質變化，德器成就。乞朝廷慎選賢德之士以待勸講。講讀既罷，常留二人直日，夜則一人直宿以備訪問。皇帝習讀之暇，游息之間，時於內殿召見，從容宴語。不獨漸磨道義，習於人情物態稽穡艱難，積久自然通達。」（《伊川文集‧明道先生行狀》）當先生聽到哲宗皇帝散步時避免踏死螞蟻，非常高興地說，如果皇帝能將此心推及四海，則天下蒼生幸甚。

雖然從哲宗登位以來即為皇帝侍講，並不斷進諫，然而，這位哲學家得皇帝眷寵的時間並不太久。以蘇東坡為首的另一派人士忌他，因為他對「道」的態度和講論與蘇東坡大相逕庭。於是，東坡的一位門人請求罷黜他。

---

1 即胡瑗（九九三—一〇五九年），字翼之，世人稱之為安定先生。北宋教育家，與孫復、石介並稱「宋初三先生」，提倡明體達用之學，注重實用，被視為理學先聲。

皇太后八年垂簾聽政之後，哲宗親政，章惇[2]、蔡卞[3]當權，他們以「回到王安石新政」的口號推行政事，章惇任首輔，開始黜退所有曾經反對過王安石新政的人，先生被放歸田里，並命燒毀他印行的一切著作。但是，由於這次排逐是對每個反對過王安石的人，所以，先生被逐於四川。蘇東坡也被逐。

四年之後，禁令解除了，先生仍復原官，財產也發還了。從一〇九四年——即「恢復新政」的第一年到一一二六年，朝廷的命令，混亂已極。貶逐一年又被召回而且恢復原官，可是第二年又把所有曾經被逐的人名刻石，號為叛黨名錄。當新黨發現先生退處山居著書時，命他毀卻所有的著作。一一〇四年，徽宗親擬三〇九人名單，立碑文德宮，刻上這三〇九人的名字。首輔蔡京也擬了一份同樣的名單，分發州縣刻碑，一一〇六年，流星毀了文德宮的碑，於是，對那些被逐之人的禁令又解除了。先生便是這些人當中的一個。先生死於一一〇八年，享年七十五，北宋亦於一一二七年告終。先生被迫害期間所得的罪名——散布惡毒言論腐化青年——使人想到雅典人加於蘇格拉底的罪名。先生的弟子尹惇和張澤始終跟著他，作他的助手。當朝廷命他遣散弟子時，他教他們力行他的

2 章惇（一〇三五—一一〇六年），字子厚，北宋政治人物，新舊黨爭中力主變法，因此被《宋史》列入奸臣一類。

3 蔡卞（一〇四八—一一一七年），字元度，北宋政治人物，其兄為蔡京，兩人同時於熙寧三年（一〇七〇年）中進士，為王安石之女婿。

教訓，不要再留在他身邊。他死的時候，只有四個弟子照料他的喪事。

本章，我將以下同標題敘述先生的哲學思想。他是周敦頤的弟子，與其兄程顥共同著書，所以，他的形上觀點和兩位思想家沒有什麼不同，至少在太極圖與形上形下之間的界線方面是如此。雖然程頤不單純是周敦頤、程顥的學生，然而他是循其二人的前功以進的。但他有自己的思想，尤其對認知或思維作用方面的重視，有他自己的看法。

一、程頤對合理性的信念

天下物皆可以理照。有物必有則，一物須有一理。（《宋元學案》卷十五）

天地之化，雖廓然無窮；然而陰陽之度，日月寒暑晝夜之變，莫不有常。（《宋元學案》卷十五）

窮理亦多端：或讀書講明義理；或論古今人物，別其是非；或應接事物而處其當然。皆窮理也。

（《宋元學案》卷十五）

程頤堅信一切現象之中皆有理存在，所以，他要人只相信可以理解的事物。有一次，有人告訴他一則見鬼的故事，他問說：是親眼見到鬼嗎？人只應相信自己親眼見到的。道聽塗說不足為信。縱使親眼見到的，有時也可能是視覺上的缺陷而產生的幻像。

我們還可以用一段對話來說明他思想的特色。

又問：「《易》言知鬼神之情狀，果有情狀否？」曰：「有之。」又問：「既有情況，必有鬼神矣。」曰：「《易》說鬼神便是造化也。」

又問：「名山大川，能興雲致雨，何也？」曰：「氣之蒸成耳。」又問：「既有祭，則莫須有神否？」曰：「只氣便是神也。今人不知此理。才有水旱，便去廟中祈禱。不知雨露是化物從何處出，復於廟中求耶。名山大川能興雲致雨，卻都不說著，卻於名山大川外木土人身上討雨露。木土人身上有雨露耶？」

又問：「莫是人自興妖？」曰：「只妖亦無，皆人心興之也。世人只因祈禱而有雨，遂指為靈驗耳。豈知適然。某常至泗州，恰及大聖見及，問人曰如何形狀，一人曰如此，一人曰如彼，只此可驗其妄。興妖之人皆若此也。」

昔有朱定，亦嘗來問學，但非信道篤者。曾在泗州守官。值城中火，定遂使兵士舁僧伽避火。某後語定曰：「何不舁僧伽在火中，若為火所焚，即是無靈驗，遂可解天下之惑。若火遂滅，因使天下人尊敬可也。此時不做事，待何時耶？」惜乎定識不至此！（《二程遺書》卷二十二）

從這段對話，我們可以看出程頤是多麼相信宇宙的合理性。他的頭腦便是我們現在所謂的科學頭腦。他很相信理性原則的有效性以及實體單一之說，他認為在天為命，正則為理，皆一也。這裡我們可以看出他相信經驗世界乃理的具體表現。在物質世界和道德世界中，都有一種為理性支配的永恆秩序。人的責任是認識和遵從這個為理性所透露和發見的秩序。程頤的話使人想起白魯諾的話：「天是一幅畫，一本書，一面鏡子，人可以在其中看到和了解至善的形式和法則，計畫和徹底的完美。」又說：「宇宙間萬事萬物都來自於這獨一無二的精神，有個唯一無二的真理和良善遍布萬事萬物之中，也支配著萬事萬物。在自然界中，是上帝的思想。上帝的思想，具體表現於我們眼睛所見到的形像和痕跡之中；上帝的思想在我們思想中重新構做，我們只有在這裡才可以認識真正的存有。在我們周圍的是永恆和完整的愛。」(I. Frith, *Life of Giordano Bruno*, Ticknor and Co., Lundon 1887, p. 278.) 由於有這種單一的理，才可以作合理的解釋。程頤可以印證白魯諾這些話，周敦頤、邵雍、張載和程顥也可以印證白魯諾這些話。

二、程頤性即理之說

如果程頤僅止於他最初的看法，即認為萬事萬物都可以找到合理的根據，那麼，就不會成為宋儒哲學中一個偉大的權威人物，因為中國人的興趣在道德方面。所有的道德價值都需要一個標準，否則，道德便只是主觀的，便會像普洛大哥拉斯[4] (Protagoras) 所說的：人是一切是非的權衡尺度。如果是這樣，最後，便根本沒有是非標準了。所以，中國哲學的主要目標是尋求道德的標準。孟子認為人性之中具有仁、義、禮、智四端，四端是人類共有的。不過，有一個問題產生：四端和理之間，有什麼關係？四端與理相同還是相異？孟子之後，許多人都想解決這個問題。程頤的解決方法如下：性即理。這種說法可能受人反駁，因為很多人的行為根本和理性相反。也可能受人駁斥，因為人性中處處又表現有感情、本能、欲望、信念、熱情，而這些現象是不能歸之於理的。因此，許多哲學家都不敢遽然贊成性即理之說。程頤將人性概念與理放在一起，是因為他相信㈠人性本善；㈡所謂人性之善為構成人類道德判斷中思想形式之四端所固有。現在，我們看看程頤自己的話，看他如何解釋性與理之間的關係。

問：「人性本明，因何有蔽？」曰：「此須索理會也。孟子言人性善是也。雖荀揚亦不知也。孟子所以獨出儲儒者，以能明性也。性無不善。而有不善者，才也。性即是理，理則自堯、舜至於涂人一也。」（《宋元學案》卷十五）

程頤又說：

4 今譯普羅達哥拉斯 (Protagoras, 490B.C–420B.C)，為古希臘哲學家，主張人是萬物的尺度，柏拉圖視其為詭辯學派。

性即理也，所謂理性是也。天下之理，原其所自，未有不善，喜怒哀樂之未發，何嘗不善。發而中節，則無往而不善。發不中節，然後為不善。（《宋元學案》卷十五）

問：「喜怒出於性否？」曰：「固是，才有生識，便有性，有性便有情，無性安得情？」……問：「性之有喜怒，猶水之有波否？」曰：「然。湛然平靜如鏡者，水之性也。及遇沙石或地勢不平，便有湍激。或風行其上，便有波濤洶湧。此豈水之性哉？人性中只有四端，又豈有許多不善的事，然無水安得波浪，無性安得情也。」（《宋元學案》卷十五）

中國哲學上所謂四端，其意義相當於康德實踐理性中的無上律令（categorical imperative）。根據康德的看法，道德生活的本質在於遵從道德律，這裡不容有自然衝動或特別情感夾雜其中，這就是所謂無上律令。這位德國哲學家認為，如果某種事情是人的合理義務，便應在一切環境下為所有人類所履行，而不產生內在的矛盾。根據康德的看法，道德的基本原則是：你的行為應能使你希望你的行為成為普遍法則。後來德國人批評這種說法為形式主義，因為它過分強調普遍法則的一面。在中國，道德或為善的傾向認為是天生的，因為人是天生具備四端的。由於人天生具備四端，所以，人有為善的傾向。中國哲學家認為人的惡行不是出於人的本性，而是由於人的氣質之性，氣質之性與氣相混，含有缺陷的種子。說明道德生活的方式有兩種：康德的形式主義以及中國人所謂四端觀念。康德的方法是從形式立場看這個問題，而中國人的發現則出於人生的主要事實。儘管兩種方式不同，但有一相同的地方，即兩者都認為人是理性動物。因此，我們可以看到，十八世紀以人為理性動物的觀念，比較接近中國人的觀點，不太接近現代佛洛伊德或柏格森的非理性主義。

十八世紀是個重要的時期，那個時候，歐洲人和中國人間道德觀念之不同，遠比現在為甚。現在我從亞當．斯密《道德情操論》(*Theory of Moral Sentiments*) 中引幾句話：

> 從許多觀察到的顯然事實可以證明，這是我們對別人不幸產生同情心的原因，這是為受苦者設身處地，我們想像他的感覺或受他的感覺所影響。當我們看到自己或別人的腿或臂將要受到外來的打擊時，便自然而然地縮回腿或臂；當腿或臂真的受到打擊以後，多少有幾分感覺，感到和身受者受到同樣地的傷害。(*British Moralists*, Vol. 1. p. 258: Adam Smith.)

> 孟子說：「所以謂人皆有不忍人之心者：今人乍見孺子將入於井，皆有怵惕惻隱之心。非所以內交於孺子之父母也。非所以要譽於鄉黨朋友也，非惡其聲而然也。由是觀之，無惻隱之心，非人也。」(《孟子》卷二上第六章)

我們無法找到比亞當．斯密和孟子更相近的話。孟子和亞當．斯密將道德行為歸之於同一根源。唯一不同的地方乃是他們用以表示這個根源的名謂：亞當．斯密稱之為「同情心」，孟子稱之為「仁」。

如果容我再作比較的話，我要從孟子和約瑟夫．巴特勒書中各引一段話。孟子說：「人之所不學而能者，其良能也。所不慮而知者，其良知也。孩提之童，無不知愛其親也。及其長也，無不知敬其兄也。親親，仁也，敬長，義也。達之天下也。」（《孟子》卷七上第十五章）

這裡，孟子要我們注意良心的功用。十八世紀英國的巴特勒也是如此。巴特勒在某次講道時說：「人類內心有一個反省原則，人可以用這個原則辨別、稱許和責難自己的行動。人顯然是一個可以反省自己本性的動物。人心可以觀察本身所發生的現象，例如它的傾向、嫌惡、激情、情感；人心也可以觀察因此類現象而產生的行動。人心作這種觀察時，讚許這一行動，責難那一行動，有的行動則既不讚許也不責難，完全無動於衷。人心中用以讚許或責難自己內心、性情和行動的原則便是良心。」(*British Moralists*, op. cit. Vol. 1. p. 201.)

巴特勒另一次講道的題目：論良心的自然優越性 (Upon the Natural Supremacy of Conscience)，他在這次講道時表示良心在人性中占有最高的地位。於是，我們又有機會說明十八世紀歐洲和中國哲學家間意見的一致。情形既然如此，所以我覺得如果我們未受現代非理性主義的影響而有偏見的話，便會認為程頤所謂的「性即理」，是絕對正確的。

三、程頤的雙重修身方式

在我們進一步研究程頤的雙重修身方式以前，先要重覆一遍我對中國哲學之任務所說過的話。

中國哲學的功用與西方哲學不同，因為中國哲學的主要興趣不在知識論。中國哲學所關心的，第一是知，第二是個人接物的適當方式。

中國哲學有兩個目標：第一是窮理，意即探究世上萬物的原理；第二是正心，意即達到內心的平靜，消除激動，作自己應作的事情。保持內心的平靜，避免激烈的感情，可以達到正心的目的。這是因減少或消除內心欲望而達到的。第一個目標依賴知，因為，正如定義、概念、範疇在西方哲學上擔當不可缺少的作用一樣，也是中國哲學的基礎。例如，孟子說：「心之所同然者何也？謂理也義也。」（《孟子》卷六上第一章）意即義和理是人類和其他動物所以不同之處，就這方面說，概念的功用也是中國哲學所不可缺少的。但是，第二個目標正心，其唯一目的是保持內心的平和。這是程頤所謂的「涵養須用敬」。這目標非西方哲學上所謂「價值判斷」所能概括，因為，如李維斯[5] (C. L. Lewis) 所說，「價值判斷是一種經驗知識，在與其他經驗知識決定其真假方面，沒有什麼根本的不同處。」(C. L. Lewis. *An Analysis of Knowledge and Valuation.* The Open Court Publishing Co., Lasalle. Ill., 1946, p. 365.) 雖然「價值判斷」這個名詞相當接近中國人所謂尋求適當道德原則的觀念，然而，卻不能滿足保持內心明靜以及適當待人接物的需要。我希望這段開場白能使讀者了解程頤的兩種修身的方法。

5 另譯劉易斯 (Clarence Irving Lewis, 1883–1964)，通常被稱為 C. I. Lewis，為美國哲學家，他被認為是現代模態邏輯的鼻祖和概念實用主義的創始人，《紐約時報》評價他為「符號邏輯以及知識和價值哲學概念的領先權威」。

一種新的哲學思想須要新的研究方法。在歐洲，經驗主義和理性主義，有所謂歸納法和演繹法的論戰。在中國，周敦頤提出主靜法，因為內心的平和是正確思維和行動的主要條件。可是程頤卻指示我們一種雙管齊下的方法：「涵養須用敬，進學則在致知。」（《宋元學案》卷十五）中國哲學家不像歐洲哲學家，歐洲哲學家的興趣在探討科學法則的有效性。中國思想家則未能忘情於道德上容許和不容許的問題。人心的價值判斷功用與認知功用同樣重要。程頤對兩者給予同等的重視。

由於程頤相信一切現象皆有合理的根據，所以他的興趣在物質世界的認知。這使他認為思維或知是主要關鍵，他是宋儒中第一個重視認知過程，而認為認知過程和價值判斷不同的人。後來朱熹遵循著這一思路。程頤說：「須是識在所行之先，譬如行路，須是光照。」（《宋元學案》卷十五）有弟子問：「學何以有至覺悟處？」曰：「莫先致知。能致知，則思一日而愈明一日；久而後有覺也。」（《宋元學案》卷十五）「不深思，則不能造於道。」（《宋元學案》卷十五）然而有人又問：「人有志於學，然知識蔽鍵，力量不至，則如之何？」程頤回答說：「只是致知。若致知，則知識當自漸明，不曾見人有一件事終思不到也。知識明，則力量自進。」（《宋元學案》卷十五）如果讀者還想找出程頤重視知識的證明，可在下述對話中看到：

問：「忠信敬德之事，固可勉強；然致知甚難？」曰：「子以誠敬為可勉強，且恁他說到底。須是知了，方能行事。若不知，只是覷了堯，學他行事，無堯許多聰明睿智，怎生得如他動容周旋中禮？有諸中必形諸外。德容安可妄學，如子所言，是篤信而固守之，非固有之也。且如《中庸》九經：修身也，尊賢也，親親也。堯典克明俊德以親九族；親親本合在尊賢上。何故放在下，須是知所以親親之道方得。未致知，怎生得行？勉強行者，安能持久？除非燭理明，自然樂循。」

知有多少般數：煞有淺深。向親見一人，曾為虎所傷。因言及虎，神色便變，旁有數人，見他說虎，非不知虎之猛可畏，然不如他說了有畏懼之色。蓋真知虎者也。學者深知亦如此。且如膾炙；貴公子與野人莫不皆知其他。然貴人聞著，便有欲嗜膾炙之色。野人則不然。學者須是真知。才知得，便是泰然行將去也。某年二十時，解釋經義，與今無異，然思今日覺得意味與少時自別。（《宋元學案》卷十五）

程頤另舉一例說明知的種種方式。他說：「若見得（實理），必不肯安於所不安。人之一身，盡有所不肯為，及至他事又不然。若士者，雖殺之，使為穿窬，必不為。其他事未必然。至於執卷者，莫不知說禮義。又如王公大人，皆能言軒冕外物。及其臨利害，則不知就義理，卻就富貴。如此者，只是說得不實見。及其蹈水火，則人皆避之，見實見得，須是有見不善如探湯之心，則自然別得之於心，是謂有得。不待勉強。率學者則須勉強。古人有捐軀殞命者，若不實見得，烏能如此？」（《宋元學案》卷十五）

對程頤而言，真知與《柏拉圖對話集．自辯篇》(Apology)中，蘇格拉底所說的話具有同樣的意義。蘇格拉底說：「一個無不良善的人，不應計生死；只應計是非。」(*Dialogues of Plato*, I. Apology, p. 326.)

關於程頤知的理論，我要在他獲取正確知識方法方面再略加說明。當他討論方法問題時，遇到很多因專心探究自己內心範例或全心探究外物——即歐洲哲學和科學上歸納和演繹問題——而起的困難。程頤說：「窮理亦多端：或讀書講明義理；或論古今人物，別其是非；或應接事物而處其當。然皆窮理也。」（《宋元學案》卷十五）

有人問「格物」二字是「須物物格之，還是格一物而萬物皆知？」程頤說：「怎生便會該通，若只格一物便通眾理，雖顏子亦不能如此道。須是今日格一件，明日格一件，積習既多，然後脫然有貫通處。」（《宋元學案》卷十五）程頤的回答暗示現代科學中的歸納法和演繹法。然而中國哲學的目的不同於現代科學，中國哲學追求真知的目的，是為獲得道德行為中的正當因應之道。因此，程頤主張探究行為的範例。程頤的方法在知識論上是否健全尚成問題，但的確是宋儒所用的方法，而且仍然是今天用得最多的科學技巧之一。

對新儒者而言，最主要的是心境。因此，他們的興趣是保持內心的平和。達到這種境界，不是透過單純的認知方法，而是由於充分的訓練。用程頤自己的話表示：

學者先務，固在心志。有謂欲屏去聞、見、知、思，則是絕聖棄智。有欲屏去思慮，患其紛亂，則須是坐禪入定。如明鑑在此，萬物畢照，是鑑之常，難為使之不照。人心不能不交感萬物，亦難為使之不思慮。若欲見去，唯是心有主。如何為主，敬而已矣。有主則虛，虛謂邪不能入，無主則實，實謂物來奪之。今夫瓶甖，有水實內，則雖江海之浸，無所能入，安得不虛。無水於內，則渟注之水，不可勝注，安得不實。大凡人心不可二用。用於一事，則他事便不能入者，事為之主也。事為之主，尚無思慮紛擾之患。若主於敬，又焉有此患乎？所謂敬者，主一之謂敬，所謂一者，無適之謂一。且欲涵泳主一之義，一則無二三矣。言敬，無如聖人之言，《易》所謂：「敬以直內，義以方外。」須是直內，乃得主一之義。至於不敢欺，不敢慢，尚不愧於屋漏，是皆敬之事也。（《宋元學案》卷十五）

如何主於敬以保持內心平和，如何訓練吾心以適當地因應外物之來，程頤認為這都是非常重要的問題。他強調人應該為自心之主。他的弟子呂與叔問：「患思慮多，不能驅除。」程頤的回答和先前一樣。他說：「此正如破屋中禦寇。東面一人來，未逐得；西面又一人至矣。左右前後驅除不暇。蓋其四面空疏，盜固易入，人無緣作得主。定又如虛器入水，水自然入。若以一器實之以水，置之水中，水又何能入來？蓋中有主則實，實則外患不能入，自然無事。」（《宋元學案》卷十五）

不但心要有主，而且由於心常為刺激感官的外物所擾，所以，也應控制感官的作用。程頤提出四箴：視、聽、言、動。

㈠視　箴

心兮本虛，應物無迹。操之有要，視為之則。蔽交於前，其中則遷。制之於外，以安其內，克己復禮，久而誠矣。

㈡聽　箴

人有秉彝，本乎天性。如誘物化，遂亡其正。卓彼先覺，知止有定。閑邪存誠，非禮勿聽。

㈢言　箴

人心之動，因言以宣。發禁躁妄，內斯靜專，矧是樞機，興戎出好。吉凶榮辱，唯其所召。傷易則誕，傷煩則支。己律物忤，出悖來違。非法不道，欽哉訓辭。

㈣動　箴

哲人知幾，誠之於思。志士厲行，守之於為。順理則裕，從欲唯危。造次克念，戰兢自持，習與成性，聖賢同歸。（《宋元學案》卷十六）

程頤的哲學思想，在其〈顏子所好何學論〉一文中表現得最清楚。這篇文字對宋學而言，是非常重要的，因為自韓愈以來，顏回即成為求道者的完美典範。對宋儒而言，顏回的聖人之道有如菩薩道之於佛。由於程頤這篇文章的重要性，我們把它全部引出來：

聖人之門，其徒三千，獨稱顏子為好學。夫詩書六藝，三千子非不習而通也，然則顏子所獨好者，何學也？學以至聖人之道也。聖人可學而至與？曰然。學之道如何？曰：天地儲精，得五行之秀者為人。其本也真而靜；其未發也，五性具焉！曰仁義禮智信。形既生矣，外物觸其形而動於中矣。其中動而七情出焉！曰喜、怒、哀、懼、愛、惡、欲。情既熾而益蕩，其性鑿矣。是故覺者約其情，使合於中。正其心，養其性，故曰性其情。愚者則不知制之。縱其情而至於邪僻。梏其性而亡之。故曰情其性。凡學之道，正其心，養其性而已。中正而誠則聖矣。

君子之學，必先明諸心，知所養，然後力行以求至。所謂自明而誠也。故學必盡其心。盡其心則知其性，知其性，反而誠之，聖人也。

故洪範曰：「思曰睿，睿作聖。」誠之之道，在乎信道篤，信道篤則行之果，行之果則守之固。仁義忠信不離乎心，造次必於是，顛沛必於是，出處語默必於是。久而弗失，則居之安。動容周旋中禮，而邪僻之心無自生矣。

故顏子所事：則曰非禮勿視；非禮勿聽；非禮勿言；非禮勿動。仲尼稱之則曰：得一善則拳拳服膺，而弗失之矣。又曰不遷怒、不貳過，有不善未嘗不知，知之未嘗復行也。此其好之篤，學之之道也。視、聽、言、動皆禮矣。所異於聖人者，聖人則不思而得，不勉而中，從容中道；顏子則必思而後得，必勉而後中。故曰顏子之與聖人，相去一息。

孟子曰：「充實而有光輝之謂大；大而化之之謂聖；聖而不可知之謂神。」顏子之德，可謂充實而有光輝矣，所未至者，守之也，非化之也。以其好學之心，假之以年，則不日而化矣。故仲尼曰：「不幸短命死矣。」蓋傷其不得至於聖人也。

所謂化之者，入乎神而自然。不思而得，不勉而中之謂也。孔子曰：「七十而從心所欲，不逾矩。」是也。

或曰：「聖人生而知之者也，今謂可學而至，其有稽乎？」曰：「然。」孟子曰：「堯舜性之也；湯武反之也。」「性之者」，生而知之者也。「反之者」，學而知之者也。又曰：孔子則生而知也；孟子則學而知也。

後人不達，以謂聖本生知，非學可至，而為學之道遂失。不求己而求諸外，以博聞強記，巧文麗辭為工，榮華其言，鮮有至於道者。則今之學，與顏子所好異也。（《宋元學案》卷十六）

我們要注意，這篇文章是程頤十八歲時作的，他後來的所有思想都是從這篇文章來的。

在作結論之前，我要約略一提程頤所注的儒家經書。大家都知道，中國有一個謹守的傳統。但是，這並非說這個傳統沒有遭到任何改變。自孔子死後，產生了許多新的觀念或思想派別，只是這些觀念或思想仍脫不了儒家傳統而已。經書仍舊，但產生了許多新注，這些新注是從新的觀點注釋經書，於是，新名詞產生了，舊名詞也得到新的意義了。宋儒所注的，尤其如此。

如果我們拿歐洲思想作個類比的話，就更能了解這種新注釋對儒家經書的重新解釋。假設理性主義派和經驗主義派注釋柏拉圖的《理想國》及其《對話集．筵席篇》(The Symposium) 和〈自辯篇〉(The Apology) 及其他對話篇；那麼，柏拉圖的話雖仍然和過去一樣，可是，它的意義便只是經驗主義者或理性主義者所了解的意義。這樣，傳統是保留下來了；然而，意義卻完全改變了。程頤對儒家經書的重新解釋也是如此。他所注釋的經書有《易經》、《書經》、《春秋》和《禮記》。至於他為什麼要注經書呢？只好從他自己的話中找答案，「今農夫，祁寒暑雨，深耕易耨，播種五穀，吾得而食之。百工技藝，作為器物，吾得而用之。介冑之士，被堅執銳以守土，吾得而安之。無功澤及於人而浪度歲月，晏然為天地間一蠹。唯綴緝聖人遺書，庶幾有補爾。」（《宋史・程頤傳》）

程頤去世時，他的著作仍舊被禁；可是，胡安國[6]上書皇帝，言二程夫子復興孔孟之學的功德。此後，二程的著作成為研究儒家經書所不可少的。這是中國式的舊瓶裝新酒，藉古聖人之言表現新

6 胡安國（一〇七四—一一三八年），字康侯，諡文定，為北宋歷史學家、學者，晚年於湖南衡陽創辦書院，認為《春秋》為先聖之要典，因此潛心研究，著有《胡氏春秋傳》一書。

思想。於是，傳統和創新理混在一起。由於這種混合，原創的思想便不必標以原創的表記，而傳統的延續便繼而不斷了。不過，我要承認，在這個過程之中也有不利的情形。當同一書注解太多時，便會產生混亂，必然會帶來一個問題：「到底那一個是真正的儒家？」近來有句口號：徹底消除儒家！「打倒孔家店」是我們常常聽到的一句話。掙脫儒家桎梏，要求不必承認聖人權威而表達自己的思想，這是自然而然的期望。因此，過去儒家的那種優勢，可能一去不回了。

朱子與陳亮[1]

本章我們要敘述朱子與人另一次的辯論，也將知道朱子是個多麼嚴謹的道德家。雖然他和陸象山[2]都是儒者，但他反對陸象山，因為陸象山不同意所謂道問學可以入道之說。孟子曾攻擊楊朱、墨翟，朱熹也和孟子一樣，對所有和他觀點不同的人，都採取敵對的態度。他反對陸象山時，以陸為禪為藉口，他反對陳亮時，則以陳亮為功利主義者。

這裡所說的功利主義是一種道德和政治理論。認為思想應從普遍人性的傾向如欲望、避苦、趨樂、奮求成功等開始。還認為這種對人生的實在態度是唯一合理的觀點，我們應該了解，人是無法實現道德行為和理想的。陳亮在道德和政治思想方面是採取這種功利態度的，朱熹所深以為不然的

1 陳亮（一一四三—一一九四年），字同甫，號龍川，為南宋政治家、哲學家及詩人，世人稱之為龍川先生。主張經世致用，反對以朱熹為代表的理學，著有《龍川先生集》一書。

2 即陸九淵（一一三九—一一九三年），字子靜，南宋哲學家，為陸王心學之代表人物，因曾於象山書院講學，故世人稱之為象山先生。主張心即是理，重德性。

就是這一點。在朱熹和陳亮之間，展開了一長而激烈的辯論。

在沒有研究這個問題以前，我要先解釋黑格爾在其法律哲學 (Rechtsphilosophie) 中使用的兩個名詞「合理的」和「實在的」。黑格爾說：「凡合理的都是實在的，凡實在的也都是合理的」，黑格爾又說：「哲學引導我們領悟，實在世界即是理想世界。」

這兩個名詞的並列，在西方哲學史上，產生了許多哲學派別。凡傾向於理性，形而上或柏拉圖的，都認為理想的型式可以在這個世界實現。凡不相信形而上觀念之存在者，或傾向於實然者，都只想自限於人性範圍以內為可能者。這兩種主要觀點之間，有一大空隙，直到黑格爾，才把這個隙縫填起來。黑格爾想要表示，人類歷史的真正展開，乃是精神或理性的發展，他還創造一套偉大的邏輯觀念論體系，這個體系在歐洲發生很大的影響。當他討論國家時，說國家乃「實在意志」(real will) 或「客觀心靈」(objective mind) 的表現。他將普魯士國理想化，成為軍國主義的具體表現，他將國家的地位升高，認為國家自有其位格，而且高過於組成國家之個人的位格，這種說法使他成為英國霍勃浩斯[3] (Hobhouse) 和美國杜威嚴厲攻擊的目標。

國家是某一團體精神生活的表現嗎？或國家是滿足個人欲望的工具呢？這永遠是個問題。希臘人惑於這個問題，近代歐洲人也困於這個問題，他也是中國政治哲學上的一個大問題。

3 霍勃浩斯 (L. T. Hobhouse, 1864–1929)，英國自由主義政治家、哲學家、社會學家，為最早社會自由主義之領導人物，著有《自由主義》(*Liberalism*) 一書。

最先重視「合理者」的學派希望道德行於整個世界。柏拉圖是《理想國》的創作者，可是，他知道實際上卻沒有理想。因為人類現實生活都受私利所支配，而自私動機與理想間的距離遙遠得很。柏拉圖說：「除非哲學家為王，或這世界的君王都有哲學家的精神和能力，政治的偉大和智慧合於一身，而希望排斥他人者又不得不退於一旁，那際，城市永遠不會擺脫罪惡，得到安定——我相信，整個人類也得不到安定——而只有如此，我們的國家才有生命，才見光明。」（《柏拉圖對話集・理想國》，頁三〇一）

中國傳說中的堯舜，頗似希臘人所謂的哲人王，大家都知道，在中國堯舜是被認為具有無畏、智慧和克己等種種美德的。堯舜之時，國家治理得非常好，換句話說，理想的國家，在實際歷史中，曾一度實現過。稍後的禹、湯、文、武時期，也被認為治世。中國人也許比柏拉圖更不相信理想生活的無法實現。中國人更進一步說明實際與理想（至少在傳說的時期中）是如何地合致。當堯舜之世，大道流行。周衰以後，則人欲流行，此後便是一段空缺時期，大道不行了。這是中國人對人類歷史發展的傳統看法。但南宋時代的陳亮反對這種看法，這時候的中國人又開始變得實際而懷疑。陳亮曾說：如果人類歷史的發展有理性，理想的生活應繼續存在。為什麼認為堯舜之時為治世，而周後則不如堯舜呢？陳亮又提出另一問題，他說，如果人類歷史的發展是理性的，為什麼理性在周以後突然不見呢？這種想法使人記起黑格爾所謂「惡國」(bad state)（霍勃浩斯，L. T. Hobhouse，《形而上的國家論》〔*The Metaphysical Theory of the State*〕，George Allen and Unwin, 1981. p. 97.）之說，根提黑格爾的看法，以「惡國」不是真正的國家，為政治中理性生活的一個非常貧乏的例子。黑格爾所謂「惡」或不真實的國家，朱熹稱之為「架漏過時」。

陳亮非宋學所謂的儒者。他是一個有大志的人，他想恢復宋朝以往的光榮。雖然《宋元學案》中提到他，卻不是一個重要的思想家，他在中國史上的地位，主要是由於他和朱熹的辯論。

陳亮生於西元一一四三年，死於一一九四年。他對文學有興趣，他的詩文也的確好，他所作懷念李太白歌，甚至到今天還能引起人們對這位偉大詩人的嚮往。在實際政治家方面，他相信能自比於蜀漢諸葛亮，就因為這個理由，乃取名為陳亮。因觀古人成敗之跡，十九歲時著《酌古論》。一一六九年，上中興五論，但未得到重視，奏入不報。數年之後，開始授徒，學者多歸其名下。一一七五年，他參與前章所述的鵝湖之會[4]。三年之後，當他再度希望上書皇帝陳論政事時，似有成功之望。孝宗皇帝見到他的陳論以後，赫然震動，欲榜於朝堂，以激勸群臣。孝宗皇帝將擢用他。可是，左右大臣惡其直言無諱，盡量阻止皇帝和他會面。最後，得都堂審察之命。但終未入朝。當朝廷與以相當不重要的官位時，他說，我所希望的乃是實行一種政策！但是，機會始終沒有遇上。

陳亮和朱熹雖交往密切，但觀點不一樣。他倆之間的友誼可見於陳亮為朱熹畫像所作之贊：

體備陽剛之純。

4 本選集未收入《新儒家思想史》第十三章「朱子與陸象山」。

氣含喜怒之正。
睟面盎背，吾不知其何樂；
端居深念，吾不知其何病。
置之釣臺捺不住；
寫之雲臺捉不定。
天下之生久矣，以聽上帝之正命。（陳亮，《龍川文集》卷十）

這首贊詩顯示陳亮對朱熹的欽仰，但一一八四至一一八六年之間，兩人間的爭論開始激烈。到一一九〇年，陳亮寫出下面一段話批評宋學的學者：

自道德性命之說一興，而尋常爛熟無所能解之人，自託於其間。以端慤靜深為體；以徐行緩語為用。務為不可窮測，以盡其所無。一藝一能，皆以為不足自通於聖人之門道。於是天下之士始喪其所有，而不知適從矣。為士者恥言文章行義，而曰盡心知性。居官者恥言政事書判，而曰學通愛人。相蒙相欺，以虛廢天下之實，則亦終於百事不理而已。（陳亮，《龍川文集》卷十五）

陳亮於五十一歲中進士，次年即去世。

有一點，我還沒有提到，即陳亮一生境遇奇特。他和他的父親常有牢獄之災。他們的命運似乎很壞。陳亮曾三次下獄。第一次是涉及他父親的一件謀殺案（一一七一年）。第二次是他本人涉嫌謀殺，原來在為他舉行的一次宴會中，有人死了。陳亮被捕下獄，後來得皇帝赦免開釋。第三次被捕是一一九一年，當時陳亮四十九歲。這次被捕的原因，他的傳記中沒有明顯指出，也許和鄉人爭執有關。

對陳亮最好的捕寫，也許可以見於他自己的話：

> 研窮義理之精微，辨析古今之同異，原心於秒忽，較禮於分寸，以積累為功，以涵養為正，睟面盎背，則亮於諸儒誠有愧焉。至於堂堂之陣，正正之旗，風雨雲雷交發而并至，龍蛇虎豹，變見而出沒，推倒一世之智勇，開拓萬古之心胸，如世俗所謂粗塊大臠，飽有餘而文不足者，自謂差有一日之長，而來教乃有義利雙行王霸并用之說，則前後布列區區，宜其皆未見悉也。海內之人，未有如此書之篤實真切者，豈敢不往復自盡其說以求正於長者？（陳亮，《龍川文集》卷二十）

這段話的意思是說根據陳亮自己的看法，學者生涯不適於他，他希望成為將軍或政治家。

在我們敘述陳亮和朱熹的辯論之前，還有一點需要加以澄清。即形而上和形而下世界之間的界限問題。根據朱熹和程氏兄弟的看法，形而上與形而下世界之間有一界線。形而下即表現於現象世界者，而現象之上的世界便是形而上世界。新儒者雖為理性主義者，但並沒有像黑格爾那樣，藉「客觀精神」的人文制度鑽研現象世界。陳亮和黑格爾之間，有一個相類似之處，兩者都認為實在存於一個層次。然而，這種相似之處並不太深，因為兩人所說的「一個層次」，其意義並不相同。對黑格爾來說，所謂實在存於「一個層次」是指理性層次。人類社會種種制度只是客觀心靈的反映。黑格爾在形上學方面是個唯心論者。可是，對陳亮及其同儕（他們都是浙東的功利學派）來說，實在所在的「一個層次」是形而下層次，而凡是形而上的都存於形而下範圍之中。陳亮及其同儕都是實在主義者。用中國的名詞來說，道不能離開器，器也不能離開道。這些中國的功利主義者認為道只能存於器之中。如將道和器分開，則既不能知道，也不能知器。

由於這個立場的關係，陳亮及其同儕好鑽研制度，歷史和各種習俗。可是，用黑格爾術語來說，這些都稱為「客觀心靈」，而中國哲人只自限於能見能觸者。這是陳亮和朱熹辯論的背景——這次辯論的中心問題是政治哲學與中國歷史的發展。關於後一個，陳亮曾著十論，他曾將其中五論送與朱熹覽讀。

在解釋中國歷史時，陳亮以堯舜之世為奠定公理正義原則之基石。由於這種睿智，使堯舜之治成為眾所周知之事。夏禹恐禪讓之選因競爭而導致國家之亂，始為家天下。商湯伐桀，周武王伐紂，都是順天應人之舉。陳亮指責秦始皇的暴政，此暴政使秦朝於不數年之間覆亡。另一方面，他讚揚漢唐兩盛世。他認為漢高祖劉邦是個特出的人，他對於唐代李氏的看法，也是如此。李氏一心於救民水火，乃反抗隋朝，終於建立唐朝。李世民行仁政可敬可佩。陳亮反對後世儒者責漢唐之世，他說：

使漢唐之義不足以接三代之統緒，而謂三四百年之基業可以智力而扶持者，皆後世儒者之論也。世儒之論不破，則聖人之道無時而明，天下之亂無時而息矣。悲夫！（陳亮，《龍川文集》卷三）

當朱熹讀完陳亮之五論時，他回書陳亮說，從陳的觀點看，是義利雙行王霸並用。這句話是基於朱熹哲學上，對形而上世界純淨完善與形而下世界汙濁缺陷之間的區別。

陳亮在第一次覆書中說：

自孟荀論義利王霸，漢唐諸儒未能深明其說。本朝伊洛諸公，辨析天理人欲，而王霸義利之說於是大明。然謂三代以道治天下，漢唐以智力把持天下，其說固已不能使人心服。而近世諸儒遂謂三代專以天理行，漢唐專以人欲行。其間有與天理暗合者，是以亦能久長。信斯言也，千五百年之間，天地亦是架漏過時，人心亦是牽補度日。萬物何以阜蕃，而道何以常存乎？故亮以為漢唐之君，本領非不洪大開廓，故能以其國與天地并立，而人物賴以生息。唯其時有轉移，故其間不無滲漏。曹孟德本領一有蹺欹，便把捉天地不定，成敗相尋，更無著手處，此卻是專以人欲行。而其間或能有成者，有分毫天理行乎其間也。諸儒之論為曹孟德以下諸人設，可也。

以斷漢唐，豈不冤哉？……

諸儒自處者曰義曰王。漢唐做得成者曰利曰霸。一頭自如此說，一頭自如彼做。說得雖甚好，做得亦不惡。如此卻是義利雙行王霸并用。

如亮之說，卻是直上直下，只有一個頭顱做得成耳……。只如太宗，亦只是發他英雄之心。誤處本秒忽，而後斷之以大義。豈右其為霸哉！發出三綱五常之大本，截斷英雄差誤之幾微。而來諭乃謂其非三綱五常之正。是殆以人觀之，而不察其言也。（陳亮，《龍川文集》卷二十）

我要提醒讀者注意上文中所謂：「卻是直上直下，只有一個頭顱做得成耳。」這句話明白顯示，陳亮只承認實際的，不同意朱熹兩頭之說（形而上和形而下）。

朱熹覆陳亮書曰：

嘗謂天理人欲二字，不必求之於古今王霸之迹，但反之於吾心義利邪正之間。察之愈密，則其見之愈明。持之愈嚴，則其發之愈勇。孟子所謂浩然之氣者，蓋斂然於規矩準繩不敢走作之中，而其自任以天下之重者，雖賁育莫能奪也，是豈才能血氣之所為哉！

老兄視漢高帝唐太宗之所為，而察其心果出於義耶？出於利耶？出於邪耶？正耶？若高帝，則私意分數，猶未甚熾；然已不可謂之無。太宗之心，則吾恐其無一念之不出於人欲也。直以其能假仁借義以行其私。而當時與之爭者，才能知術既出其下，又不知有仁義之可借，是以彼善於此，而得以成其功耳。若以其能建立國家傳世久遠，便謂其得天理之正，此正是以成敗論是非，但取其禽獲之多，而不羞其詭遇之不出於正也。千五百年之間，正坐如此。所以只是架漏牽補，過了時日。其間雖或不無小康，而堯舜、三王、周公、孔子所傳之道，未嘗一日得行於天地之間也。若論道之常存，卻又初非人所能預。只是此個，自是亘古亘今，常在不滅之物。雖千五百年，被人作壞，終殄滅他不得耳。漢唐所謂賢君，何嘗有一分氣力，扶助得他耶……但鄙意更欲賢者百尺竿頭進取一步，將來不作三代以下人物，省得氣力為漢唐分疏。（《朱子文集》卷一）

以下為陳亮與朱熹之第二書：

昔者三皇五帝，與一世共安於無事。至堯而法度始定，為萬世法程。禹啟始以天下為一家而自為之……湯放桀於南巢而為商。武王伐紂取之而為周。武庚挾管蔡之隙，求復故業。諸嘗與武王共事者，欲修德以待其自定。而周公違眾議，舉兵而後勝之，夏商周之制度，定為三家，雖相因而不盡同也。五霸之紛紛，豈無所因而然哉！老莊氏思天下之亂無有已時，而歸其罪於三王，而堯舜僅免耳。使若三皇五帝，相與共安於無事，則安得有是紛紛乎？其思非不審，而孔子獨以為不然，三皇之化不可復行，而祖述止於堯舜，而三王之禮，古今之所不可易。萬世之所當憲章也。芟夷史籍之煩辭，刊削流傳之訛謬，參酌事體之輕重，明白是非之疑似，而後三代之文燦然大明，三王之心迹皎然不可誣矣。後世徒知尊慕之，而學者徒知誦習之，而不知孔子之勞，蓋如此也。當其是非未大明之時，老莊氏之至心豈能遽廢而不用哉？亮深恐儒者之視漢唐，不免如老莊當時之視三代也。……

夫心之用，有不盡而無常泯。法之文，有不備而無常廢。人之所以與天地並立而為三者，非天地常獨運而人為有息也。人不立，則天地不能以獨運。捨天地則無以為遽矣。不為堯存，不為桀亡者，非謂其捨人而為道也。若謂遽之存亡，非人之所能與，則捨人可以為道，而釋氏之言不誣矣。使人人可以為堯，萬世皆堯，則道豈不光明盛大於天下！使人人無異於桀，則人紀不可修，天地不可立，而道之廢亦已久矣。天地而可架漏過時，則塊然一物也，人心而可牽補度日，則半死半活之蟲也。道於何處而常不息哉。

唯聖人為能盡倫，自餘於倫有不盡，而非盡欺人以為倫也。唯王為能盡制，自餘於制有不盡，而非盡罔世以為制也。欺人者人常欺之。罔世者人常罔之。烏有欺罔而可以得人長世者乎？不失其馳，捨矢如破，君子不必於得禽也，而非惡於得禽也。範我馳驅而能發必命中者，君子之射也。豈有持弓矢審固，而甘心於空返者乎？御者以正，而射者以手，親眼便為能，則兩不相值而終日不獲一矣。射者以手，親眼便為能，而御者委曲馳驟以從之，則一朝而獲十矣。非正御之不獲一，射者之不以正也，以正御逢正射，則不失其馳，而捨矢如破，何往而不中哉？孟子之論，不明久矣，往往反用為迂闊不切事情者之地。亮非喜漢唐獲禽之多也。正欲論當時御者之有罪耳。高祖太宗本君子之射也，唯御者之不純乎正。故其射一出一入而終歸於禁暴戢亂。愛人利物而不可掩者，其本領宏大開廓故也。故亮嘗有言三章之約，非蕭曹之所能教，而定天下之亂。又豈劉文靖之所能發哉？此儒者之所謂見赤子入井之心也，其本領開廓，故其發處便可以震動一世，不止如見赤子入井時微眇不易擴耳……高祖太宗及皇家太祖，蓋天地賴以常運而不息，人紀賴以接續而不墜。而謂道之存亡，非人之所能預，則過矣。（《龍川文集》卷二十）

從上述書信內容看來，我們知道，陳亮不認為形而上與形而下之間有何界限，也不認為哲人王與後世平常君主有何不同。事實上，他甚至不承認道德與功利有何不同。總之，他只相信「一頭」（一層次說），或者說，他只相信一種世界的存在，即自然和實在世界的存在。

朱熹和陳亮繼續書信往返，於是朱熹有致陳亮的第三封書信，以表示他對功利的看法。朱熹說：

來教云云，其說雖多，然其大概，不過推尊漢唐，以為與三代不異；貶抑三代，以為與漢唐不殊。而其所以為說者，則不過以為古今異宜，聖賢之事，不可盡以為法。但有救時之志，除亂之法，則其所為雖不盡合義理，亦自不妨為一世英雄。然又不肯說此不是義理。故又須說天地人并立為三，不應天地獨運，而人為有息。今既天地常存，既是漢唐之君只消如此。已能做得人底事業，而天地有所賴以至今。其前後反覆，雖縷縷多端，要皆以證成此說而已。若熹之愚，則其所見固不能不與此異，然於其間，又有什麼不能不同者……

來書心無常泯，法無常廢一段，乃一書之關鍵。鄙意所同，未有多於此段者也。而其所異，亦未有甚於此段者也。蓋有是人，則有是心；有是心則有是法。固無常泯常廢之理，但謂之無常泯，即是有時而泯矣；謂之無常廢，即是有時而廢矣。蓋天理人欲之并行，其或斷或續，固宜如此。至若論其本然之妙，則唯有天理而無人欲。是以聖人之教，必欲其盡去人欲，而復全天理也。若心則欲其常不泯，而不恃其不常泯也。法則欲其常不廢，而不恃其不常廢也。所謂「人心唯危；道心唯微。唯精唯一，允執厥中。」者，堯、舜、禹相傳之密旨也。夫人自有生而梏於形體之私，則固不能無人心矣。然而必有得於天地之正，則又不能無道心矣。日用之間，二者并行，迭為勝負。而一身之是非得失，天下之治亂安危，莫不係焉。是以欲其擇之精，而不使人心得以雜乎道心，欲其守之一，而不使天理得以流於人欲，則凡其所行無一事之不得其中，而於天下國家，無所處而不當。夫豈任人心之自危，而以有時而泯者為當然，任道心之自微，而幸其須臾之不常泯也哉？……

朱熹繼續表示，堯舜禹湯文武之後，道不行於世矣。他的解釋如下：

然自孟子既沒，而世不復知有此學。一時英雄豪傑之士，或以資質之美，計慮之精，一言一行偶合於道者，蓋亦有之。而其所以為之田地根本者，則固未免乎利欲之私也。而世之學者，稍有才氣，便自不肯低心下意，做儒家事業，聖學工夫。又見有此一種道理，不要十分是當，不礙諸般作為，便可立大功名，取大富貴。於是心以為利，爭欲慕而為之，然又不可全然不顧義理。便於此等去處，指其須臾之間，偶未泯滅底道理，以為只此便可與堯舜三代比隆。而不察所以為之田地本根者之無有是處也。

夫三才之所以為三才者，固未嘗有二道也，然天地無心而人有欲。是以天地之運行無窮，而在人者有時而不相似。蓋義理之心頃刻不存，則人道息。人道息，則天地之用雖未嘗已，而其在我者則固即此而不行矣。不可但見其穹然者常運乎上，頹然者常在乎下，便以為人道無時不立，而天地賴之以存之驗也。夫謂道之存亡在人，而不可捨人以為道者，正以道未嘗亡，而人之所以體之者，有至有不至耳。非謂苟有是身則道自存，必無是身然後道乃亡也。天下固不能人人為堯，然必堯之道行，然後人紀可修，天地可立也。天下固不能人人皆桀，然亦不必人人皆桀，而後人紀不可修，天地不可立也。但主張此道之人，一念之間不似堯而似桀，即此一念之間，便是架漏度日，牽補過時矣。且曰心不常泯，而未免有時之或泯，則又豈非所謂半生半死之蟲哉。蓋道未嘗息，而人自息之……

夫人只是這個人，道只是這個道，豈有三代漢唐之別？但以儒者之學不傳，而堯舜禹湯文武以來，轉相授受之心不明於天下。故漢唐之君，雖或不能無暗合之時，而其全體，卻只在利欲上。此其所以堯舜三代自堯舜三代；漢祖唐宗自漢祖唐宗，終不能合而為一也。今若必欲撤去限隔，無古無今，則莫若深考堯舜相傳之心法，湯武反之之功夫，以為準則，而求諸身。卻就漢祖唐宗心術微處，痛加繩削，取其偶合而察其所自來，黜其悖戾而究其所從起，庶幾天地之常經。古今之通義，有以得之於我。不當坐談既往之迹，追飾已然之非，便指其偶同者以為全體，而謂其真不異於古之聖賢也。

接著，朱熹解釋何以漢高祖和唐太宗不能與三代比隆。他說：

且如約法三章固善矣。而卒不能除三族之令，一時功臣無不夷滅。除亂之志固善矣，而不免竊取宮人，私侍其父，其他亂倫逆理之事，往往皆身犯之。蓋舉其始終而言，其合於義理者常少，而其不合者常多，合於義理者常小，而其不合者常大。但後之觀者，於此根本功夫，自有欠闕。故不知其非，而以為無害於理，抑或以為雖害於理，而不害其獲禽之多也。觀其所謂學成人，而不必於儒；攬金銀銅鐵為一器，而主於適用，則亦可見其立心之本，在於功利。（《朱子文集》卷一）

以下所述是略述陳亮與朱熹論辯之大要。和往常一樣，他提出許多非常尖銳的問題。

(1)心有時而泯可也，而謂千五百年常泯可乎？法有時而廢可也，而謂千五百年常廢可乎？
(2)至於全體只在利欲上之語，竊恐待漢唐之君大淺狹。
(3)而謂漢唐不無愧於三代之盛時，便以為欺罔者。不知千五百年之間以何為真心乎？
(4)一生辛勤於堯舜相傳之心法。不能點鐵成金，而不免以銀為鐵，使千五百之間成一大空闕。

（《龍川文集》卷一）

陳亮在此封書信中明白告訴我們，他根本未為朱熹的議論所說服。這裡，我們可以看到，陳亮堅守只問事實的立場，頗似英國的功利主義者或經驗論者。

朱熹接到陳亮第三封書信後，寫了回信給陳亮，他在信中強調常存之理永久不變之觀點。當然，聖人使道行於世，但非聖人獨力之功，後世英雄豪傑的事功成就亦未嘗背於理。

朱熹繼續說：「但古之聖賢，從本根上便有唯精唯一功夫，所以能執其中，徹頭徹尾，無不盡善。後來所謂英雄，則未嘗有此功夫。但在利欲場中，頭出頭沒。其資美者，乃能有所暗合。而隨其分數之多少，以有所立。然其或中或否，不能盡善，則一而已。來諭所謂三代做得盡，漢唐做得不盡者，正謂此也。然但論其盡與不盡，而不論其所以盡與不盡。卻將聖人事業，去就利欲場中，比並較量，見有彷彿相似，便謂聖人樣子不過如此，則所謂毫釐之差，千里之謬者，其在此矣。」

（《龍川文集》卷一）

朱熹與陳亮書信往返辯論之後，陳亮將所有往來書信送與陳傅良評斷。陳傅良的回覆如下：

功到成處便是有德，事到濟處便是有理；此同甫之說也。如此則三代聖賢枉作工夫。功有適成，何必有德？事有偶濟，何必有理？此晦庵之說也。如此則漢祖唐宗，賢於僕區不遠。（《宋元學案・龍川學案》，黃宗羲按引）

陳傅良似乎對兩人都不滿。不過，他說，朱熹足踏實地，而陳亮則似帶劍闖入朝者——這就是說，陳亮是個坦白的人。

朱熹與陳亮之間的辯論，在陳亮分別於西元一一八五年和一一八六年與朱熹兩書後結束。陳亮在其中第一封信中說：

天地之間，何物非道？赫日當空，處處光明，閉眼之人，開眼即是。豈舉世皆盲，便不與共此光明乎？眼盲者摸索得著，故謂之暗合。不應二千年間有眼皆盲也。亮以為後世英雄豪傑之尤者，眼光如黑漆，有時閉眼胡做，遂為聖門之罪人。及其開眼運用，無往而非赫日之光明，天地賴以撐住，人物賴以生育，今指其閉眼胡做時，便以為盲，無一分眼光。指其開眼運用時，足以為偶合，其實不離於盲。嗟呼冤哉！

因吾眼之偶開，便以為得不傳之絕學。三三兩兩，附耳而語，有同告密，畫界而立，一似結壇。盡絕一世之人於門外，而謂二千年之君子皆盲眼不可點洗，二千年之天地日月若有若無，世界皆是利欲。……

祕書以為三代以前都無利欲，都無要富貴底人。今詩書載得如此潔淨，只此是正大本子，亮以為才有人心，便有許多不淨潔。革道止於革面，亦有不盡概聖人之心者。聖賢建立於前，後嗣承庇於後，又經孔子一洗，故得如此淨潔。祕書亦何忍見二千年間世界塗涴，而光明寶藏獨數儒者自得之，更待其有時而若合符節乎？（《龍川文集》卷二十）

然一一八六年所寫的第二封信，措辭相當客氣。陳亮說，他不是故意和朱熹立異，只是希望他所作的有補於此位大儒之見地而已。

現在，我們試立一表，分列這兩位辯論者在哲學上的不同觀點。

朱熹	陳亮
(1)朱熹是位嚴謹的道德家。	(1)陳亮是位功利主義者。
(2)朱熹之議論基於兩層次說：即形而下和形而上。	(2)陳亮之議論基於一層次說：即形而下，形而下概括形而上。
(3)朱熹基於兩層次說，認為統治者有兩類，聖王如堯舜以及後世帝王。	(3)陳亮根據其一層次說，認為後世帝王雖其功不盡完善，亦不能全視為自利。

(4)	朱熹認為後世無有聖王，使千五百年間成一大空闕。	陳亮認為不可能千五百年成一空闕。
(5)	朱熹認為道雖常存，然而道之行卻在人之知道與行道。	陳亮說：人與心，自始即為此人與心。豈能千五百年皆盲而無識於道？
(6)	朱熹以五經所云均具權威，可是，關於此點，並無反對陳亮之語。	陳亮認為三代之時與三代之前，其人民不會如經書所云之完善。古人與今人都是相同的。

陳亮和朱熹的往來書信可說是對朱熹形而上的國家論的反駁。黑格爾謂「凡合理者皆實在；凡實在者皆合理」，如果說朱熹的國家論與黑格爾之論相合，則是過甚其辭。然而，他認為國家只為人民的公益而存在，國家和統治者的功用非常明確，唯有堯舜與屬於堯舜者才合乎準繩。在這方面，朱熹對陳亮曾未稍移。

不過，朱熹的思想並非始終一貫。因為人生於兩個世界：形而下與形而上世界，所以，兩頭都要考慮到。人有志願和欲望，所以，人自無能避免錯誤。為人君者，固有其必行之義務，然不能期其均能如柏拉圖筆下之保衛者。因此，朱熹將帝王歸於兩類：堯舜等聖王與後世帝王，是太過嚴格了。

國家問題或政府問題，是人生於世的基本問題之一。人民的生活是這問題的基礎。如果朱熹想以兩層次即本質和氣質層次探索人性，便必須從兩方面觀察並計慮人性，因此，也須從兩方面來考量國家：一是從理想的潔淨面，一是現實的不完善方面。但事實上朱熹並沒有像分析人性那樣將此法用於分析國家或政府。如果他如此作過，可能已發現一種能為陳亮所接受的國家論，像張載人性論之能使陳亮接受一樣。

陳亮對朱熹所謂千五百年間架漏過時的嚴厲批評，相當於英國哲學家霍勃浩斯 (L. T. Hobhouse) 對黑格爾和鮑桑接[5] (Bosanquct) 的反對。霍勃浩斯說：「黑格爾承認『惡國』之存在，卻只簡單地略加討論。國家是現實的，其現實性在於特殊之目標實現全體之利益……如果沒有這種統一，某一事物便不是現實的，即便可以假定其存在，亦是如此。『惡國』是一僅僅存在之國。病人的身體也存在，但非真正的實在。因此，我們不問個人和普通利益之一致，其真實性到何種程度；個人利益和普通利益衝突時，我們應如何處理；我們應如何克治不健全的國家；個人發現自己無能為力時有何義務，因為我們發現，實在與存在之間這種根本不正確的區別，已淹沒了這整個問題。病人的身體和健康人的身體一樣的實在，如果我們承認黑格爾對『實在』所立的標準，則任何現存或過去的國家都不是實在的。」

朱熹有所謂千五百年間架漏過時之說，認為此時期之中國是不實在的。因此，霍勃浩斯此一批評也可以用在朱熹對中國歷史發展的看法上。朱熹的看法，必然會產生一套形而上的國家論。如果有人問我：「你贊同陳亮的國家論嗎？」我會回答說，這是另一問題，此地無法討論。但是，這裡我可以說，國家確有兩方面：實質生活和道德價值。總有一天，對這兩方面的研究會帶來較佳的政

5 鮑桑接 (1848–1923)，英國新黑格爾主義、英國唯心主義和新自由主義的代表人物，其積極參與社會改革，論著超過二十本書。

治方式，可是，到現在為止，這較佳的方式還是一個謎，人類還沒有發現。陳亮的論駁有其可取之處，只是過分重視漢高祖唐太宗等人物。自由問題、個人問題、政府各部門互相制衡與公民對政府之制衡問題——這些都是陳亮無法想到的。

陳亮與朱熹之間的辯論，顯示形而上的國家論如何產生反證論法。所謂唯有堯舜這類人物才能使國家入於治世之說，是中國式的形而上國家論，這種國家論自孔孟以來即已存在。陳亮只略為道破，還沒有加以科學的批判。真正批評的研究和討論的確是需要的。

明清交替與徐光啟[1]

上章我們知道，明朝末年，內憂外患交相而來。在這種情勢之下，東林學派[2]覺得，若要挽救時局，除了直言批評朝政以外，別無他途。於是，當時許多思想家便捨棄仍然盛行的陽明思想。此一新興趨勢反對沉空思索或形而上思辨，代之以實證或實用觀點，只是彼此之間稍有不同而已。

從明末到清初，曾有很多人希望發見新的思想方向。當時，沒有任何一派思想占絕對優勢，而每位思想家之是否站得住，也都全靠個人的成就。現在，我先簡述這些思想家的生平。

㈠徐光啟（一五六二—一六三三年）。徐光啟結識西元一五五二年來華的耶穌會傳教士利瑪竇[3]。

1 徐光啟，字子先，號玄扈，教名（洗禮名）保祿，明朝末年西學、數學、水利、農學等領域學者，其為中西文化交流之重要先驅，與當時傳教士利瑪竇合作翻譯歐幾里得《幾何原本》，著有《農政全書》、《徐氏庖言》等著作。

2 東林學派是明朝末年以江南地區士大夫為主的政治集團，當時除了東林黨之外，還有浙黨、齊黨、楚黨等非東林黨，東林黨爭乃東林黨與非東林黨集團之爭鬥。

3 利瑪竇（一五五二—一六一〇年），天主教耶穌會傳教士，於一五八三年抵達中國，是天主教在華傳教的他從利瑪竇處學到有關數學、天文、槍砲製造的知識以後，於西元一六〇三年受洗為基督徒。徐氏自認從西方科學及基督教中發現了許多實際而有用的知識。他也許也是第一個在原有名字之上加上外國名字的中國人。

㈡朱舜水[4]（一六〇〇—一六八二年）。對已成為陽明信徒理智遊戲的良知觀念仔細分析後，朱舜水反對這種作法，他喜歡日常生活中人人都可以實行的簡單基本原理。南京陷落之後，他取道安南去日本求援。可是，當他知道自己的努力終歸無效時，便在日本定居下來，成為水戶黃門德川源光圀的顧問，身邊集結許多日本弟子。他的思想是遵循朱子的方向。

㈢顧炎武（一六一三—一六八二年）。顧炎武攻擊陽明學派，他提倡以經學代替空談心性。他到處遊歷，因為他對地理有興趣。他也對史學有興趣。

㈣孫奇逢[5]（一五八四—一六七五年）。孫奇逢是《理學宗傳》一書的作者，他反對權閹魏忠賢，抵抗滿清。對朱子和陽明的態度不偏不倚。他說：「門宗分裂，使人知反而求諸事物之際、晦翁之

開拓傳教士之一，也是第一位鑽研中國典籍的西方學者。他主張將天主教教義與中國文化相結合，方能讓中國人接受信教。

4 朱舜水，名朱之瑜，字魯璵，舜水為其號，為明朝思想家、文學家、史學家。舜水為餘姚江之古稱，為朱移民日本後所起，以示不忘故土之情。與顧炎武、方以智、王夫之、黃宗羲並稱為「明末五大師」。

5 孫奇逢，字啟泰，號鍾元，為明末清初理學大家，晚年因講學於輝縣夏峰村，故世人稱其為夏峰先生。

功也。然晦翁沒而天下之實病不可不洩，詞章繁興，使人知反而求諸心性之中，陽明之功也，然陽明沒而天下之虛病不可不補。」（梁啟超，《中國近三百年學術史》，第六十四頁。）

㈤黃宗羲[6]（一六一〇－一六九五年）。黃宗羲為《宋元學案》及《明儒學案》的作者，是少數仍然贊同陽明學說者之一。他根據其師劉宗周[7]的觀點解釋王學；當明朝亡國時，他批評學者崇尚空談及對經書無知。他研究史學的目的是希望學者多多了解學術事業應建築在比過去較為堅實鞏固的基礎上。

㈥王夫之[8]（一六一九－一六九二年）。王夫之著作中表現反清的強烈民族感情，他是後來鼓舞清末中國革命運動的三位學者——另兩位是顧炎武和黃宗羲——之一。一六四八年，他的抗清義軍失敗之後，先加入廣西桂王朝廷，後來知道明事無可為，便回到故里衡陽，從事於學四十年之久。他遺下著作有七十種，共三百五十八卷，在到十九世紀中葉前，其中沒有一部刊行過。他的哲學思想是基於張載之說，即氣為宇宙之根本。總之，王夫之認為物質或所存在的為哲學的起點。

6 黃宗羲，字太沖，號梨洲，為明末清初經學家、史學家、思想家，世人稱其為南雷先生或黎洲先生，與弟弟黃宗炎、黃宗會號稱「浙東三黃」。著有《名儒學案》、《宋元學案》、《明夷待訪錄》等書。

7 劉宗周（一五七八－一六四五年），字起東，號念臺，為明末哲學家、文學家，因於蕺山書院講學，故世人稱其為蕺山先生，為浙東學派重要代表人物。

8 王夫之，字而農，號薑齋、夕堂，自署船山病叟、南嶽遺民。為明末清初大儒、思想家，晚年因隱居於石船山麓，故世人稱其為船山先生。

(七)李顒[9]（一六二七—一七〇五年）。像劉宗周一樣，這位學者也是明末信從陽明學說的少數人之一。為了對抗當時顯學者談玄說妙的風氣，他著了一部書名叫《四書反省錄》，表明所謂為學應是內心反省與力行。

(八)顏元（一六三五—一七〇四年）。顏習齋痛恨中國陷於滿清之手，所以他反對宋明理學的態度比顧炎武更厲害，他主張以實際行動代替讀書和思想。他希望學者學習騎射以及其他實用知識，使其可以執干戈以禦社稷。在這個時期的所有思想家當中，顏元是反對宋明理學最力的人。

(九)閻若璩[10]（一六三六—一七〇四年）。這位著名的漢學家著有《尚書古文疏證》，這本書對後來的漢學影響很大，因為它是清代第一部批評經文的著作。

現在，如果我們將當時學者文人的觀點加以比較一下，便會發現，他們代表五種不同的思想方式：(1)顧炎武提倡經學；(2)黃宗羲和李顒步劉宗周後塵，為王學之修正者；(3)徐光啟是第一個信奉天主教及西方科學的中國人；(4)朱舜水及其他許多學者認為回到朱熹才是正路；(5)王夫之希望恢復橫渠之學。不同觀點同時存在的事實，表示尚未產生共同一致的看法。這是清代樸學或漢學盛行以

9 李顒，字中孚，號二曲，明末清初儒學家，著有《四書反身錄》、《二曲集》等書，康熙曾以「操志高潔」褒獎之。

10 閻若璩，字百詩，號潛丘，清初經學家、學者，著有《尚書古文疏證》、《潛邱札記》等書。梁啟超稱其為「近三百年學術解放之第一功臣」。

前很多年的情形。樸學之大為盛行，唯一理由是因為學者沒有其他選擇的餘地。在滿清統治之下，學術自由大為限制；思想家受到很多文字獄的迫害。他們時常憂慮，唯恐論學造成爭論，而爭論又帶來滿清皇帝的干涉，因為滿清皇帝對任何批評都很敏感。因此，阻力最少的道路是自限於不開罪任何官場人士的學術活動。這就是清代樸學興起公認的原因。

對陽明學說的沒落及清代樸學的日益興盛有了這種認識以後，我想，現在可以開始更仔細看看一些主要思想家了。我們從徐光啟開始。

徐光啟生於明神宗在位之際。最初，他與其他學者並沒有兩樣，也參加科舉考試以求進身仕途。不過，三十四歲時，發生了一個很大轉變。他在廣東韶州偶然遇到耶穌會神父郭居靜[11] (Cattaneo)。後來，於一六〇〇年去北京途中，訪問居住南京的另一神父利瑪竇，結果沒有見到。三年之後，徐光啟又在南京接受羅如望[12] (Jean de Rocha) 的洗禮成為天主教徒，在原來名字上加上保祿之名。從一六〇四年至一六〇七年，徐光啟與利瑪竇共同翻譯歐幾里德《幾何原本》為中文。此外，利瑪竇還教他天文學、地理學、水力學和農學。差不多十年之後，徐光啟作了一篇重要文章名為〈辯學章疏〉，

11 郭居靜 (Lazzaro Cattaneo, 1560–1640)，字仰鳳，為天主教耶穌會義大利籍傳教士，於一五九四年來華協助利瑪竇傳教。

12 羅如望 (Jean de Rocha, 1566–1623)，明末入華之葡萄牙籍耶穌會士，為當時中國耶穌會會長，曾為徐光啟受洗。

文中要求保護耶穌會教士，這篇文章出現之後，徐光啟又再聞名於時。當時，朝廷恢復了對天主教採取不友善態度的政策，此文之作，即是在禮部侍郎沈潅仇教之下而作的。明軍統帥楊鎬敗於滿清後，徐光啟在一六一九年再度上疏皇帝，請准訓練新軍並赴朝鮮求援。同時，建議朝廷向澳門葡人購買大砲。徐氏建議被採納了，但受阻於忌妒他的官吏而未克實現。在短時期退休之後，又於一六二一年瀋陽及遼陽失守時召回北京。他再度要求派赴朝鮮求援，但是，他的任務又遭人反對——這次是兵部尚書崔景榮。於是，他辭去官職，回到上海徐家匯老家。

但是，這次退休並不比第一次久。一六二八年，新皇崇禎登位，徐光啟任皇帝日講起居注官，次年升任禮部侍郎。他在禮部侍郎任內建議修改曆法，因為原有曆法在推測日食月食時發生錯誤。這個建議使他被任為欽天監，友人李之藻[13]、耶穌會教士龍華民[14] (Longobardi) 及鄧玉函[15] (Terrenz) 為副。當鄧玉函於一六三〇年去世時，他請求湯若望[16]及羅雅谷[17] (Jacques Rho) 協助修改曆法工作。但

13 李之藻（一五七一－一六三〇年），字我存、振之，號涼庵居士、涼叟等，教名良 (Leo)，為明末天文學家、翻譯家，與徐光啟一同受洗成為天主教徒，與利瑪竇合作編譯《同文算指》、繪製《坤輿萬國全圖》。

14 龍華民，原名為尼科洛・隆戈巴爾迪 (Nicholas Longobardi, 1565–1654)，接替過世的利瑪竇的傳教職務，然因其與利瑪竇對待中國禮儀問題的觀點不同，從而引發教廷與清政府之間的中國禮儀之爭。

15 鄧玉函，原名為約翰・施雷克 (Johann Schreck, 1576–1630)，出生於神聖羅馬帝國康士坦茲自由城市，天主教耶穌會傳教士，伽利略的友人，著有《遠西奇器圖說》一書。

16 湯若望 (Johann Adam Schall von Bell, 1591–1666)，字道未，出生於神聖羅馬帝國科隆選侯國，天主教耶

是，在曆法修改工作正在進行時，又因滿清的入侵而分心了，他再度建議向澳門葡人購買火砲彈藥。（後來，派龍華民和畢方濟去澳門購火砲十尊。）一六三〇年，滿清的攻擊中斷了一段短時期；三年之後，徐氏去世。一六四〇年，徐氏孫子徐爾斗將其祖父遺著《農政全書》呈獻皇上；原書為有關農事的著作。

無疑的，徐光啟除了信奉天主教以外，還深受西方科學及技術的影響，也很重視這兩門學問。他生當滿清入侵中國的時期，這個時期頗似曾國藩、李鴻章之生當鴉片戰爭之際，也都同樣地承認西方科學的價值，他們設立江南製造局及譯書館，使國人可以利用西方自然科學、數學、槍砲製造及航海等方面的著作。其實，早在別人還沒想到以前，徐光啟在明朝就開始了這種工作，翻譯了天文和數學的書籍。

陽明學說的沒落、中國天文家計算日食月食的錯誤、佛教的衰弱、東林學派與當權派間的爭端——無疑的，所有這些因素使徐光啟及其友人內心感到不安，而使他們去摸索一條新的信仰之路及新的知識方向。根據中國傳統的看法，「道」與「學」往往被視為有和諧一致的關係。徐光啟將此一關係用到利瑪竇身上，發現利瑪竇卻是此種和諧的典型。這兩樣東西在他身上神奇地混合一起；

穌會修士、神父、學者。

17 羅雅谷 (Giacomo Rho, 1593–1638)，字味韶，義大利籍天主教耶穌會傳教士，曾與徐光啟、湯若望、龍華民及鄧玉函共同編修《崇禎曆書》。

因為，在他身上，天主教表現「道」，而科學則表現「學」。我相信，這是為徐光啟信奉基督教心理因素的正確解釋。但是，讓我們看看他及其友人們的說法如何。從李之藻所作《天主實義》的序言中，我們可以看到：

昔吾夫子語修身也，先事親而推及乎知天。至孟氏存養事天之論，而義乃綦備。蓋即知即事，事天事親同一事……又言帝出乎震，而紫陽氏解之，以為帝者天之主宰。然則天主之義，不自利先生創矣。世俗謂天幽遠不暇論，竺乾氏者出，不事其親，亦以甚矣，而敢於幻天藐帝，以自為尊，儒其服者習聞夫天命天理天道天德之說，而亦浸淫入之……利先生學術，一本事天，譚天之所以為天甚晰。……其言曰：「人知事其父母，而不知天主之為大父母也，人知國家有正統，而不知天主之統，天之大正統也；不事親，不可為子，不識正統，不可為臣，不事天主，不可為人。」而尤勤懇於善惡之辨，祥殃之應……為善若登，登天福堂，作惡若墜，墜地冥獄，大約使人悔過徙義，遏欲全仁，念本始而惕降監，綿顧畏而遄澡雪，以庶幾無獲戾於皇天大主。

（李之藻，《天學初函》，國立北京圖書館珍本書縮影膠卷，第二十五號。）

當徐光啟向皇上上〈辯學章疏〉時，正是對天主教採取不友善政策的時候。因此，徐氏開頭便說，如果一定要控龐迪我[18] (Diego de Pantoga) 等耶穌會教士敗壞人心的話，那麼，他自己應當為他們的過錯負責，因為他也信奉基督教並和他們共同工作。然後他繼續說，他對他們認識很清楚；他們都是聖賢的信徒；他們所信奉之道是正道；他們品性端正，知識廣博，認識深刻，內心真誠，觀點確定不移。現在，我們直接引述徐光啟本人的話。他說：「在彼國中亦皆千人之英，萬人之傑，所以數萬里東來者，蓋彼國教人，皆務修身以事上主，聞中國聖賢之教，亦皆修身事天，理相符合，是以辛苦艱難，履危蹈險，來相印證，欲使人人為善，以稱上天愛人之意，其說以昭事上帝為宗本，以保救身靈為切要，以忠孝慈愛為工夫，以遷善改過為入門。以懺悔滌除為進修，以升天真福為作善之榮賞，以地獄永殃為作惡之苦報，一切戒訓規條，悉皆天理人情之至，其法能令人為善必真，去惡必盡，蓋所言上主生育拯救之恩，賞善罰惡之理，明白真切，足以聳動人心，使其愛信畏懼，發于繇衷故也。」（徐宗澤，《徐上海》〈徐光啟傳〉）

我想，李之藻和徐光啟這些話使我們明瞭，利瑪竇傳來中國的基督教所做的解釋，將基督教傳統中的「天主」與中國傳統思想中的「天」合而為一了。然而，利瑪竇和徐光啟雖認為基督教與儒家可以共存，卻不似對儒家那樣容忍道家或佛家；事實上，對釋道兩家採取敵對態度，在徐光啟著作中，有很多地方敵視釋道兩家。

18 龐迪我（Diego de Pantoja, 1571–1618），字順陽，耶穌會傳教士，於萬曆二十七年（一五九九年）抵達澳門，二十九年（一六〇一年）與利瑪竇一同前往北京傳教，曾為明神宗繪製四大洲地圖，後因南京教案遭驅逐返回澳門。

徐光啟對上疏論迫害天主教士一事值得特別注意。他提出三種考查耶穌會教士的方法以及三種對待這些教士的方式。他說：

㈠翻譯所有關於基督教、自然科學、政治、曆法、醫藥、音樂、水力學和農業方面的書籍。將其中的優劣之點提出公開討論。如果發現其中含有敗壞人心的因素，他願與其他天主教徒自動接受刑罰。

㈡他覺得耶穌會之說與儒家之旨不謀而合，但與釋道兩家不符。讓釋道兩家及耶穌會教士分別討論相符之點。讓儒家也參與討論。如果基督徒不能替自己辯解，他也願自動接受處罰。

㈢如果上述㈠項下所說的譯書事不能立即完成，就讓已譯之書拿來討論。如果不能發現其中有足夠內容改進國人個性和習俗，他願與其他基督徒自動受罰。

下面是徐光啟所提出對待耶穌會教士的三種方式：

㈠由中國朝廷供給他們生計所需，停止他們的外來接濟。

㈡准許耶穌會教士在其居住之地傳道。讓一二十戶人家監視每個耶穌會教士，看看他的所作所為是否正當。若其行為不當，便可驅逐出境。

㈢觀察信奉基督教之中國人的品行，看看他們是否善良。

當徐光啟提出此一有關處理天主教事宜的奏疏時，皇帝在奏疏上批以「知道了」三字。結果廢止了迫害政策。從這裡看來，難怪徐光啟被視為早期中國天主教的三大柱石之一。

而且，我們知道，徐光啟還被視為第一位認為西方科學有益於中國的中國人。他最先將歐幾里德《幾何原本》譯為中文。他的同僚李之藻則翻譯了一部解釋學問基礎的邏輯書。許多西方天文學、水力學和地理學的書籍，都由這兩位譯成了中文。

我們從徐光啟《幾何原本》譯本自序中所說的以及利瑪竇同書中文序言（我想，利瑪竇的序可能是徐光啟按照利瑪竇的意思代寫的），充分了解徐光啟對西方科學價值的認識。徐氏在自序中說：

唐虞之世，自羲和治曆，暨司空、后稷、工虞、典樂五官者，非度數不為功。周官六藝，數與居一焉。而五藝者，不以度數從事，亦不得工也。襄曠之於音，般墨之於械，豈有他謬巧哉？精於用法而已。故嘗謂三代而上為業者，盛有原原本本，師傳曹習之學，而畢喪於祖龍之焰。漢以來，多任意揣摩，如盲人射的，虛發無效，或依擬形狀；如持螢燭象，得首失尾，至於今而此道盡廢，有不得不廢者矣。《幾何原本》者，度數之宗，所以窮方圓平直之情，盡規矩準繩之用也。

利先生從少年時，論道之暇，留意藝學……因請其象數諸書更以華文。獨謂此書未譯，則他書俱不得論。遂共翻其要約六卷，既卒業而復之，由顯入微，從疑得信。蓋不用為用，眾用所基，真可謂萬象之形囿，百家之學海，雖實未竟，然以當他書，既可得而論矣，私心自謂，不意古學廢絕，二千年後，頓獲補綴唐虞三代之闕典遺義，其裨益當世，定復不小。（徐光啟譯，歐幾

里德《幾何原本》，徐序）

當然，徐光啟《幾何原本》序言中這段話對西方科學大加讚揚，文中認為西方科學可以使我們恢復唐虞及三代以來失去的寶藏。換句話說，他對西方科學的看法，甚至可能讓我們覺得他視西方科學的價值，與中國經書同一樣。徐氏在同一序文中對利瑪竇的評價也值得注意。他說：「顧唯先生之學，略有三種：大者修身事天；小者格物窮理，窮理之一端，別為象數。一一皆精實典要，洞無可疑。其分解擘析，并能使人無疑。而余乃亟傳其小者，趨欲先其易信，使人譯其文，想見其意理，而知先生之學，可信不疑。大概如是，則是書之為用更大矣。」（徐光啟譯，歐幾里德《幾何原本》，徐序）從這段話看來，我們可以知道，徐光啟希望告訴我們，利瑪竇人格中含有兩方面，即他的科學知識及基督教。而科學知識只是他宗教的另一面。基督教——科學關係與中國傳統——道學關係間的類似，讀者們是不可能不知道的。

徐光啟在序文之後，曾對歐幾里德的價值也稍作評論。他說：「下學工夫，有理有事。此書為益：能令學理者祛其浮氣，練其精心；學事者資其定法，發其巧思。能精此書者，無一書不可精。」（徐光啟譯，歐幾里德《幾何原本》，徐序）

然後，徐光啟指出歐幾里德所未具有的四「不必」：㈠不必疑；㈡不必揣；㈢不必試；㈣不必改。還有四不可得：㈠欲脫之不可得；㈡欲駁之不可得；㈢欲減之不可得；㈣欲前後更置之不可得。

最後，徐光啟說：「似至晦，實至明。故能以其明，明他物之至晦。似至繁，實至簡。故能以其簡，簡他物之至繁。似至難，實至易。故能以其易，易他物之至難。易生於簡，簡生於明，綜其妙，在明而已。」（徐光啟譯，歐幾里德《幾何原本》，徐序）這些話明顯表示這位第一個熟悉歐幾里德《幾何原本》的中國學者，是了解幾何方法和數學推理的價值的。

現在，我們看看利瑪竇對譯本的序言。作為羅馬天主教傳教士而言，為了他的宗教，他當然希望在中國人心目中留下良好的印象。他知道，最好的辦法是先指出科學的價值。因此，他說：「夫儒者之學，亟致其和，致其知，當由明達物理耳。物理渺隱，人才頑昏，不因既明累推其未明，吾知奚至哉；吾西陬國雖褊小，而其庠校所業格物窮理之法，視諸列邦為獨備焉。故審究物理之書極繁富也。彼士立論宗旨，唯尚理之所據，弗取人之所意；蓋曰理之審，乃令我知；若夫人之意，又令我意耳。知之謂，謂無疑焉，而意猶兼疑也。然虛理隱理之論，雖據有真指，而釋疑不盡者，尚可以他理駁焉，能引人以是之。而不能使人信其無或非也。獨實理者，明理者，剖散心疑，能強人不得不是之，不復有理以疵之，其所致之知，且深且固，則無有若幾何一家者矣。」（徐光啟譯，歐幾里德，《幾何原本》，利瑪竇序）

然後，利瑪竇繼續告訴我們，如何將幾何學定理應用於天文學、力學、土木工程、運輸、測量和地理學等各個不同領域。這些學科都不能離開幾何學。

最後，他說到社會科學和政治科學。他警告說：「不計算本國生計出入錢穀之凡，無以謀其政事；……農人不豫知天時，無以播殖百嘉種，無以備旱乾水溢之災而保國本也。醫者不知察日月五星躔次，與病體相視乖和逆順，而妄施藥石針砭，非徒無益，抑有大害……」（徐光啟譯，歐幾里德，《幾何原本》，利瑪竇序）。他甚至談到軍事策略，因為他知道這個問題對明代當時官吏的重要性。

在這篇序言中，利瑪竇只一次提到天主，而且稍提即過。在他所說當中，百分之九十九都能為今天任何科學家所寫出。

如果我們不提徐光啟同僚李之藻，本章就不算是完整。李之藻也信奉天主教，對數學也有興趣，尤其對地理學最感興趣。當他未遇利瑪竇時，曾繪一世界地圖，及認識利瑪竇以後，發現利瑪竇處也有一幅世界地圖，從經緯線看來，他覺得利瑪竇的地圖比自己繪的好。於是，便成為利瑪竇的弟子，從一六〇四年起，到一六一〇年利瑪竇去世時止，他和徐光啟一直受教於利瑪竇門下。李氏與利瑪竇共同翻譯一本幾何學的書，名為《圜容較義》，以及一本算術的書，名為《同文算指》。他與利瑪竇共同工作十年之後，始受洗為天主教徒，這一點表示，對中國學者來說，改奉信仰問題是多麼嚴重，多麼費時。

西元一六一一年，李之藻回杭州奔父喪，乘便邀金尼閣[19] (Nicolas Trigault)、郭居靜、Sebastian Fetnandez 傳道。同年，他在杭州城建立教堂。大約這個時候，因佛教徒楊廷筠[20]新近改信基督教，使

19 金尼閣，原名尼古拉・特里戈 (1577–1628)，字四表，法蘭西籍耶穌會修士，為首位將五經翻譯成拉丁文的人。

佛教徒非常敵視天主教堂。當楊廷筠第一次要求受洗時，因其蓄妾而被教會拒絕；楊廷筠說：我為御史，為什麼因蓄妾而不能受洗？李之藻向他解釋：基督教會有其改善人生的規則。教會嚴格要求教徒遵守這些規則不被破壞。楊廷筠終於被李之藻說服，放棄侍妾受洗。還有一件有趣的事，在前一年十二月間，證明了欽天監算錯日食時刻。結果，李之藻被薦翻譯有關天文學的西書，以修改曆法。

現在，我們跳過十年，在西元一六二一年，當時正是滿清奪取瀋陽遼陽的時候，李之藻時任光祿寺少卿及工部都水清吏司郎中事，被派往澳門向葡人購買大砲。購來的大砲長十尺，周圍三至四尺，砲口半徑三寸，是當時最好的大砲。不過，由於尚書沈漼的反對，李之藻未能在裝備軍隊方面有更進一步作為。於是，他辭官回歸故里杭州。

他將餘生致力於文事，替龐迪我發起而艾儒略 (Aleni) 完成的《職方外紀》作序，並與傅汎際 (Francis Furtado) 共同翻譯亞里斯多德的 *Caelo et Mundo* 及一篇邏輯論文，名為《名理探》，這是第一部譯為中文的西洋邏輯書。該書雖在一六二八年印行，但是，經過兩百多年，未曾為人注意，直到十九世紀末期，才再度為人發現。此時，穆勒 (John Stuart Mill) 的《穆勒名學》譯成中文，經過研究的結果，才發現早在明朝，西方邏輯就已傳來中國了。

20 楊廷筠（一五六二－一六二七年），字仲堅，號淇園、彌格子，明末政治人物。楊廷筠曾皈依天主教，教名彌額爾 (Michael)，與徐光啟、李之藻同譽為「聖教三柱石」。

在結束本章討論，我要再次表示，徐光啟和李之藻都是具有遠見的人，他們認為西方知識的力量。徐光啟著作中有一個信念，認為科學知識（他認為科學知識是基督教的一部分）可以用來補足儒家。他和李之藻致力於西方科學的介紹，卻沒有犧牲儒家。當時有許多人信守儒家和朱學，反對介紹西方知識，認為徐光啟和李之藻都是反動人物，其實，他們倆人都不像這些人所說的那樣反動；也不像那些希望發展科學而忽視儒家傳統者那樣激進。對徐光啟和李之藻而言，儒家與西方科學之間並無矛盾衝突，儒家與基督教之間也無矛盾衝突。這些生在過渡時期的人，當他們堅認東西方可以互為補足時，給了同時代人最好的忠告。如果接受了他們的忠告，如果康熙、雍正兩朝不曾驅逐傳教士回國，中國可能不致於與西方科學脫節一百五十年之久。換句話說，在這一百五十年間，中國也可能像西方國家一樣不斷地獲取科學知識。那麼，中國人以後對民主和科學的態度可能就不同了。如果在過去三百年間，中國與西方的接觸關係比較緩和的話，義和團之亂及其他不幸的激烈動亂，也可能永不會發生。

朱舜水

我們討論徐光啟之後討論朱舜水；因為朱舜水和徐光啟一樣，在中國哲學史上是被人遺漏的。朱舜水對當時的中國思想家感到不滿，因為朱氏認為他們的所作所為，絲毫不能救國。南京陷落之後，朱氏自動取道安南至日本求援，可是，他漸漸了解明朝之事已無可挽回，便在日本定居。後來，他死在日本。

正如國人所說的，朱舜水是個脫離本身圈子的人。因為他生當明朝亡國之際，大部分時間又住在海外，所以，有機會反省中國哲學對中國的利弊得失。他不是陽明信徒，比較傾向程朱學派。不過，他從不參與任何哲學爭論。他教導日人的方式，充分顯示了他的哲學信念。由於他流離日本，更有機會從事反省，所以，他的觀點與中國學者的一般觀點不同。

在我們簡述他的生平以前，先要指出一點，即他的全集是水戶黃門德川源光圀家於日本印行的，全集有兩篇序言，一為安東守約所作，另一為德川源光圀之子綱條所作。我還要告訴大家，一直到十九世紀末葉，中國人還不知朱舜水之名，這說明了他的名字何以不見於中國哲學史的原因。一直到推翻滿清的革命時期及民國成立以後，中國人才開始認識和研究這位因憎恨滿清而亡命海外的愛國哲人。

朱舜水於西元一六〇〇年生於浙江餘姚，為陽明先生同鄉，卻非常反對陽明之學說。他也是陽明學說修正者黃宗羲的同鄉。在政治上，他與黃宗羲及顧炎武立場一樣，這兩人都是渴望恢復明朝的。

崇禎帝殉國時，朱舜水已四十五歲，他多次拒絕出仕的邀請。後來，南明朝廷命他為江蘇提刑兼任兵部使司郎中。他仍然堅決拒絕任命，因為他不願效力馬士炎屬下。馬士炎認為他拒任官職為抗命，下令逮捕他，如不是不久之後南京陷於滿洲人之手，便要遭逮捕了。後來，福王登基於福建，朱舜水仍然拒絕任官。這時，他與浙江海外小島舟山義軍首領共事，親身去日本，希望得到薩藩領主的援軍，領主原已答允發罪犯三千充任士兵，可是，後來沒有履行諾言。於是，便從日本去安南。

他生命史上的第二個時期開始於啟程赴日之時。迄於此時，他的活動範圍限於國內；可是在一六四五年以後，又在海外效力。他在舟山、安南、日本之間往來有十五年之久，遭受許多困苦和苛責。下面是他歷年往來的經過：

㈠一六四五年：從舟山去日本及安南，又回舟山。

㈡一六五一年：從舟山去安南途中，坐船為暴風雨吹離航線，乃登陸日本，日本不准停留，返回舟山。

㈢一六五三年：去安南途中停於日本。

(四)一六五八年：魯王於一六五六年召他回國，詔令於一六五七年到達。他無法奉令，因為他為了不向安南王跪拜而身繫囹圄。次年獲釋，於夏天到達日本，然後回國。

(五)一六五九年：五度去日本。

(六)一六六一年：六度去日本。這次在日本定居，直到一六八二年去世為止。

關於這幾次日本安南之行的日期與其他行事，中國方面的記載互有出入。因此，上表的日期是根據日本方面的資料，因為他晚年居住日本。我們採用的日本資料是(1)朱氏弟子安東守約所作的朱氏傳記（《朱舜水全集》，日本刊行，附錄〈朱舜水傳〉）。(2)德富豬一郎所著之《日本國民史：德川藩閥》。

朱舜水為什麼去安南求援呢？原因不明。也許明室退至中國西南方以後，安南援兵方便。他在安南做了些什麼事情，也不清楚，只聽到有關他的逸事：就是他不向安南王跪拜，他自己有篇文章談論這件事情。安南王曾規定，如有人懂得漢文，就要帶去見他。朱舜水精通中國文學，一位官員詢問他，然後帶他晉見國王。晉見的儀式很隆重，許多朝臣陪見。在儀式舉行中，有人用杖在沙中劃一拜字，意思是要朱舜水向國王跪拜。朱舜水沒有拜，卻拿杖在「拜」字上劃一「不」字。當然，他被立刻帶離朝堂，甚至威脅他，除非接受跪拜的禮節，否則生命有不虞之慮。可是，他說，他在中國地位崇高，應當不必跪拜。他說寧願死也不跪拜。安南官員聽他這樣說，感到非常奇怪，並且欽佩他的勇氣。於是，安南人請他代作書信回復明廷，並要求他以漢文賦詩一首，他在安南的處境不利，便上疏魯王求其向安南施用壓力釋放他。終於在三個月之後獲得釋放。由於不能直接回國，便先航日本，再回任魯王政府的職位。

朱舜水除在安南遭遇困難以外，在日本也受到不好的待遇。例如，西元一六五一年第二次日本之行時，他寫了一封信給長崎將軍，說明自己國家正在異族統治之下，他如何不服從滿人的剃髮令以及現在如何朱日本要求庇護等情。並說，日人從中國帶回很多絲料、瓷器及醫藥，但是，人比貨物的價值要高，為什麼不讓他留在日本呢？果真不讓留下，便似不辨高下。然後又說，如果讓他留在日本，他會做農夫、園丁、算命先生或校閱書刊者，不會增加政府的負擔。可是，直到一六六一年安東守約和其他日人強請長崎將軍准許朱氏進入國境以前，這位學者的請求一直不曾獲准。從那個時候以後，直到他逝世為止，朱舜水一直在日本以教書為生。

現在，他生命的第三階段開始了。使朱氏能夠居留日本的人，當然是他的弟子安東守約，安東守約為他打開了日本的大門。他們師生的相遇，本是一個叫陳明德的中國人介紹的。安東守約之欽仰朱舜水，不僅因朱氏為學者，也是因其政治態度的忠誠，而這種忠誠態度使他扮演殉道者的角色。

朱舜水定居日本不久之後，寫了一篇文章——〈由安東守約提出的問題而引起的——說明明朝亡國的原因〉。中文名稱為〈楊州實錄〉。（《朱舜水全集》卷二十七）恰巧三年之後，日本三大將軍家之一的水戶黃門德川源光圀派遣一位儒學者小宅生順去長崎物色有學問的外國人。結果，朱舜水於西元一六六五年被邀為水戶黃門效力。他的薪水為一百塊銀圓以及足夠二十人食用的米糧。他誠心與其保護者共同工作，他們一塊兒討論中國哲學、歷史、詩及政治問題——講習的目的總是希望使他如何成為更好的統治者。幾年之後於一六七二年，編修《大日本史》的修史局成立了。該史的主要觀念是尊王攘夷，這正是孔子所謂的春秋大義。此外，朱氏寫了一篇論祭孔儀節的文章，親手造了一具三十分之一比例的木製孔廟模型，並且訓練日本學者祭孔的儀式。當朱氏七十歲和八十歲生日時，水戶黃門德川源光圀隆典慶祝。七十歲生日之後，他叫人造了一具檜木棺材，表示他願意死在日本。在此以前，他早就表示了他的遺志和遺言，希望他的遺體在滿清滅亡以前不要運回故里。他在八十二歲時逝世，我將在以後討論他與日本門人對日本的貢獻。現在，我們先看看他的哲學思想。

我想追溯朱氏哲學思想的淵源。根據一個日本資料的說法，他曾受教於東林學派張肯堂門下。如果此一淵源沒有錯，那麼，朱舜水一定是反對陽明學派的。無論如何，我們可以確定，他是反對談玄說妙和空疏分析的，與陸王學派和朱熹派的爭論不會有何關係。現在，我引述他寫給安東守約的一封信：

> 昔有良工，能於棘端刻沐猴，耳目口鼻宛然，毛髮咸具。此天下古今之巧匠也。若使不佞目炫玄黃，忽然得此，則必抵之為砂礫矣。即使不佞明見其耳目口鼻宛然，毛髮咸具，不佞亦必抵之為砂礫矣，何也？工雖巧，無益於世用也。彼之所為道，自非不佞之道也。不佞之道，不用則卷而自藏耳。萬一世能大用之，自能使子孝臣忠；時和年登；政治還醇；風物歸厚，絕不區區爭鬥於口角之間。宋儒辨析毫釐，終不曾做得一事，況又於其屋下架屋哉？如果聞其欲來，

賢契幸急作書止之。若一成聚訟，便紛然多事矣。此是貴國絕大關頭，萬勿視泛泛也。（《朱舜水全集》卷六，第十封書信）

卷同寫給安東守約另一信中，朱氏重複同一觀念：「不佞之學，木豆瓦登、布帛菽粟而已，伊藤之學，則雕文刻鏤、錦繡纂組也。」又在另一封答某書中說：「文中大意，謂聖賢之道止是中庸，當求之於心性氣志之微，體之於家庭日用之際。不但索之迹象之粗者，總是糟粕，即過於推敲刻核者，亦不足以引根後生。迹象摹擬，既足使人厭棄，而理窮渺忽，亦易令人沮喪，既已厭棄，又復沮喪，最易入於異端邪說。一入於異端邪說，豈尚復有出頭日子？故不若君臣父子夫婦昆弟朋友之間，平平常常做去，自有一段油然發生手舞足蹈之妙。豈有君臣父子夫婦昆弟朋友之道，而與濂洛關閩之學有異焉者？濂洛關閩五先生精研窮理，寧有疑貳？晦庵先生得力於道問學，尚與尊德性者分別頓漸。朱陸之徒遂爾互相抵牾，凡此皆實理實學，與浮誇虛偽豈不風馬牛不相及乎！」（《朱舜水全集》卷三，〈答某書〉）

以下是朱舜水對王陽明的看法，他說：「王文成為僕里人。然燈相照，雞鳴相聞。其擒宸濠、平峒蠻，功烈誠有可嘉。官大司馬、封新建伯。後厄於張璁桂蕚方獻夫，牢騷不平之氣，故託之於講學。若不立異，不足以表現於世。故專主良知，不得不與朱子相水火。孰知其反以偽學為累耶，愚故曰：『文成多此講學一事耳。』是故，古之人唯無私而後可以觀天下之理。無所為而為，而後

可以為天下之法，今貴國紛紛於其末流，而急於標榜，愚誠未見其是也。」（《朱舜水全集》卷三，〈答佐藤問翁〉）

我想，這段話最能表示朱舜水反對陽明哲學，以及他何以如此反對，以及他反對一般空論；而希望運用哲學促進日常生活種種價值的緣故。

但是，最為朱氏憎惡的，是學派之間的學說爭論。下面所述是他對一五〇二至一六二〇年期間所盛行相對立學派的觀察。「即嘉隆萬曆年間，聚徒講學，各創書院，名為道學，分門別戶，各是其師，聖賢精一之旨未闡，而玄黃水火之戰日煩，高者求勝於德性良知；下者徒襲夫峨冠廣袖，優孟抵掌，世以為笑，是以中國問學真種子幾乎絕息。」（《朱舜水全集》卷七，〈答安東守約〉）

那麼，朱舜水自己的立場如何呢？他認為作為學者的第一個條件，是應當真誠。他談到自己時說：「不佞於言行之間，但知內不欺己，外不欺人，行而不言者，有之矣；未有能言而不能行者也。」（《朱舜水全集》，第十封書信）接著，他在一封給奧村德輝的信中說：

世風與日俱下，民行日劣，余之所憂，非在民之愚，而在不誠。譬若基礎，基礎實，則數層之樓可立。是若致力於學，汝當節制物欲，將優於人矣。要而言之，在致其誠於極大，然後有極大之未來。誠者，天之道也，反而求諸誠，所以人之道也，子其識之。（《朱舜水全集》卷二十一

〔譯按，查朱氏書，未見此段，爰先自譯出。〕）

他勸另一位日本弟子近藤定久說：

昔劉忠宣公問司馬光曰：「能一語而終身行之者乎？」司馬光曰：「誠也，汝誠於己，則內外始終，一如是也，為人敬重；誠而純粹者，能為人所信，《中庸》：故君子誠之為貴，孟子云：至誠而不動者，未之有也；不誠，未有能動者也。子思子云：誠則明，明則誠，未有誠而不明者也。」（《朱舜水全集》卷二十一〔譯按，查朱氏書，未見此段，爰先自譯出。〕）

以上所說的，是朱舜水對其個人哲學思想的第一個要求。現在，我們看看他的第二個要求，即生活的敬為主。這一方面，最能表示他傾向程朱學派。程朱學派很重視日常生活中正常道德行為的實際實現。通常道德上的正當行為與吾人本能欲望所希求的並不一致。因此，人應當規範自己內心而以道德律則應用於日常生活中的大小事情。程朱學派主張以「敬」為手段，使人隨時注意生活規範。因為，在中國哲學家的眼裡，實踐正當之事與真理的知識一樣重要，中國思想中的主敬與西方思想中的知識論一樣重要。朱舜水曾向一位以「敬」字題書齋的友人說明此一觀念。他說：「人之為德，莫大於敬。罔念作狂，克念作聖。一心內存，百體從令。夙夜匪懈，習慣成性，安肆日偷，莊敬日強……

「敬之維何？守謙執競。內敬其心，外敬其行。衣冠瞻視，雖曰威儀，奇衺佻達，何德不墮？

動靜云為，表裡如一，念茲在茲，罔敢暇逸。存養省察，有初有終。端本範俗，垂教無窮。」（《朱舜水全集》卷十六）

朱舜水強調禮節為社會生活和個人修養的主要規範，他說了一則故事以解釋這一點：「赴國姓之召，見其將吏并奇居薦紳，皆佻達自喜，屏斥禮教以為古氣，以為骨董。不佞知其事必無成，故萬里嵩行，不投一刺而返。不幸果無所濟。今紛紛未有所底，可見禮也者，不特為國家之精神榮衛，直乃為國家之楨幹，在國家之幹，在一身為一身之幹，未可蔑也。」（《朱舜水全集》卷三）朱舜水不喜談玄說妙，所以，他強調人生每一步冷靜研究的價值。他說：「家有母，學為孝；家有弟，學為友；家有婦，學為和；出而有君，學為忠慎；有朋友，學為信。無從而非學矣。」（《朱舜水全集》卷五）很奇怪的，朱舜水既是學者，又是圀人。他了解農事、木工和剪裁的技術。當德川源光圀請教他有關孔廟建造的方法時，正如我們前面所說的，他親手造了一具一比三十孔廟模型，作為日本木工的標本。這個模型現在仍然保存在水戶。甚至日本木工也欽佩他，因為他們認為他的手藝比自己還高。他還擅於縫製孔廟祭典禮學者所穿的禮服。

因此，我們可以說，朱舜水不是理論家。他不喜歡缺乏實用價值的理論思想體系，他也不浪費光陰去建造它。然而，朱氏對日本學術的影響很大，而且延續至今。他有三個日本弟子特別重要。他們是㈠安東守約，㈡德川源光圀，㈢安積泊。

㈠安東守約之列為第一位重要弟子，是因為如果沒有他，朱舜水就根本不可能留在日本，朱氏曾寫信給他的孫子，告訴他有關安東守約的事情。他說：「日本禁留唐人已四十年。先年南京七船同往長崎，十九富商連名具呈懇留，累次俱不准。我故無意於此。乃安東省庵苦苦懇留，轉展央人，故留駐在此。是特為我一人開此歷禁也。既留之後，乃分半俸供給我。省庵薄俸二百石，實米八十石，去其半止四十石矣。每年兩次到崎省我……其自奉，敝衣糲飯菜羹而已。或時豐腆則魚蝦數枚耳。家止一唐鍋，經時無物烹調，塵封鐵銹。其宗親朋友咸共非笑之、諫阻之，省庵恬然不顧，唯日夜讀書樂道而已。」（《朱舜水全集》卷五，〈與子書〉）

讀安東守約對此一故事的說明，也使人感到有趣。他說：「先賢有以麥舟救朋友之急者，古人稱，師與君父，所在致死，況其餘哉？然則義當悉獻奉，或自取三分之一可也。但辱愛之深，恐不許之。故今取其中，以分其半，若非其義非其道，則奉者受者皆非也。老師高風峻節，必不受不義之祿，豈以守約之所奉，為不義之祿乎？」（德富豬一郎，《德川幕府》第一部下，卷十六）

宋代中國的忠臣烈士（如文天祥）在日人心目中留下的深刻印象，可以部分地解釋安東守約欽仰朱舜水的原因。當安東守約知道朱舜水真是明朝的烈士時，他已產生了崇拜之心。他對朱氏的欽仰之情表現於一六五八年兩人相見時所作的一首詩中：

遠避胡塵來海東，
凜然節出魯連雄，

勵志仗義仁人事，
就利求安眾俗同，
昔日題名九天上，
多年身落四邊中，
鵬程好去謀恢復，
舟楫今乘萬里風。（德富豬一郎，《德川幕府》第一部下，卷十六）

當時，有位學者伊東仁齋[1]非常讚揚安東守約對其中國老師的敬重，他說：「予有聞明學者朱之瑜避清留居長崎，汝自請為弟子，從學於彼，自持不娶而委棄生活之安適，分粟半與之。斯高行節誼，當得人譽，是孟子所謂：獨行特立者，無文王猶興之者也！」（郭垣著，《朱舜水》，第六十頁）

西元一六六三年，長崎大火，燒毀了朱舜水的住屋。安東守約聽到消息後立刻起程去長崎，替朱舜水建立另一房室。

下面所引的一首詩最能顯示這位老師對弟子影響之深。

1 伊東仁齋應為伊藤仁齋（一六二七－一七〇五年），氏族名為鶴屋七右衛門，仁齋為其名，原為朱子學學者，後主張回歸孔孟本義。

我生資鄙賤，
願是長無聞，
令名非所好，
役義亦是非，
花開又花謝，
獨酌不知誰，
最後是知足，
啟閉任良知。（郭垣著，《朱舜水》，第六十一頁〔譯按，查朱氏書，未見此段，爰先自譯出〕）

㈡德川源光圀或水戶黃門是朱舜水的第二個弟子。德川既為統治日本的水戶家家主，希望自己的名字永垂不朽。然而他對朱舜水非常客氣。在朱舜水居住長崎四年之後，這位想請中國學者協助編修日本史。當權的德川家特別贊助已在日本聞名多年的朱熹學派，一六六四年，當日本學者小宅生順被派往長崎調查時，他告訴德川源光圀，唯一可以推薦的人是朱舜水。因此，幾個月之後，這位學者便應邀謁見德川源光圀，頗受德川禮遇，因此，同意留下為德川效力。

這位世子在日本歷史上的地位，最能從他致力編修《大日本史》方面看出來。他是水戶派的精神所在，該派是主張恢復王權此一原則的。大家都知道，雖然當時的幕府將軍掌握了天皇權力，而德川源光圀本人又屬於將軍家，然而，他卻主張天皇應成為真正的主權者——這個觀念後來成為明治時代廢除封建制度的原動力。早就在儒家經書《春秋》以及朱子《資治通鑑綱目》中，表示過這個觀念。總之，無論從早期的書籍或其他資料，這個資料在世子心中留下了深刻的印象。

據說，當德川源光圀還是十八歲時，曾讀司馬遷《史記．伯夷列傳》。當時，他高興得雙手互拍而嘆息著說：「無書如何知唐虞之文？無史象之筆，後世如何得興起？」（德富豬一郎，《德川幕府》第一部下，卷十六〔譯按：因不見德富氏書，爰先自譯出〕）從那個時候起，他就熱心於編修日本史。德富豬一郎在其《日本國民史》中告訴我們，德川源光圀讀了《史記》中〈伯夷傳〉以後深受感動，因此，決心要做三件事：㈠誠心向學以成為學者；㈡效法伯夷，讓位於兄弟之子；㈢編修日本史。德富豬一郎還認為這個水戶黃門是個感覺非常敏銳的人，早已看到了社會責任觀盡會在日人心中成長，因而天皇將成為真正的主權者。但是，誰應成為此一主權者？誰是僭位者？國民對國家的態度應當怎樣？對蠻夷的態度應當怎樣？這些都是早已發生在日人心中的問題。

德川源光圀知道，凡是缺乏皇室世代相傳之根據的，不應成為日本的既定事實。這個觀念古已有之，現已成為水戶派的基本原則，當然，水戶派的創始者就是皇子本人。現在，我們回到日本史的編修問題上來，編修此史的動機是解釋並例證水戶派的基本原則。

作為將軍家的一員，照顧家族的利益是德川源光圀的責任。可是，他卻對自己說：「吾自為將軍家人，然百姓盡皆天皇臣子也，當決於將軍天皇帝間，吾將致之於天皇決定，此即水戶家之法則也。」（德富豬一郎，《德川幕府》第一部下，卷十六〔譯按：因不見德富氏書，爰先自譯出〕）可是，《大日本史》的編寫，早就存在德川源光圀的心中了。

西元一六七二年，成立了所謂「彰考館」的編史局。「彰」、「考」兩字分別意指「觀察過去」和「檢討未來」。該局的備忘錄中說：「史所以記治亂之故，而明善惡以懲治獎賞，中國馬、班之後，史家輩出，著作繁富。日本有上古，近古之史，而無近史之史焉！」（德富豬一郎，《德川幕府》第一部下，卷十六〔譯按：因不見德富氏書，爰先自譯出〕）

《彰考錄》中大都是曾就學朱舜水門下或與他有關的人士。因此，我們可以假設，雖然他沒有親身參與編史工作，卻是整個計畫的首席顧問。實際編修工作是在朱氏弟子安積泊監督之下進行的。

㈢安積泊：據德富豬一郎在其《日本國民史》中所說，安積泊「是完成日本史偉大編修工作的領導人物。十三歲時，就學朱舜水門下；廿六歲時，任為編輯；最後，被選為修史局監督」。（德富豬一郎，《德川幕府》第一部下，卷十六〔譯按：因不見德富氏書，爰先自譯出〕）

安積泊關於歷史方面所說的話值得加以引述。他說：「寫史可有幾種方式：㈠編年是一種；㈡紀傳和特殊研究也是一種。過去帝王紀是屬於第一種。包括一般編史方法在內的第二種歷史，可以劃分為許多小類，如敘述帝王部分，敘述經濟和文化生活部分，敘述帝王之外的其他人物傳記等。其他如政府措施、大臣言行、善良風俗、動亂、儀典、音樂、刑法、行政等，都可以當作特殊題目，分章處理。這就是水戶世子的想法，也是彰考館的工作。」（德富豬一郎，《德川幕府》第一部下，卷

十六〔譯按：因不見德富氏書，爰先自譯出〕

《大日本史》，計帝王本紀七十三章，其他個人列傳一七〇章，在十五年後於聖德五年（一七一五年）完成。德川源光圀之子德川源綱條為該史作序，他在序中提到他父親因讀司馬遷〈伯夷傳〉而引起修史的事情。他說：「歷史記載事件，應就事件實際發生的情形加以敘述。因此，在讀史者看來，好壞是一目了然的當然之事。從古至今，無論道德風氣是好是壞，無論政治開明或腐敗，歷史事實應當讓人了如指掌，好的應當引以為範，壞的應當引以為戒。然後亂臣賊子有所畏懼，而其所作所為有所借鏡，如此便會促進社會義務和責任。作史應坦陳直言。記事應正確無誤。否則，歷史便不可靠。」（《大日本史》卷一）

除了以《大日本史》為表明尊王之合理性的手段以外，德川源光圀還要人們記得楠正成皇子為忠於皇室的象徵。他請朱舜水作楠正成墓誌銘，部分銘文如下：

忠孝著乎天下，日月麗乎天；天地無日月則晦蒙，否塞人心，廢忠孝則亂賊相尋，乾坤反覆。余聞楠公諱正成者，忠勇節烈，國士無雙，搜其行事，不可概見，大抵公之用兵，審強弱之勢於幾先，決成敗之機於呼吸，知人善任，體士推誠，是以謀無不中，而戰無不克，誓心天地，金石不渝，不為利回，不為害怵，故成興復王室，還於舊都。（《朱舜水全集》卷十七）

德川源光圀完成兩件事——編修《大日本史》及建立楠正成皇子紀念碑——最後實現了他最大的理想，即恢復天皇的至高無上地位。當十九世紀封建制度被廢除而君主制度恢復時，此一理想便實際完成了。在水戶派及其創始者德川源光圀孕育的此一改革背後，顯現有這位流亡學者朱舜水的偉大影子！事實上，確立近代日本精神基礎的人就是他，對他來說，能看到儒家思想或新儒家思想在其鄰國土地上生根，一定心滿意足了。

曾滌生之復興宋學運動

乾隆在位之際（西元一七三六—一七九五年），是滿清統治中國最盛之時。當此之時，中國的聲威遠至中亞細亞、緬甸及越南。乾隆時的對外戰爭有好幾次，武功極盛，平定了Sungais，新疆回亂，四川大小金川之亂，並使緬甸和安南臣服中國。可是，認真說起來，這些戰役沒有一次可稱是真正的勝利，因為戰事使國庫空虛，導致財政困難，使滿清的勢力日趨衰落。

不過，在中國本部來說，乾隆的統治尚能保持太平；因此，學者都得到政府的鼓勵。像戴震一類的學者，都能從事訓詁和考據工作，而沒有受到任何阻擾。可是，乾隆去世以後，情形便不同了，開始發生教亂、盜匪和外患現象；中國迅即顯出衰弱的徵象。就在這個時候，學者開始懷疑，是不是應當繼續其訓詁考據的工作，或是做點其他事情以喚起中國人民從事更有效的物質和精神準備工作。這是十九世紀之交的中國一般情勢。也是曾國藩及其同時人物所生活的時代。他們認為，當務之急，是針對戴震及其學派在訓詁工作部分造成的弊病，找出補救之道。

大家都知道，曾國藩是平定一八五三—一八六五年太平天國的主帥。但是，他不僅是軍事領袖，還是一位文人、詩人、理學學者及小學家。在他的軍旅生涯中，他根據新儒家思想而發揮的文章及進德修身事業從未間斷過。對抗太平軍的湘軍，就是以羅澤南[1]、劉孟容[2]、郭嵩燾[3]等一群學友為中心而組成的。我們甚至可以說，曾國藩的軍功主要得力於他的學友。他是王陽明之後第一個成為偉大軍事領袖的學者。

我們先簡單敘述他的生平。他出身的家庭，有五百年之久沒有得過功名。他的父親甚至參加十七次考試之後，才在兒子中秀才的前一年（即西元一八三二年）得中秀才。

曾國藩中秀才（西元一八三三年）後，入某書院求學。他的書桌靠近窗子。據說，有一次，一位脾氣不好的同學埋怨曾國藩擋住他的光線，於是曾國藩問他應當把桌子移到什麼地方，這位同學要曾國藩把書桌移近床邊，曾國藩照他話做。次年，曾國藩中舉人。當這位壞脾氣同學聽到這個消息時，非常生氣；因為那時候人們相信風水帶來好運，這表示曾國藩書桌的位子替他帶來中舉的好運。於是，這位脾氣暴躁的同學說，曾國藩的好運本來應當是他的。於是別的同學提醒他，曾國藩

1 羅澤南（一八〇七－一八五六年），字仲岳，號羅山，晚清程朱派經學家、理學家，湘軍創建者之一，為湘軍早期名將，儒生統兵的代表人物。

2 劉孟容（一八一六－一八七三年），名劉蓉，孟容為其字，號霞仙，為桐城派古文學者，著有《思辨錄疑義》、《養晦堂詩文集》等書。

3 郭嵩燾（一八一八－一八九一年），字伯琛，號筠仙、玉池老人，晚清政治家、軍事家、外交家、改革家，曾隨曾國藩創建湘軍，中國首位駐外使節，後人將其日記輯成《郭嵩燾日記》。

移動書桌，原是他的意思，還有什麼理由埋怨別人。可是，他仍然埋怨曾國藩書桌位置的改變搶走了他的好運；在所有同學當中，只有曾國藩自己沒有怪他，只是默默忍受毫無怨言。這件事充分顯示出這位青年學者的性格。

一、北京為宦時期（一八三八－一八五二年）的曾國藩

曾國藩中舉人後，赴北京參加會試。第一次會試落第。第二次便中進士（一八三八年）。次年進入翰林院，在翰林院期間，從不注意國事，一心向學。此後，他的興趣轉向詞章之學、哲學、小學以及自己興趣所至的其他學問；因為，從此以後，再也不必關心考試了。他特別喜歡韓愈的文章。他曾說姚鼐[4]引發他對詞章之學的興趣。

西元一八四一年，《清儒學案》著者唐鑑[5]從南京遷調北京太常寺卿。曾國藩遇到他後，即致力於程朱之學。這並非表示他只提倡宋學；因為他對小學及詞章之學也有興趣。依他看來，一個完全的學者應有三種訓練：㈠義理之學；㈡考證之學，諸如訓詁、歷史及典章制度；㈢詞章之學。他認為

4 姚鼐（一七三二－一八一五年），字姬傳、夢穀，世稱惜抱先生，清朝文學家，桐城派重要作家。與方苞、劉大櫆二人合稱桐城三祖。著有《惜抱軒全集》等書。

5 唐鑑（一七七八－一八六一年），字鏡海，晚清理學家、義理學派代表人物，為曾國藩之師。

這三種訓練同樣重要。

從西元一八四一至一八五〇的十年當中，曾國藩的大部分時間都在北京度過，只有一次外放為四川鄉試正考官。在這十年當中，他已累宦至工部侍郎，漸漸感到自己不再是一個只營營為生的人，而是身當國家大事的人了。

西元一八五一年，咸豐繼位，曾國藩感到國事日非，於是上表新皇帝直言規諫。其中最有名的是陳述聖德三端，他說，皇上性格中有三大優點，如果運用不當，可能導致不良結果。皇上性格上的第一個優點是謹慎與思慮周密。但是，若有過當之處，則這些特質也可能變成心胸狹小而失遠見，可能忽略國家重大之事，只注意微小之事。皇上性格上的第二個優點是喜讀古書以及效法古之聖賢。但是，這個習慣也可能使他援引古例掩蓋自己的動機。此外，曾國藩還勸咸豐皇帝不必刊行詩文集。第三點對咸豐自尊心的傷害最大，因為這涉及他的人格。曾國藩說，皇上自以為能夠立於客觀公正地位。但是，這種態度可能產生驕矜，對應當關心的事情而不予關心。曾國藩接著舉例說，皇上在最近發布的諭令中曾兩次表示握有用人與黜退之權。如果皇上表示用人端賴公意，則會好得多。否則，如果表示萬事操諸己手，大臣便不敢直言無隱，寧願保持緘默而不欲出於口。如果皇上不欲大臣直言無隱，則周圍的人，將都是阿諛之徒。那麼，一旦有事，就沒有正直之士堪當重任。曾國藩在奏章末尾指出太平軍之事，並表示皇上當務之急是選用能者多擔重任。

當這封奏章到達咸豐手裡時，廷臣多以為將招致皇上不悅，甚至使這位剛直學者受到責罰——

像王陽明貶謫貴州那樣的遭受貶謫。但是，事情大出意外，曾國藩只略受斥責，說他迂腐欠通而已。咸豐接受曾國藩所謂避免喜諛惡直之規諫。他對曾國藩說，諸臣當思為君之難，亦當思為臣之不易。咸豐能容忍曾國藩如此嚴厲的疏諫，以及兩人之間的問對，當時認為一大盛事。

次年（一八五二年）正月，曾國藩遷任吏部左侍郎。六月奉旨充江西鄉試正考官。大約這個時候，他請假獲准回籍省親，途中得知母親去逝消息，加速回里。喪事料理完畢後，咸豐帝命他以在籍侍郎身分辦理團練抵禦太平軍。此後，便開始了曾國藩統領大軍的生涯。

二、征戰時期（一八五二—一八六四年）的曾國藩

簡述太平天國的歷史，可能有助於讀者了解曾國藩軍事活動的背景。太平天國領袖洪秀全[6]本為士子；讀了基督教福音後，信奉基督教。他開始透過上帝會的組織，在家鄉傳播基督教義，上帝會的分子都是他的追隨者。洪秀全自稱為耶穌之弟。由於他所發起的運動具宗教性質，因此，與當時他視為偶像崇拜的傳統宗教發生衝突。清廷視他為顛覆叛亂的人物。他則起來反抗官府，乘奪取小城永安之勝利餘威，宣告成立太平天國，自稱為天王。永安陷落以後，太平軍招募兵馬，人數大增，

6 洪秀全（一八一四—一八六四年），原名洪仁坤，小名火秀，因參加科舉屢試不第，又受當時宣揚基督教刊物的影響，創立拜上帝會，他更聲稱自己受命於天，下凡來誅滅清廷，起事後攻下南京，建立太平天國。

過湖南進軍長江流域；不過，未能攻陷湖南首府長沙。太平軍於一八五三年奪取湖南岳州，從岳州進入長江，沿江東下，直取南京。洪秀全在南京十一年，成為天國的皇帝。

無疑的，太平軍輕而易舉的勝利使清廷大為震動。其實，如果洪秀全奪取南京繼續揮軍北上，可能在一八五四年就結束了清廷的統治；不要等到五十七年以後的一九一一年了。無論如何，清廷深感事態的嚴重，乃命曾國藩以在籍侍郎身分辦理團練抵禦太平軍，因為滿洲旗軍已經不能作戰了。最初，曾國藩不願擔當如此重任，經朋友敦勸後，才同意的。

表面是編練軍隊，實際上他的工作卻是在長江江面裝備一支船艦。我們前面說過，曾國藩得力於一批可靠的學友。因此，人員遴選及指揮部隊，對他而言，是一件輕而易舉的事。過了一段時間以後，他組成了一支萬人的部隊，並有砲船三百艘，戰船七八百艘，悉數準備出擊。

不過，岳州和靖港的第一次接戰，曾國藩失敗了，因為強風吹走了四十條戰船，軍隊又沒有作戰經驗。戰事失利使這位統帥兩次企圖投水自殺，每次都為左右救起。所幸都將塔齊布[7]與彭玉麟[8]在湘潭略有所獲，他們在湘潭打勝了太平軍（一八五四年五月一日），抵償了曾國藩的失敗。這次被視為太平軍自廣西進軍南京以來，官軍的第一次勝利，而太平軍第一次的失敗。

---

7 塔齊布（一八一六—一八五五年），字智亭，陶佳氏，滿洲鑲黃旗人，在太平天國戰爭期間他的軍事才能受曾國藩賞識，因此開始展露頭角，為當時少數知兵善戰的旗人將領，與羅澤南並稱「塔羅」。

8 彭玉麟（一八一七—一八九〇年），字雪琴、雪芹，清末湘軍將領。與曾國藩、左宗棠並稱大清三傑。

統帥的信心增加了，準備奪回湖北首府武昌；武昌是一八五四年六月廿四日為太平軍攻陷的。獲得這次勝利的部將是羅澤南及前述的塔齊布。敵軍喪失戰船千艘。這次勝利非常重要；因為，從此以後，武昌以西的長江上游除一八五五年中武昌有八個月再為太平軍第二度占領之外，都控制在清廷手裡。

此時，曾國藩的計畫是進軍江西和安徽兩省。但是，江西九江位處長江南岸，因此，他先要在長江兩岸對敵作戰。這時，有一個重要的轉捩點，便是田家鎮之役（一八五四年十二月）；在這次戰役中，太平軍橫跨江面的鐵索被官軍砍斷。四千五百艘敵船被焚。太平軍死亡人數達兩三萬之多。曾國藩的部隊和戰船從武昌浮江直下九江，沒有遭到多大抵抗。不過，到達九江後，卻在湖口遇到敵軍的塹壕和砲臺，又在鄱陽湖入口處碰上敵軍預置的流木。當湘軍戰船進入鄱陽湖時，敵軍自後追擊，焚毀官軍很多船隻，包括曾國藩的坐艦在內，船上還載有很多官方文書。曾國藩又自感羞愧而企圖自殺，騎馬衝入戰事最激烈之處。可是，又被左右救出，因為羅澤南與劉孟容的援軍趕到了。曾國藩的一部分水師沉於鄱陽湖，本人則去羅澤南駐軍的南昌。從一八五五年元月至一八五七年二月，一直留在江西，因為太平軍不斷在江西及湖北兩省騷擾，使他無法離開。他居留南昌時期，仍然統領湘軍及水師，並於一八六六年十二月六日命羅澤南與胡林翼[9]奪回武昌。這是他最艱苦最難堪

9 胡林翼（一八一二—一八六一年），字貺生，號潤之，晚清中興名臣，受曾國藩提拔進入湘軍，為湘軍主帥之一，與曾國藩並稱「曾胡」。

的時期，因為他的兵力還不足以對付太平軍經常不斷的騷擾。

一八五七年二月曾國藩父親去世，他堅持回籍守喪三年，清帝知道曾國藩執意如此，便准其所請，但有一條件，若情況緊急時，仍須擔當統軍責任。不過，曾氏出缺期間代行職權之部將的能力，證明了至少在短期足以實行他的計畫。

這個時候，太平軍最勇敢的名將石達開[10]與太平天國另一領袖韋昌輝[11]不和，韋昌輝殺了石達開全家。受害者當然要報復，於是洪秀全便殺了韋昌輝；並將韋昌輝首級送與石達開。但石達開覺得處身南京不易。便與太平天國分道揚鑣，希望在四川建立獨立王國。在他長途跋涉，從東至西抵達目的地後，卻為四川總督駱秉章所執殺。

曾國藩能夠留家一年以上，正是因為太平天國朝廷發生了此一內鬨事件。不過，後來清帝還是命他擔負統軍任務。他擬定了作戰計畫，根據此一計畫，第一步就是奪回安慶。此時，他也抱怨以其現有侍郎地位，留處湘省辦理團練之名義是不合宜的。因為他沒有發號司令的總部，沒有節制各地官吏的權力，也沒有籌募軍費的權力。自四川、浙江兩省受到太平軍威脅以來，朝廷一時命他往

10 石達開（一八三一—一八六三年），綽號石敢當，太平天國武將。

11 韋昌輝（？—一八五六年），名正，字昌輝，為太平天國早期重要的領導人之一。是天京之變的重要人物，因濫殺東王楊秀清及與其意見不同的翼王石達開之親族，而引致石達開等太平軍諸侯對他的不滿，被誅殺。

四川，一時又命他往浙江。同時，曾國藩堅持先取安慶的計畫，因此，他死扼武昌和九江。此時他九弟曾國荃[12]所守的安慶早已被攻下。最後，朝廷終於命曾國藩為兵部尚書、兩江總督節制江西、安徽及江蘇三省軍務。此後，他計畫以湖南、湖北兩省為後門，沿江肅清太平軍，奪取安慶作為進軍南京之跳板。從一八五八年開始，他始終堅持這個作戰計畫，直到一八六四年陷落南京為止。

曾國藩總部設於祈門。他選用最優秀幹部負責施行戰略計畫。楊載福[13]與彭玉麟負責水軍；九弟曾國荃負責取安慶；左宗棠[14]初任安徽巡撫，後任浙江巡撫；李鴻章[15]任江蘇巡撫。這些人都是他的親密夥伴。他們各自小心為戰，並與統帥合作無間。

安慶終於在圍城一年多之後的一八六一年九月五日奪下，這是曾國藩一次偉大的勝利，因為，從此以後，打開了進軍南京的大道。

雖然最初幾年太平軍的指揮迅速而靈活；可是，太平天國控制下的土地卻從來沒有治好。當太平天國建都南京時，其主要工作是派軍至武昌、九江等地以牽制曾國藩。可是，太平軍從來無法截

---

12 曾國荃（一八二四－一八九〇年），字沅甫，號叔純。清朝軍事家，湘軍將領，曾國藩的九弟。

13 楊岳斌（一八二二－一八九〇年），原名載福，字厚庵，同治元年為避穆宗諱改名岳斌，與曾國藩等人鎮壓太平軍有功。曾於光緒十一年率軍至臺淡水，抵抗法軍。

14 左宗棠（一八一二－一八八五年），字季高，號湘上農人，晚清重臣，著名湘軍將領。參與討伐太平天國、洋務運動、陝甘回變等重要歷史事件。與曾國藩、李鴻章、張之洞並稱「晚清四大名臣」。

15 李鴻章（一八二三－一九〇一年），字少荃、子黻、漸甫，號儀叟、省心，晚清重臣，淮軍創始人。

斷朝廷的稅收或減少朝廷的人力。一八五六年以後，由於楊秀清[16]、韋昌輝與前述石達開間的內鬨，太平軍的軍力大為減弱。太平軍因內鬨而喪失的人才比戰場上所失去的還多。李秀成[17]之脫離南京，是由於那時天王兄弟把持南京的大小事務，而他與之相爭的結果。

但是，儘管太平軍總部起了內鬨，還是要等好幾年才取下南京。從一八六二年五月三十一日起，曾國藩即紮營雨花臺，他利用深壕及其他防護方法，不但防衛了自己的陣地，還給太平軍以嚴重打擊，最後，太平軍只好閉城不出。曾國荃頭部受槍傷，部隊因受傳染病襲擊而損失慘重。天王命李秀成自蘇州回師解圍。但是，經四十六晝夜不停的攻擊，始終未能動搖曾國荃的陣地。曾國荃不顧曾國藩要其撤退的勸告，一直圍攻不捨。一八六三年，軍事情況變得對官軍有利，因為曾國荃獲得了所有戰略上有利的據點，完全包圍了南京。由於有效運用挖掘地道的方法，南京城終於在一八六四年七月十九日攻破，天王洪秀全自殺。而早在幾個月前，蘇州已向李鴻章投降（一八六三年十二月五日），杭州並為左宗棠奪回（一八六四年四月一日）。於是，太平天國所占領的土地至此全部收回。

平定太平天國的主要功勞當然要歸於曾國藩。他選用人才適當，他的計畫具有遠見，而他的耐

16 楊秀清（一八二三－一八五六年），為太平天國重要領袖之一，太平天國五王之一的東王，後受洪秀全忌憚，在一八五六年「天京之變」中被洪秀全命人殺害。

17 李秀成（一八二三－一八六四年），太平天國將領，在天京（南京）陷落後帶領幼天王突圍，與之失散後被清軍捕獲。

心和毅力也非常人所及。此外，在運用現代所謂心理戰方面，他表現出明顯的才能。換句話說，他可以堂而皇之地表示戰爭只是維護儒家傳統的手段，因為太平軍敵視儒家傳統，在其占領的土地內燒毀所有孔廟。曾國藩還將太平軍之焚毀佛寺和道觀列為叛亂的罪行。他從事心理戰的另一方式是寫了許多歌謠使民眾歸向官軍。

這裡，我們還要敘述曾國藩的戎馬生涯。一八六五年三月，他轉赴山東，統軍平捻軍之亂。同時，李鴻章繼任兩江總督。本來這位學者戰略家不願再承擔繁重的軍務，卻又不希望違背皇帝的命令，於是啟程北上，設總部於長江北部戰略要地徐州。不久，他就病倒了，於是要求解職。朝廷命他回南京，仍舊擔任兩江總督。

後來，曾國藩轉任直隸總督，重回北方。使他有機會入京，一八六八年年底，曾蒙皇上召對。他居留北京期間，曾到琉璃廠舊書店，這表示他的興趣仍然在學術方面，擔負軍事任務只是義不容辭而已。

在直隸總督任上，曾國藩曾解決了幾件涉及天主教堂與法國使館的案件。他勸清帝不要相信所謂天主教傳教士挖中國人心肝的謠言。

無疑的，他是保守的人；同時，也是自由而開明的，他了解西方科學與工技的優越性。他和李鴻章創設江南製造局於上海，翻譯自然科學、數學、航海、製造槍砲方面的西書幾百種；並且建造船艦、製造槍砲。

曾國藩六十歲時，又回任兩江總督，於就任後一年左右去世。

現在，我們來看看曾國藩的學術事業。他是一個非常特出的人。除了統軍作戰以外，還寫了很多文學及哲學方面的文章。這一點他很像王陽明，王陽明也不曾因軍事行動而妨礙學術事業。

前面我們說過，曾國藩受姚鼐的影響，姚鼐為清代文章大家，曾使曾氏對詞章之學具有敏銳的鑑賞能力。然而他也沒有忽略義理之學。因為，據他所說，除非學術事業包含有三方面，否則便不完全。這一點雖然我早就說過，不過不妨再提一遍。他認為要使學術事業完備，必須包含下述三方面：㈠義理之學；㈡考證之學即訓詁考據；㈢詞章之學。對真正的學者而言，三種學問都同樣重要，在以前我沒有說明曾國藩以文章為載道的工具，而根據於此，他欣賞韓愈和歐陽修的文章，這兩人的作品是中國文章的典型。他編纂了兩部可以稱為詞章之學的書：《十八家詩抄》、《文鈔》。因此，我們不能只把他視為哲學家、小學家或詞章之學的作家；他是兼而有之的學者。

曾國藩對漢學的態度是批判的而非敵對的。他在《朱慎甫遺書．序》中說：「嘉道之際，學者承乾隆季年之流風，襲為一種破碎之學。辨物析名，梳文櫛字，刺經典一二字，解說或至數千萬言。繁稱雜引，遊衍而不得所歸。張己伐物，專抵古人之隙。或取孔孟書中心性仁義之文，一切變更故訓而別創一義。群流和附，堅不可易。有宋諸儒，周程張朱之書，為世大詬。間有涉於其說者，則舉世相與笑譏唾辱，以為彼博聞之不能，亦逃之性理空虛之域。」(《曾國藩全集》文集卷一，頁十三)

關於這個問題，曾國藩又在唐鑑《國朝學案》小案書後中說：「近世乾嘉之間，諸儒務為浩博。

惠定宇、戴東原之流，鉤研古訓。本河間獻王實事求是之旨，薄宋賢為空疏。夫所謂事者非物乎？是者非理乎？實事求是，非即朱子所稱即物窮理者乎？名目自高，詆毀日月，亦變而蔽者也。」（《曾國藩全集》文集卷二，頁二十八）

曾氏便說：「自乾隆中葉以來，世有所謂漢學云者，起自一二博聞之士，稽核名物，頗拾先賢之遺，而補其闕，久之風氣日蔽，學者漸以非毀宋儒為能，至取孔孟書中心性仁義之字，一切變更舊訓，以與朱子相攻難，附和者既不一察；而矯之者，惡其恣睢，因并蔑其稽核之長，而授人以詬病之柄……洞然二者之弊……若無以辨於學術也者，默識而已矣。」（《曾國藩全集》文集卷二，頁五十七）

我們可從這幾段話知道，曾國藩是贊同宋儒之學的。可是，事實上，他並不提倡宋儒之學。他說得非常明白，他是以宋學為指導原則，而不忽視漢學的價值。他是一個心胸寬大的人，認為對完整的文化體系而言，人類任何方面的知識和技術都是必要的，其看法的寬容性在所作《聖哲畫像記》（《曾國藩全集》文集卷二，頁八）中表現得最充分；《聖哲畫像記》作於一八五九年，當時曾國藩正為太平軍困於江西。曾氏在該文中選擇對中國學術傳統有重要貢獻之古今聖賢三十二人，命其子紀澤[18]畫其像，合為一卷。在每一畫像下還附上解釋，說明何以選擇此人的理由，定名為《聖哲畫像記》。

以下是曾國藩所列舉對中國文化有貢獻的三十二人：

18 曾紀澤（一八三九－一八九〇年），字劼剛，號夢瞻，清代著名外交家，為曾國藩之次子，曾任清政府駐英、法、俄國大使。

⑴文王，《易經》之始作者。
⑵周公，周代和平之鞏固者。
⑶孔子（西元前五五一—四七九年），六經刪編者。
⑷孟子（西元前三七二—二八九年），孔子後繼者。
⑸左丘明，《左傳》作者，所謂注《春秋》是也。
⑹莊子（約死於西元前二七五年），莊子的文章和寓言乃中國玄想的最好例子。
⑺司馬遷（西元前一四五—八六年），《史記》作者，中國古代著名史家。
⑻班固（三二—一九二年），《漢書》作者。
⑼諸葛亮（一八一—二三四年），偉大政治家，三國時輔佐蜀主劉備。
⑽陸贄（七五四—八〇五年），唐代政治家，輔佐唐德宗，為德宗朝之理財家。
⑾范仲淹（九八九—一〇五二年），宋代政治家，輔佐宋仁宗。
⑿司馬光（一〇一九—一〇八六年），哲宗朝名相；《資治通鑑》作者。
⒀周敦頤（一〇一七—一〇七三年），理學家，〈太極圖說〉作者。
⒁二程子：程顥（一〇三二—一〇八五年），程頤（一〇三三—一一〇七年）。
⒂張載（一〇二〇—一〇七七年），《西銘》作者。
⒃朱熹（一一三〇—一二〇〇年）。

(17)韓愈（七六八—八二四年），反對佛家而維護儒家傳統者。
(18)柳宗元（七七三—八一九年），唐宋八大家之一。
(19)歐陽修（一〇〇七—一〇七三年），唐宋八大家之一。
(20)曾鞏（一〇一九—一〇八三年），唐宋八大家之一。
(21)李白（七〇一—七六二年），唐代大詩人。
(22)杜甫（七一二—七七〇年），唐代大詩人。
(23)蘇軾（東坡）（一〇三六—一一〇一年），宋代文學家兼詩人。
(24)黃庭堅（一〇四五—一一〇五年），宋代文學家兼詩人。
(25)許慎（五八—一四七年），後漢《說文解字》之作者。
(26)鄭玄（一二七—二〇〇年），六經注釋者。
(27)杜佑（七三五—八一二年），《通典》作者。
(28)馬端臨（六四七年中進士），《通考》之作者。
(29)顧炎武（一六一三—一六八二年）。
(30)秦蕙田（一七〇二—一七六四年），《五禮通考》之作者。
(31)姚鼐（一七三一—一八一五年），影響曾國藩的清代文章大家。
(32)王念孫（一七四四—一八三二年），訓詁考據學家。

上表所列的人物，都是曾國藩認為對中國文化傳統有重要貢獻的人物，從這個表所列的人物看來，我們可以知道，曾國藩既不是純粹訓詁考據家，也不純粹是宋學學者。他的興趣包括整個中國文化。

曾國藩所列三十二位中國文化之構建者，可以分為下列幾類：

I　前四位：文王、周公、孔子乃中國文化的原創者；孟子為孔子之後繼者。

II　次四位：左丘明、莊子、司馬遷及班固，為創造文體之文章家及確定中國文章典型之史家。

III　第三組四位人物：諸葛亮、陸贄、范仲淹及司馬光，各為決定其當時國家命運的政治家。

IV　第四組四位人物（如果將程氏兄弟算作二人的話，應視為五位）為宋學或本書所用新儒學之創立者。他們的目的是承繼儒家傳統的建立。

V及VI　第五及第六組八位人物，為曾國藩深感興趣的文學家及詩人。

VII及VIII　第七及第八組八位人物為訓詁考據家及中國典章制度之研究者。

以上所說的最後兩組人物（VII及VIII）應加以進一步說明。在中國，凡是學者對典章制度的研究，通稱為禮。禮包括國家和社會典章制度；也包括節慶、喪葬、行軍等禮儀。曾國藩本人即致力於此學之研究，因為禮也叫為「經世之學」或「大人之學」。從理論上說，禮的根源在哲學；禮的實際表現在典章制度。因此，禮類似於黑格爾所謂最後綜合於歷史哲學的主觀精神與客觀精神。

當曾國藩舉列中國文化的創造者時，無意間開出了中國民族社會和學術遺產的詳目；不過，此一遺產自十九世紀中葉以來，發生了相當重大的變化。自從那個時候以後，西方文明的衝擊即開始對中國傳統產生壓力，這種壓力從來沒有停止過，大概還會繼續下去。曾國藩視宋儒為孔孟的後繼者。然而，他又說，如果這些新儒者的經書注釋參考漢學家的著作編集而成的話，便會更完善。換句話說，兩派應該視為相輔相成，互為補充，而非彼此水火不容的，曾國藩既不片面地提倡宋學，也不片面地提倡漢學，他希望雙方都在整個中國文化體系中發揮各自的作用。現在，我們看看曾國藩的哲學見解。我們知道，他是一個具有多方面才能的人。但是，由於多年統兵在外，使他未能建立自己的哲學體系。不過，在他擔任統兵職責以前，曾經有過一封寫給劉孟容的信，他在信中說明自己哲學思想的大前提：「一本萬殊」或「理一分殊」。以西方哲學術語表示：「實在的單一性者各家的雜多性」。這是了解宋學的關鍵所在。曾國藩一下就把握住這個大前提。我們看看他給劉孟容的信。他在信中說：「吾之身，與萬物之生，其理本同一源。乃若其分，則紛然而殊矣。親視與民殊。仁民與物殊。鄉鄰與同室殊。親有殺，賢有等，或相倍蓰，或相什佰，或相千萬，如此其不齊也。不知其分而妄施焉，過乎仁，其流為墨，過乎義，其流為楊。生於心，害於政，其極皆可以亂天下，不至率獸食人不止。」（《曾國藩全集》書信卷一，頁七十三）

在這段話中，曾國藩企圖告訴我們，張載《西銘》所謂萬物同源之說誠然不虛；因此，我們應當承認民胞物與的原理。從哲學觀點說，單一實在創造萬殊世界。然而，人各有父母，父母也各有其子女。這樣推展下去，沒有止境。因此，當我們把握一本萬流之說時，我們自然做著是民胞物與，世界一體。但是，這並沒有意思要博愛到極端。另一方面，即使只有常識我們就能知親親有等。而不至於落到楊朱極端的為我主義。總之，在上面這段話中，曾國藩嘗試說明的是，他為學的大前提「理一分殊」是非常重要的，因為這個大前提能夠應用於人類處理各種倫常關係上。

由於無數的分殊，我們應當仔細研究「格物」問題。的確，分殊現象可能不可勝數；在這種情形下，「格物」也是無止盡的。儘管如此，倘如停止「格物」，則如何適當表示仁義的方法將會墮失。曾國藩認為宇宙現象萬殊，一時一刻都不能忽視「格物」工夫。但是，我們不要誤認他所說的格物是對現象、自然界或其他的科學研究。他所說的現象是我們應當面對的實體，他並認為我們應當仔細研究他們。

正如我以前說的，曾國藩從沒有餘暇建立自己的學術體系。然而，他的見識不但廣博，而且特別深遠。他去世前一年所作的日課四條，表示他是一個相當折衷的人；可是，從他廣採各種派別來看，又表示他的思想廣博深遠。日課四條（《曾國藩全集》雜著卷一，頁五十一）討論四個原則：

㈠「一曰慎獨則心安。」這是王陽明後學劉宗周的名言。

㈡「二曰主敬則身強。」這是取自程朱學派；但曾國藩以積極的意義解釋這句話——這是他從軍旅生涯中體驗得來的。

㈢「三曰求仁則人悅。」這是孔子學說的復興。自宋代以來，仁被視為人性四端之一，因此也屬於四端之中。但是，曾國藩卻將仁從四端中拿出來，使它處於更顯明的地位。

(四)「四曰習勞則神欽。」宋儒從未提這一點，只有古代夏禹和墨子以及中國近代實用主義思想家顏習齋才重視這一點。日課四條是曾國藩於西元一八七一年為其本人及教導家人而作的，於此特別表示出曾氏不但提倡宋學與漢學，並且還有他本人的思想。從某些方面來看，他的觀點是相當現代的；尤其第四點：「不工作，就沒有麵包」很新奇。第二點使人想起軍訓教官的立正口令！日課四條乃王陽明與程朱兩派觀點的結合；同時，也是曾國藩本人身兼儒者及軍事將領的反映。代表一個經歷鴉片戰爭，與西方科學及技術有過接觸的中國學者政治家的思想。因此，我列舉日課四條的要旨，這將是很有意思的事：

(一)一曰慎獨則心安。

自修之道，莫難於養心。心既知有善知有惡，而不能實用其力以為善去惡，則謂之自欺。方寸之自欺與否，蓋他人所不及知，而己獨知之。故《大學》之誠意章，兩言慎獨。果能好善如好好色，惡惡如惡惡臭，力去人欲，以存天理，則《大學》之所謂自謙，《中庸》之所謂戒慎恐懼，皆能切實行之。即曾子之所謂自反而縮（《孟子》卷二，上篇，第二章），孟子之所謂仰不愧俯不怍（《孟子》卷七，下篇，第二十章），所謂養心莫善於寡欲（《孟子》卷七，下篇，第二十五章），皆不外乎是。故能慎獨，則內省不疚，可以對天地，質鬼神。斷無行有不慊於心則餒之時。人無一內愧之事，則天君泰然，此心常快足寬平。是人先第一自強之道，第一尋樂之方，守身之先務也。

這裡，我想暫時中斷對曾國藩日課四條的敘述，表示我自己的看法。一直到現在，曾國藩的主要宗旨是來自陽明學派，只是文中沒有提到陽明的名字，也沒有在其他文章中提到他的名字而已。無論如何，他是重視所謂心意之動的。現在，我們再回到日課四條：

(二)二曰主敬則身強。

敬之一字，孔門持以教人。春秋士大夫，亦常言之。至程朱則千言萬語，不離此旨。內而專靜純一，外而整齊嚴肅，敬之工夫也。出門如見大賓，使民如承大祭，敬之氣象也。修己以安百姓，篤恭而天下平，敬之效驗也。程子謂上下一於恭敬，則天地自位，萬物自育。氣無不和。四靈畢至。聰明睿智，皆由此出。以此事天饗帝，蓋謂敬則無美不備也。吾（指曾國藩自己）謂敬字切近之效，尤在能固人肌膚之會，筋骸之束，莊敬日強，安肆日偷。皆自然之徵應。雖有衰年病軀，一遇壇廟祭獻之時，戰陣危急之際，亦不覺神為之悚，氣為之振。斯足知敬能使人身強矣。若人無眾寡，事無大小，一一恭敬，不敢懈慢，則身體之強健，又何疑乎？

這裡，我們又可暫時中止敘述日課四條的內容而告訴大家，曾國藩將思想上的主敬之道與實際生活聯到一起。

㈢三曰求仁則人悅。

凡人之生，皆得天地之理以成性，得天地之氣以成形，我與民物，其大本乃同出一源。若但知私己，而不知仁民愛物，是於大本一源之道，已悖而失之矣。至於尊官厚祿，高居人上，則有拯民溺救民飢之責。讀書學古，粗知大義，即先覺覺後覺之責。若但知了而不知教養庶匯，是於天之所以厚我者，辜負甚大矣。孔門教人，莫大於求仁，而其最切者，莫要於「欲立立人，欲達達人」數語。立者自立不懼，如富人百物有餘，不假外求。達者四達不悖，如貴人登高一呼，群山四應。人孰不欲己立己達？若能推以立人達人，則與物同春矣。後世論求仁者，莫精於張子之《西銘》。彼其視民胞物與，宏濟群倫，皆事天者性分當然之事，必如此乃可謂之人。不如此則曰悖德，曰賊。誠如其說，則雖盡立天下之人，盡達天下之人，而曾無善勞之足言，人有不悅而歸之者乎？

曾國藩這些話，是要我們自己能立身於世之外，還要幫助別人，很像現代所謂公民和社會領導觀念，也像個人發展與互助相互調和的觀念。

㈣四曰習勞則神欽。

凡人之情，莫不好逸而惡勞。無論智賤習愚老少，皆貪於逸而憚於勞，古今之所同也。人一日所著之衣，所進之食，與一日所行之事，所用之力相稱，則旁人韙之，鬼神許之。以為彼自食其力也。若農夫織婦，終歲勤動，以成數石之粟，數尺之布，而富貴之家，終歲逸樂，不營一業。而食必珍羞，衣必錦繡，酣豢高眠，一呼百諾。此天下最不平之事，鬼神所不許也。其能久乎？

古之聖君賢相，若湯之昧旦丕顯；文王日昃不遑；周公夜以繼日，坐以待旦。蓋無時不以勤勞自勵。〈無逸〉一篇《書經》：「推之於勤則壽考，逸則夭亡。」歷歷不爽。為一身計，則必操習技藝，磨練筋骨，困知勉行。操心危慮，而後可以增智慧，而長才識。為天下計，則必己飢己溺。一夫不獲，引為余辜。大禹之周乘四載，過門不入；墨子之摩頂放踵，以利天下，皆極儉以奉身，而極勤以救民。故荀子好稱大禹墨翟之行，以其勤勞也。軍興以來，每見人有一材一技，能耐艱苦者，無不見用於人，見稱於時；其絕無材技，不慣作勞者，皆唾棄於時，饑凍就斃。故勤則壽，逸則夭。則有材而見用，逸則無能而見棄。勤則博濟斯民而神祇欽仰，逸則無補於人而神鬼不歆，是以君子欲為人神所憑依，莫大於習勞也。（《曾國藩全集》雜著卷一，頁五十二）

曾國藩的節儉是相當有名的。他每頓飯只有一道菜。他所謂「人一日所著之衣，所進之食，與一日所行之事，所用之力相稱……」這是說，是要工作，才應有衣食的。

曾國藩的哲學信念認為誠是動天地、推人事的最高原則。天地是根據不變法則而生的，只有誠才能啟化人類。一八四二年，他致賀耦庚書中說：「竊以為天地之所以不息，國之所以立，賢人之德業之所以可大可久，皆誠為之也。故曰：『誠者物之終始，不誠無物。』」（《曾國藩全集》書信卷一，頁一）

太平天國戰事結束以後，為死難官兵建立了昭忠烈祠，曾國藩在紀念碑上寫了下面一段話：「君子之道，莫大乎以忠誠為天下倡。世之亂也，上下縱於亡等之欲，奸偽相吞，變詐相角，自圖其安，而予人以至危。畏難避害，曾不肯捐絲粟之力以拯天下。得忠誠者起而矯之。克己而愛人，去偽而崇拙，躬履諸艱而不責人以同患，浩然捐生如遠遊之還鄉，而無所顧悸，由是眾人效其所為，亦皆以苟活為羞，以避事為恥，嗚呼！吾鄉數君子所以鼓舞群倫，歷九州而戡大亂，非拙且誠者之效與？（《曾國藩全集》文集卷二，頁一二六）

在擔任統兵之責以前，曾國藩大半生都是與那些只求溫順，苟且偷安而不得罪別人的高官相處。這種作風的結果，養成了不負責任、缺乏開創精神及耿介直言的風氣。他處在這種環境之下，卻討厭這種環境；因為他出身於以誠實、耿介、直言著稱的湖南。當太平軍戰爭結束時，他發現這種特質是國家需要的，便將這種特質歸在忠誠兩字之下，他很重視這兩字的價值，似乎把這兩字當作拯救十九世紀中葉中國所不可或缺的。無疑的，對自己和別人忠誠，乃是人類普遍幸福的關鍵。

曾國藩了解個人對社會的關係重大，因此，加重個人的責任。他不是英雄崇拜者，卻認為每個人都能影響社會的風氣，他在〈原才〉中明白表示這個觀念。他說：「風俗之厚薄奚自乎？自乎一二人之心之所嚮而已。民之生庸弱者，戢戢皆是也。有一二賢且智者，則眾人君之而受命焉。尤智者，所君尤眾焉。此一二人者之心向義，則眾人與之赴義。一二人者之心向利，則眾人與之赴利。眾人所趨，勢之所歸，雖有大力，莫之敢逆。……」

「世教既衰，所謂一二人者不盡在位。彼其心之所嚮，勢不能不騰為口說，而播為風氣。而眾人者，勢不能不聽命而蒸為習尚。於是乎徒黨蔚起，而一時之人才出焉。有以仁義倡者，其徒黨亦死仁義而不顧。有以功利倡者，其徒黨亦死功利而不返。水流濕。火就燥。無感不讎，所從來久矣。今之君子之在勢者，輒曰：天下無才，彼自屍於高明之地，不克以己之所嚮，轉移習俗，而陶鑄一世之人，而翻曰無才，謂之不誣，可乎？否也。十室之邑，有好義之士，其智足以移十人者，必能拔十人中之優者而材之；其智足以移百人者，必能拔百人中之優者而材之。然而轉移習俗，而陶鑄一世之人，非特處高明之地者然也，凡一命以上原才，皆與有責焉者也。」（《曾國藩全集》文集卷一，頁四）

在這篇文章中，曾國藩明白表示他的信念，他相信，一個人無論以個人身分或為當官，只要知道自己有引導社會道德的責任，就能得到不可思議的成果。他本人在軍旅與學術方面的成就，就是這種信念的證明，因為他個人的確為國家創造了一個新的紀元。

到現在為止，我們說的，一直是曾國藩以人性一面論學的經過。然而，曾國藩不但是位新儒者，也是道家，他相信，我們對人事的評價，不但可以從人性的立場出發，也可以從整個宇宙的立場出發。如果我們知道他的思想頗受道家兩位偉大思想家老子和莊子的影響，便可以了解他所指的了。讓我們看看他自己如何說法：「靜中細思古今億萬年，無有窮期。人生其間，數十寒暑，僅須臾耳。大地數萬里，不可紀極，人在其中，寢處遊息，晝僅一室耳，夜僅一榻耳。古人書籍，近人著述，浩如烟海，人生目光之所能及者，不過九牛之一毛耳。事變萬端，美名百途，人生才力所能及者，不過太倉之一粒耳。

> 知天之長，而吾所歷者短，則遇憂患橫逆之來，當少忍以待其定。
> 知地之大，而吾所居者小，則遇榮利爭奪之境，當退讓以守雌。
> 知書籍之多，而吾所見者寡，則不敢以一得自喜，而當思擇善而約守之。
> 知事變之多，而吾所辦者少，則不敢以功名自矜，而當思舉賢而共圖之。夫如是則自私自滿之見，可漸漸蠲除矣。（《曾國藩全集》日記卷一，頁二）

上述的這種高尚的情操是在曾國藩一八六二年日記中發見的。他知道，凡是依人生立場而作衡量的一切觀點都是短視的；吾人還需要一種以整個宇宙為背景更具有哲學意味的看法，這就是為何他勸人從老莊學道的緣故。這是他對老莊所能給予的最高讚揚。他是我所謂的兼具道家的儒者，這說明了他何以辭卻權位而退休；掃平太平天國即解散湘軍；和名其書齋為「求闕齋」的道理。即如他知道月無常滿，滿而又虧一般。

他對各家之說能兼容並蓄。例如，我們在他的日課四條中，發現他同意墨翟的看法，儘管墨子受到孟子的嚴厲批評。他一生都受中國文化中各種學術勢力的影響。因此，只有他才能列舉整個中國文化遺產的目錄。他能看到各方面好的部分，因為他心胸廣闊，具有遠見而有容人之量。

在結束本章之前，讓我簡單敘述曾國藩對西方的態度。與日本相比，中國遲至十九世紀才調整東西方的關係。有人認為當時中國之所以停滯不進，是由於缺乏有遠見的政治家。但是，如果我們看看曾國藩的傳記，便知道實際情形並不如此。曾國藩的一生差不多經歷整個十九世紀。他喜愛中國文化傳統。他屬於保守派，但不會不知道可從外來文化吸收良好的東西。他重新調適對新世界地位的方式，是開明和進步的。雖然他沒有機會訪問西方世界；可是，卻間接知道西方教育制度、政治制度、技術和科學。他是建立中國現代化基礎的第一個人。在他領兵作戰的十五年中，很清楚槍砲和汽船的用處。一八六三年，他從懂得散學和天文學的幕僚口中得悉中國第一位耶魯大學畢業生容閎[19]其人。他邀容閎來安慶，並給他四十五萬圓託他從麻州費茲堡普特蘭機械公司 (Putnam Machine

19 容閎（一八二八—一九一二年），本名達萌，號純甫，為首位留學美國之中國學生，亦為首名就讀美國耶魯大學的中國人，返國後積極參與創設幼童留美計畫，後世稱其為中國留學生先驅。

Company）購買機器。這套機器成為江南製造局的基礎（江南製造局是中國第一個製造槍砲的工廠）。曾氏並接受容閎建議在製造局內設立學堂，個人即曾於一八九五年進入這間學堂求學。當我在這裡求學時，所讀為英文和科學書籍，有一次還得到首獎，獎品中有自然科學、槍砲製造和航海方面的書籍。我知道，這些都是製造局中譯書館的成果，譯書館在中外學者合作之下，曾將一七〇種科學書籍譯為中文，加里福尼亞大學亞洲圖書館創始人約翰．福萊耶（John Fryer），即是當時譯書館外國學者之一。曾國藩採納容閎提出的第三個建議是派遣少年去外國留學。一八七二年，第一批留學生到達美國，當然，從那時以後，一直到現在，去美國留學的學生數以千萬計。由此，我們知道，我們這位學者軍事家對中國的現代化有三大貢獻：

㈠他開始製造槍砲和造船；

㈡他創立譯書局，翻譯科學書籍；

㈢在他的贊助之下，開始派遣年青學子到國外留學。

從我以上所說的看來，我們有一個印象，即曾國藩對西方的興趣，僅限於技術和科學。但是，這並非表示曾氏對西方的民主政治一無所知。對於這一點，我不能舉出一些直接證據，但是，我們至少可以假設，如果有人問他解釋民主政治的基礎精神是愛民，那麼，他一定會了解。我們也可以從曾國藩友人，一八七七年駐英公使郭嵩燾舉出正式文件來證明。郭氏在其向政府報告中說，英國巴力門是代表民意的機關，有似中國古代的公議公決制度。

最後，我要告訴大家，曾國藩是第一個要兒子（曾紀澤）學習英文和西方科學知識的中國人，當老師去世時，曾紀澤還寫過一篇文章紀念他。

如果曾國藩沒有對太平軍征戰十五年之久的話，很可能將維新導入中國；像日本的明治維新一樣，他自己也很可能成為中國的伊藤博文；因為曾國藩也讚仰西方文明。曾國藩與蒙古理學家倭仁[20]不同；他是非常開明、進步和具有遠見的人——而倭仁卻不同，他反對設立同文館（專門傳授西方語文和科學知識的學校），上表皇帝以謂中國的根本需要不是機巧奇器，而是倫理規範及正心。事實上，如果大家都如曾國藩那樣了解新儒家和西方世界觀，則兩者之間並無矛盾衝突之處。但是，如果要東西方結合在一起，便必須有曾國藩這類心胸廣闊和博聞多見的思想家。我贊同容閎的看法，他說：「曾國藩在其同時代人之中，有如鶴立雞群，就像聖母峰突出於喜馬拉雅山諸峰之上，永遠在寧靜之中，永遠覆蓋一層白雪的明朗。」（容閎，*My Life in China and America*, Henry Holt and Co. New York, 1909. p. 187.）

20 倭仁（一八〇四－一八七一年），字艮峰，烏齊格里氏，蒙古正紅旗人，晚清政治家，被視為保守派代表人物，反對中國奉「夷人」為師。

儒家倫理學之復興

一、緒論

吾國思想界之大變動，自中外交通以還言之，莫有過於道德意識之搖撼。昔年閉關自守，抱孔孟學說與綱常名教以為維持秩序之計者，自門戶大開以降，思想方面與事實方面所以激蕩吾人之聞見與心靈者，則東西政治社會制度之懸殊是也。

吾國數千年之政體為君主專制，而近代西方則為民主為憲政。社會上吾國為男尊女卑與一夫兼有妻妾，而近代西方則為男女平等為一夫一妻為婦女參政，近年更有蘇俄之無產階級專政，並西方平日所信守之制而推翻之。國人因此心中起種種疑訝而有戊戌、辛亥、「五四」等等改造運動。此形成吾方道德意識之動搖者一也。西方所以明告吾人者，又寧止此百數十年之所耳聞目擊，更有其根據進化論中數千年之人類發展史，曰生番時代，曰漁牧部落，曰農業部落，而此農業生活一期中，分酋長、封建、君主、民主各階段，其關於男女之際者，有雜交、群婚與夫一夫多妻或一妻多夫各不相同之制；其屬於階級高下者，有封建時代之貴族與奴隸，商工業革命後之第三階級，與今日之工人階級。其所窮溯之年代尤長，則制度之奇突亦尤甚。而吾國先聖先賢所昭示之名教，若不足視為典章以繫人心志。此形成吾方道德意識之動搖者二也。至於思想學說方面，近代西方哲學家，重視知識，駕道德而上之，予人以知重德輕之印象。倫理學中英美功利主義盛昌，將道德之善惡是非，解釋為去苦就樂之效果。換詞言之，善惡是非之準則去，而以苦樂之效果代之。其他各派趨於極端者，有唯物辨證法之否定道德論，有邏輯實證派之視道德論斷同於感情嘆賞之辭。此形成吾方道德意識之動搖者三也。此三點，就吾一國言之，釀成史所罕見之慘局。在歐美言之，亦何嘗不為歷史上之大旋轉點。然倘謂從此道德觀念可以否定，或曰道德觀念之不存在，則大誤矣。

就人類進化史與政治制度變遷言之，遠在戊戌之際，譚嗣同[1]早有衝決網羅之說。及五四以後，胡適之、陳獨秀倡打倒孔家店，郭沫若[2]舉商代以前雜交與群婚，以反證所謂綱常之不足憑。其時青年為文，斥父母生男育女出於一時之情欲。甚有改昔日聯語曰萬惡孝為首，百善淫為先者。此種種

1 譚嗣同（一八六五—一八九八年），字復生，號壯飛，出身世家，具改革變法思想，因參與戊戌變法，變法失敗後被慈禧太后殺害，成為戊戌六君子之一。

2 郭沫若（一八九二—一九七八年），字鼎堂，號尚武，為中國文學家、歷史學家、古文字學家、考古學家、社會活動家。

形於文字之間者，無非告人以數千年來綱常名教之不足信守，應起而推翻之而已。然吾人試細讀西方主持進化論者之言，以為政治制度之由部落而封建而專制而民主，男女關係由雜交群婚而進於一夫多妻或一夫一妻，乃至社會中由貴族奴隸之分而進於第三第四階級與夫人人平等。其間自有向上向善徵象，曰人格尊嚴，曰理智發展，曰善之實現。豈若吾國耳食者流，肆無忌憚，視道德若無物者哉。

人類因千萬年之進化，乃有智能，乃知所以分彼此、辨善惡，乃有所謂惻隱辭讓羞惡是非之心。人處人群中，彼此相接相觸，有對人對物對事之關係，有言語以達意，有文字書之書冊，有典章法令以為範圍約束。其始成也，視為新奇，勉於共守。及乎垂日既久，認為一成不易，於是心靈之體驗停頓，僅視為具文而守之。更有食古不化者，死守古人之一字一句，稱為「天不變道亦不變」之真理，將心思之與時消息之功能一齊放下，但以為墨守成規蹈習故常為可以解決人生問題，清代中葉之變宋明理學為「五種遺規」，即吾國思想史停滯之明證，而吃人禮教之反抗運動所由以起也。

吾以為此項禮教反抗運動，視之等於歐洲宗教革命或排斥亞里斯多德哲學之起於昔日信仰或學說成舊不足應變，自可持之有故。倘以為道德準則或道德意識可以視同無物，則不獨大背乎西方進化論之主張，並將人類或國家陷入於不拔之深淵，而無可挽救矣。

人與人之相處，或為父子，或為兄弟，或為夫婦，或為朋友；或為社會中四民之分工合作與互市交易。試問能不相親相愛而成為家乎，能不言而有信以成為朋友乎，能不辨是非善惡而知所當為與不當為乎，能不奉公守法以成政府成國家乎？此即仁義禮智與忠誠之性，天所賦予而人所同具者也。其在歐美，政體由君主易而為民主，而敬上奉公之忠自若焉。夫婦限於一夫一妻，而彼此愛敬之情自若焉。其為個人者各有自由發展之途，特重於誠實不欺。其為公民者，已受法律之保障，然亦尤能愛護公物愛護國家與地方團體。此即一己之所以修，一家之所以齊，一國之所以治，而道德意識之不可須臾離也。

吾國先聖先賢有見於此，特注重道德以為立國大本，其所發揮光大者，或同於西歐，而可以互相輝映。或異於歐洲，而有其獨到之處，此在……今日，應加以反省體會者也。尼采氏嘗云準值重行估定，殆愛護吾國文化者所同然者乎？

二、宇宙中之人

人處於宇宙間，其為個人之形體、生命與性靈，渺小已極，如一粟之於太倉。然此一人之形體，生命與性靈，實以全宇宙為來源為背景。猶之粒米之稻，可以選種，可以植根，因土地肥瘠，雨露陽光照耀潤澤，乃構成年歲之豐歉，而決定此粒米之形態。依此類推，人生云云，何能限之於一人身心之形體知覺，而不求之於宇宙之大環境栽。

《易經．乾卦》之彖曰：「大哉乾元，萬物資始，乃統天，雲行雨施，品物流形……乾道變化，各正性命，保合太和乃利貞，首出庶物，萬國咸寧。」〈繫辭〉曰：「天尊地卑，乾坤定矣，卑高以陳，貴賤位矣，動靜有常，剛柔斷矣，方以類聚，物以群分，吉凶生矣，在天成象，在地成形，變化見矣，是故剛柔相摩，八卦相蕩，鼓之以雷霆，潤之以風雨，日月運行，一寒一暑，乾道成男，坤道成女，乾知大始，坤作成物。」古人追溯於宇宙創造之始，因剛柔動靜之迭代，日月寒暑之運行，風雲雷雨之鼓蕩，而求物類人類之所以生所以長。此物類比人類，各具其性，各有其宜，以構成種種之善。〈繫辭．下篇〉曰：「天地之大德曰生，聖人之大寶曰位。何以守位，曰仁。何以聚人，曰財。理財正辭，禁民為非，曰義。」此言乎既有土有人以後，需財物以資生養，而是非善惡之道義隨之俱至。物各有類，各有其宜，人各有其地位；或為父或為子，或為男或為女，或為夫或為妻，或為君或為臣，或居高或居卑，由此種種之位與宜中，自有其善惡是非之分辨在矣。〈乾卦文言〉解釋元亨利貞曰善曰嘉曰利曰幹，而下文繼之以利物幹事云云，尤足以見古代論道德之不離乎人生，不離乎物質環境。宇宙之中有物質有禽獸有人，乃有漁牧農礦之富，有耕織貿遷之業，乃有法律政治等治人之具。所謂生所謂財所謂實所謂位，即指此數者言之，而元亨利貞與仁義之德性隨之俱來。蓋自有生之始，人自為物種之一，其愛類與懷生畏死之情，為物類之所同。其分別彼此同異善惡之知，則為人之所獨。此則法哲柏格森氏所以有道德二源之說，其一曰本能，其二曰理智，殆與《易經》溯之於生生之始與生俱來之仁義，有相似處，而可以參照者矣。

三、儒家倫理之出發點

言乎道德意識之來源，可溯之於有生之初而求之於本能，以云善惡是非之準繩，出於人義理之心，或稱為良知良能，或名之曰窮理致知，其間得失，容俟後論。而倫理學之所以為學之基本概念，曰善曰己曰性曰心者，不可不先明其義之所在。

我在解釋此數者之先，略言東西倫理學異同之故。吾國孔孟之教，與古代希臘柏拉圖與亞歷斯大德二氏所云德性在致知之中者，初不相遠。柏氏《對話論》克制、友誼、勇氣、公道各篇，《共和國》之斥強權倡公道與夫治國者之應為哲人，尤合於吾國內聖外王之占訓。此時希臘哲學，雖以定義，概念辯證為出發點，然於德性，初不忽視。唯耶穌教興，而有中世紀之教會，專就人與上帝之調和立論，視哲學倫理為神學之侍婢而已。逮於近代，科學新知層見疊出，知識效力為哲學家所重視，乃有認識論成為專科之學，且為哲學重心所在。更因知識之性質，就其在邏輯心理上構成之過程分解宰割之，有謂官覺為知之唯一來源者，有謂心為一張白紙說者。人之所以為己為心為性者，經支解之後，認為僅有其名而實無其物。不啻將人之所以為人之壁壘粉碎之摧毀之，從何而有道德意識可言者哉？哲學倫理方面尚有所謂功利主義派，解釋道德同於去苦就樂之計算，或政治上社會上之福利工作。質實言之，近代歐洲之重知輕德，名為沿襲希臘哲人理性之舊貫，實與希臘人之崇尚意典並由思辨以返於德性者相去遠矣。

吾人既明東西哲學在古代與近代發展所以異同之故，乃可進而論道德哲學之基本概念，一曰善，二曰己，三曰人性，四曰心。

(一) 一曰善

人之為人，不離血肉，不離物質，然善惡是非之所以分，視其意識中之動機如何。孟子於孺子入井章中，先舉怵惕惻隱，其於納交父母，要譽鄉黨，視為動機之不正者而以非字斥之。此由於道德之善，以心意之大公至正為主，與世間之金銀，財寶，器物，利祿名位與利便法門，迥乎各別者也。世之樂善好施者未嘗不收濟人之效，制物成器者未嘗不能利用厚生，爵人於朝者非不能奔走聰明才智之士，然與道德之善之出於人對人之善意者不可相提並論。道德之所謂仁，出於愛類與立人達人之念，而不參以為己之私。所謂義，出於理之當然，不顧艱難危險勇往以赴之。其所謂禮，出於合群生活中應有之先後或取予，而不雜以虛偽矯飾。其所謂智，在於求事物之真，明辨之慎思之。可以見所謂仁義禮智雖不離人生，不超乎物質，然人之能遵守此者，必超脫物質之功而後達乎善，必捨一己之私而後達於公。此四者之所以為善，由於心意之動向定之而已。《大學》明明德一章，所以特注重正心誠意者為此也。德哲康德氏於其《道德之形上學基礎》中之言曰：「世間除善意之外，無一事物可以不加限制之辭而稱之為善。人之理知，聰明，剖斷，與夫其他才性如勇如決如堅如忍，固無一不可稱之為善，然所以運用此才性者在乎意。意之不善，此等才性適足以為惡而有害於人。其他如權如富如名如一人之健康一家之幸福等等，無一不引起人之驕傲自大。唯其抱有善意者，乃能矯正此數者之病，使之共趨於善。」康氏所謂善意，與我所謂正心誠意，可謂異地同符者矣。《大學》最後一章中論善之為善，尤為深切。其言曰：「〈康誥〉曰，唯命不於常，道善則得之，不善則失之矣。楚書曰，楚國無以為寶。唯善以為寶。舅犯曰，亡人無以為寶，仁親以為寶。〈泰誓〉曰，若有一介臣，斷斷兮無他技，其心休休焉，其如有容焉。人之有技，若己有之，人之彥聖，其心好之，不啻若自其口出，實能容之，以能保我子孫黎民，尚亦有利哉。人之有技，媢疾以惡之，人之彥聖而違之，俾不通，實不能容，以不能保我子孫黎民，亦曰殆哉。」所謂「唯善以為寶」者，決之於內心之有容與不媢疾，亦正心誠意之原意而已。

(二)日己

一人之生，分青年中年老年各階段，然其間有前後相繫之一線，以成其為己。如曰為仁由己而由人乎哉，此言擇善固執之者，有己在焉。又曰吾日三省吾身，此言每日省察所為之是非善惡者己焉。倘非有己，則省之者為誰，執守之者將又為誰，曰顏淵三月不違仁，唯其有己，以繼續不斷之精神出之，然後擇善固執，因習慣而成自然。謝上蔡[3]與伊川相別一年，復見，問其所進。上蔡曰但

3 謝良佐（一〇五〇－一一〇三年），字顯道，宋代經學家，從程顥、程頤受學，世稱其為上蔡先生。

去得一矜字耳。此唯有己之中，乃知所以改過，今日克之治之，明日又克之治之，以收此去矜之效。吾國先哲之教，從未有否定所謂己者。然近代西方哲學家，陸克氏有心為白紙說，既已無心，則記憶、比較與改過遷善之功，安從而施？休謨氏倡為所謂己者，初非有此實休，不過前後觀念之相續，乃《易經》所謂憧憧往來者而已。休氏之言如下：「若干哲學家以為吾人每時每刻自覺有所謂己者，自覺其己之存在與繼續，且無待於求證，而灼然知己之為完全單一易簡之體。……然我嘗求所謂己者，僅知有甲種或乙種之感，如或冷或熱，或光或暗，或愛或恨，或苦或樂之先後繼起之覺。我從未在任何時把握所謂己而不帶有感覺者，觀察所得，唯有感覺而已。倘我酣睡而感覺停止之際，則我不知有己，謂己不存在可焉。……所謂心，所謂己者非他，乃一群前後繼起之感覺而已。」氏原著。名曰《人性論》，附以副標題，曰《以實驗方法討論道德主體之嘗試》。其意在於將己加以分析，猶近代物理學家之分析原子也。德哲康德氏起，乃從認識論與道德論兩方駁休氏之說。康氏謂人之所以知外界，由於心中之範疇，倘僅有一堆觀念，則知識之條理何自而來。至於道德方面，所以敬天，所以視人如己，自有為之主宰者。倘己不存則知識道德二者蕩然無存矣。數十年後，美國詹姆斯氏自稱經驗主義者與休謨氏同。然其名著《心理學》取休謨氏所否定之己而恢復之，列各種之己，曰物理的己，曰社會的己，曰精神的己。此可以見常識所共認之己，因效科學方法之發生，乃取而粉碎之。然西方學者中尚有不肯附和其說者，則吾國人可不明辨而知所以取捨乎。

(三)三曰人性

同為人類，生有父母，群居有社會。因父母子女而有愛類之情（仁），因社會而識人之各有所事，各有其所當為（義），因男女而知彼此之相悅有別，因外物而辨其為彼此黑白先後與其他種種名稱（禮）。如此言之，不謂仁義禮智之性不與生俱生得乎？反而言之，孩提之童，因玩物而爭奪，因聲色而求先睹，因爭父母之愛而相妒。此爭奪殘賊之性，自亦與生以俱來，無可疑者也。蓋人與萬物同生於天地之間，木石花草各有其性，禽獸各有其性，豈有人而不具與生俱來之性者乎？人不獨有其固有之性，更有其喜怒之情，辨物之知，與立定決心之意。其所以待物接人，知有彼此，遠近，親疏，與難易，久暫與宜不宜之分。更就其為長久遠大之規劃言之，則有是非之準則與道德之規範，此尤為人類崇高潔淨精微之美德。孟子雖主性善，然非不知富歲子弟之多賴，凶歲子弟之多暴。荀子主人之性惡，然非不知人性之可以矯正，可以化導。如此就性之與生俱來者言之，自有善惡兩方。若就其高潔者言之，由克治約束以趨於中正。此視乎平日之存養，擴充，非可期之於人人者矣。

(四)四曰心

心之為物，果有方所乎，果有形狀乎，為體乎，為用採以思為主乎，以情為主乎，以意為主乎？此等等問題，無一不屬於心之範圍，然不易有確切不移之答覆。就吾國習用之語以明之。「心之官則思」句中所謂心，以思為主，近於所謂性。「心血來潮」之所謂心，以一時之衝動為主，所謂情。如曰「決心如何」之心則以意為主。心之為用之廣，與不易於捉摸如是。故書曰人心唯危道心唯微，危微二字所以形容心之活動之微妙與其瞬息變化。又曰「出入無時，莫知其向」，言乎心之或在或不在，自己不易覺察。然不論如何，人之知痛知癢知寒知暖知飢知飽，乃至辨彼此同異是非邪正，皆以一心為主宰。荀子曰：「心者形之君也，而神明主也，出令而無受令。自禁也，自使也，自奪也，自取也。自行也，自止也。」朱子觀心說中之言曰：「心者，人之所以主乎身者，一而不二者也。為主而不為客者也，命物而不命於物者也。」荀子朱子兩家所以形容心之自為主宰，至矣盡矣。然與孟子所謂操存捨亡，與牛山之木一章中所謂養，各認有自主之心，同出一轍者矣。

以上四項基本出發點，有之則有倫理學，無之則無倫理學。近代西方哲學家或科學家如陸克氏、休謨氏、華生氏[4]（行為主義者）與包夫羅夫氏[5]雖有駁斥其說者，然我未見其如科學發明之成為自然定例。至於善之所以為善，唯實主義者英國摩爾氏[6]，且言其為不可分析無可界說。其義顯非語言文

4 約翰・布羅德斯・華生 (John B. Watson, 1878–1958)，為美國心理學家，行為學派創始人，主張人的所有行為都是獎賞及懲罰的結果。

5 今譯為伊凡・巴夫洛夫 (Ivan Petrovich Pavlov, 1849–1936)，為俄羅斯生理學家及醫師，其因對狗的古典制約研究而著名，於一九〇四年獲得諾貝爾生理醫學獎。

6 湯瑪斯・摩爾 (Thomas More, 1478–1535)，為英格蘭政治家、作家、哲學家與社會主義者，為北方文藝復興的代表人物之一。因深受柏拉圖《理想國》影響，將其改革理想念以拉丁文寫成《烏托邦》一書，

字所能說明與辨析，則其為精神上崇高境界，有待於人心之體驗而力行而實現，亦可因之以明。以上四點，雖若千年來先聖之言，然吾人豈可視為陳言而廢棄之乎？

四、儒家倫理學之特點

孔孟以來，所以提撕警覺人心者，有一大原則，曰以善惡義利是非之辨，直接訴諸各人之良心，使其知所以身體而力行之是矣。此一大原則，可以分析言之。第一、《孟子・公孫丑》卷上之言曰：「無惻隱之心，非人也。無羞惡之心，非人也。無辭讓之心，非人也。無是非之心，非人也。」又曰：「人之有是四端也，猶其有四體也。」〈告子章〉中，又稍變其詞句曰：「惻隱之心人皆有之，羞惡之心人皆有之，恭敬之心人皆有之，是非之心人皆有之。惻隱之心，仁也；羞惡之心，義也；恭敬之心，禮也；是非之心，智也。仁義禮智，非由外鑠我也，我固有之也。」前後兩章中，一以否定方式謂不具此四者則不成為人。一以肯定方式，言此四者為人所固有。孔子於《論語》中有志於道，據於德，依於仁。或曰尊德性，道問學。孔子視德性為人所固有，一也。第二、唯人之有此四端，乃能以善惡義利是非之辨，直接訴諸各人之良心。如孔子曰行「己」有恥，曰毋友不如「己」者，曰克「己」復禮，曰古者言之不出，恥「躬」之不逮。如曰德不修，學不講，聞義不能徙，不

亦因此被後世稱為烏托邦主義之父。

善不能改，是「吾」憂也。孟子曰：「由君子觀之，則人之所以求富貴利達者，其妻妾不羞也而不相泣者幾希矣。」曰欲貴者，人之同心也，人人有貴於己者弗思耳。曰苟為不熟，不如荑稗。夫仁，亦在乎熟之而已矣。曰求則得之，捨則失之，是求有益於得也，求在我者也。求之有道，得之有命，是求無益於得也，求在外者也。以上孔孟就「己」之所當為者，直接耳提面命，聞其言或讀其言者，一若暮鼓晨鐘之發人深省。其與西方康德氏以人為目的之訓，與邊沁氏最大多數之最大幸福之言，意在求得一項自然公例以適用於多數人群者，其目的迴乎各別。第三、儒家之所以告人者，非一項公例，而在乎各人之所當為。如曰父慈子孝兄愛弟敬。如曰君使臣以禮，臣事君以忠。如曰：「吾日三省吾身，為人謀而不忠乎？與朋友交而不信乎？傳不習乎？」其離父子君臣兄弟朋友師生之關係，而就一般人言之，則為忠恕之道。其答子貢一言而可以終身行之之問，曰其恕乎，己所不欲，勿施於人。《中庸》曰：「忠恕，違道不遠，施諸己而不願，亦勿施於人。君子之道四，丘未能一焉。所求乎子，以事父，未能也。所求乎臣，以事君，未能也。所求乎弟，以事兄，未能也。所求乎朋友，先施之，未能也。」此段言父慈子孝兄愛弟敬君禮臣忠云云，雖似乎一方面之單獨義務，然試求其本，則出於父子君臣兄弟之人與人對待關係，故與忠恕之道，異流而歸於同源。至於離開一般人相互之關係，而就一人言之者一如孟子曰：「居天下之廣居，立天下之正位，行天下之大道，得志與民由之，不得志，獨行其道。富貴不能淫，貧賤不能移，威武不能屈，此之謂大丈夫。」孔子曰三軍可奪帥也，匹夫不可奪志也。所以勉人之昂首直立，各全其人之所以為人而已。第四、理之所當為，為道德之準繩，出於情與理之自然。日本學者稱之曰本務。西方倫理學所謂道德的義務，亦同此意。然西方雖有一倫理概念，名之曰善。此善字，有依嚴格之義解之者，如康德氏所謂善意，有依寬泛之義解之者，若有用有益有利或為人所樂者，其義中涵有善巧方便之意。因此西方學者嚴於是非善惡之分辨者，以為善之屬於有同有益者，只可視為工具之善。於如人貴誠實，人貴自立之善之出於絕對義務者，不可與之相混，乃另以「應為」或「當為」(ought)之語代之。所以明嚴格之善應純以是非為標準，不可參以利之動機。孟子曰：「一簞食，一豆羹，得之則生，弗得則死，呼爾而與之，行道之人弗受，蹴爾而與之，乞人不屑。」孔子曰：「富與貴，是人之所欲也，不以其道得之，不處也。貧與賤，是人所惡也，不以其道得之，不去也。」如是生也死也富也貧也貴也賤也，一切先問合乎道義與否，而後辭之受之。則理之所當為，自有明顯原則懸乎心目之間矣。第五、善惡義利是非之辨，為人心所能覺察。孟子稱之曰不學不慮而能之良知。究竟此良知，純為本能乎？抑有學而知之成分乎？此時暫勿深論。然心能直接辨別是非善惡，為古今儒家所一致同意。譬云人貴誠實，人應忠於職守，人應與人分工合作。此皆各人聞之知之而可以立下肯定之答案者。此即良心之直接洞見之所致也。凡此五項指人心而昭示之者，自孔孟確定大本，至今未或稍變。即推之近世宋明以來儒家言之：周程張邵為對抗佛家計，廓大人倫以至宇宙、理氣、性心關係，乃至於所謂未發之中，其精微奧妙，有過人之處。然關於性善，道德本源，與心之存養，初不逾越孔孟規矩。其在理論方面，如性有義理之性，與氣質之性之分，如理氣二者之先後，如論性不論氣為不備，論氣不論性為不明之言，此皆理論演進之所致，不得以其為孔子之不道性天而棄之也。自宋迄明，更有象山先立乎其大者，陽明心即理與知行合一之主張，此亦由於鞭辟入裡，而有此一針見血之言。陸王之立場，與朱子分心與理為二之觀點，自然各別。然吾人不可以陸王直指本心之言為禪，更不可以為朱子但知求外之知而忘卻本心。良以本心之知善惡是非，返省克治以求去非存是，為兩派之所共，無彼此出入之可言也。吾國儒家之言，與康德《實踐理性批導》中善意與斷言命令最為相近，然康氏云「汝之行為應求其所根據之定則，經汝之意力而成為自然界之公例」。其意在乎求一項自然公例，至為顯著，孟子嘗云心之同然云云，亦似乎一種同歸之原則。然一則求諸一心而自收同然之效，一則一人之所行期於成為自然公例。一為直接性，一為間接性。一為主觀責任心，一為客觀公例性。易詞言之，一則責諸一己，求諸一心，一則求諸人人，求其成為自然界之公例，雖立言各異，然自有其殊途同歸者在矣。

簡單言之，吾國倫理學之特色：㈠善惡是非之辨存於一心。㈡所以辨之者為良心之覺察。㈢辨別是非，在乎行其所當為，而免其所不當為，乃有人心道心之分。㈣存養省察，就自己之意、情、知三方面，去其不善以存其善，而尤貴乎就動機之微處克治之。㈤視自己為負責之人，本良心以審判之，且斥責之，乃能收不遷怒不貳過之效果。㈥不獨知之，又貴乎力行，故曰君子有諸己而後求諸人，無諸己而後非諸人。陽明曰知而不行，只是未知。凡此皆吾國行己立身之要道，亦即民族風氣之所賴以維繫也。

五、德性之合一與種類

德性之名目，除仁義禮智四者外，就《論語》一書言之，曰溫良恭儉讓。曰恭寬信敏惠。曰慈孝愛敬。曰直諒多聞。曰義禮遜信。曰剛毅木訥。《論語》一書中舉各種德性之名，同時又論各種德性相互間之關係。如曰孝悌也者，其為仁之本歟，此言孝悌與仁之出於一源也。如曰唯仁者能好人，能惡人。仁者既能好人，又能惡人，好人出於愛，出於好善，惡人出於辨別善惡之義。此言仁與義之出於一源也。如曰仁者己欲立而立人，己欲達而達人。立己之道曰正心修身，立人之道曰齊家治國平天下。其中包涵之廣如此。慈孝敬愛恭寬信敏惠與其他德性，無一不在其中可矣。因此，德性之為一乎為多乎？即各種德性可以統而為一乎，抑各自獨立而不相涉者乎？吾以為德性為人類之所共，所以實現之者，出於一人發於一心。即其德性之表現，或重於泛愛之仁，或重於分別之義，或出於效力之忠，或出於踐言之信。要其所向之目的，為人類之公善。則分殊之中，自有其統一之理。然人群之中，有父子夫婦君臣上下之辨，則各人在其本位上所負之義務各不相同，此德性之所以出於一而歸於殊矣。

程伊川嘗就德性之分合，而論仁與四者之關係曰：四德之元，猶五常之仁。偏言則一事，專言則包四者。張伯行於《近思錄集解》中解伊川之言，尤為明顯。其言曰：

人得天地之理以生，故在天為元亨利貞之四德，在人即為仁義禮智信之五常。而元者天地之生理也，猶仁者人心之生理也。生理不息，循環無端。是以偏而言之，則元者四德之一，仁者五常之一。若專而言之，則亨只是生理之通，利只是生理之遂，貞只是生理之藏，一元可以包之。禮者仁之節文，義者仁之裁制，智者仁之明辨，信者仁之真實，一仁可以包之。《易》曰大哉乾元，萬物資始，乃統天。謂統乎天，則終始周流，都是一元。孟子四端之說，亦以惻隱一端，貫通乎辭讓羞惡是非之端，而為之統焉。

程子將人之仁義禮智信，比之於乾之元亨利貞，二者既出於同一，宇宙自可統而為一，此乃自倫理之理論上求其統一之法而已。

德性之或一或多，其在西方哲學之希臘時代，亦有同一之討論，茲舉柏拉圖《對話．伯羅泰哥拉司》一篇之語，以資參證。

伯氏曰我憶昔時我嘗提出問題，請君為之解釋。倘我記憶不錯，此問題如下：智，節制，勇，公道，神聖（此五者為希臘哲人所常論之基本道德）五者，其為同一事之五名歟，抑每一名各自為一特殊之物，各有其本身之職，則甲之與乙丙丁等不可相混。君嘗答曰（君指蘇格拉底氏）此五名非指同一物，一名各為一物，此五者同為德性之各部分。然其所以相同，非如金之分為或大或小之各塊，乃如同一面貌上之各部分，而彼此各不相同。

蘇氏答曰：五種屬性為德性之各部分，其中之智，節制，公道，神聖四者，彼此之間自屬相同，唯第五項之勇，則與四者各別。此所謂以勇著名之人，往往其中有極不義，極不神聖，極不節制，極無智識之人也。

〈伯羅泰哥拉司〉一篇之論，歸結於一切德性，可由智識教之，使之為善而去惡。簡言之，為善由知，為不善由不知。世間無有既知之，而為惡者。此即西方道德教育應從智識入手之根本理論也。此種立場，不可謂為全非，《論語》六言六蔽一章，歷舉仁智信直勇剛諸德，而力言以學問矯正此德性之偏。可以證德性與知識之不可離，孔子曰：

好仁不好學，其蔽也愚。好知不好學，其蔽也蕩。好信不好學，其蔽也賊。好直不好學，其蔽也絞。好勇不好學，其蔽也亂。好剛不好學，其蔽也狂。

讀者試推廣其義及於婦人之仁，微生之信，與夫暴虎馮河之勇，可以知德性表現於生活，自須本於經驗、智識、考慮與夫權衡，而後行之而各得其當。如是言之，朱子窮理致知之說是歟，陽明良知之說非歟？應之曰皆是也。善惡是非中毫釐分寸之辨，是出於窮理致知之知，抑出於不學而知之良知，乃一極複雜問題，然兩派之不能離一「知」字，一也。

六、窮理與良知

吾國理學之所以分為理學派之程朱，心學派之陸王者，非曰其正心誠意方法之各殊也，亦非曰進學涵養方法之各殊也，亦非曰一重聞見之知，一重德性之知故也。兩派同趨於存心養性，同歸於去人欲，存天理。其所以畫然分而為二者，始於陸子之立大與知本，然其關鍵無過於心物二者之不相通。王陽明龍場一悟之後，發為「意之所在，便是物」之見解，於是心物為二之病去，且並身心意知，一齊打通。而「良知」之說，成其學說之最後根據。陽明哲學理論獨到之處，不可因此後祖朱祖王之故，並其學說之精微而忽之也。

程伊川曰：

凡一物上有一理，須是窮致其理，窮理亦多端，或讀書講明義理，或論古今人物，別其是非，或應接事物而處其當，皆窮理也。

朱子亦曰。有一物即有一理，如舟只可行之於水，車只可行之於陸。一物各有一理，乃須即物而窮其理。朱子《大學章句》補傳之言曰：

所謂致知在格物者，言欲致吾之知，在即物而窮其理也。蓋人心之靈，莫不有知。而天下之物，莫不有理。唯於理有未窮，故其知有不盡也。是以《大學》始教，必使學者即凡天下之物，莫不因其已知之理而益窮之，以求至乎其極。至於用力之久，而一旦豁然焉，則眾物之表裡精粗無不到，吾心之全體大用，無不明矣。

程朱派就事物上求理，陽明名之曰「析心於理而為二矣」。陽明所以評朱子之失，始於其格竹而無所得之經驗，經龍場一夜大悟心物二者之相通，於是有天下無心外之物，亦無心外之理之言。物、理、心，三者，皆貫串於知意之中。自四十三歲以後，專以致良知三字為其教學之綱領。良以一念之發，良知未有不知之者。其善也，良知自知之。其不善也，良知亦自知之。則循良知之準則，去其私欲障蔽，自然歸於至正之理矣。

然我以為天下之理，有關於外物者，有關於內心者。其關於內心者，自然如陽明所謂「即理也。此心無私欲蔽，即是天理。不須外面添一分。以此純乎天理之心，發之事父便是孝，發之事君便是忠，發之交友治民便是信與仁，只在此心去人欲，存天理上用功便是。」反是者如徐愛所問，溫請定省之類，則冬之應溫，夏之應涼，與夫父母飲食之應為滋補之雞肉為清淡之蔬菜，此皆屬於物理屬於智識，即程朱所謂即物窮理之工，不可少也。陽明亦云：「誠孝的心便是根，許多條件便是枝葉。須先有根而後有枝葉，不是先尋了枝葉，而後種根。」根本與枝葉二者雖有別，然世界上既無無根之樹，亦無無枝葉之樹。則窮理與致良知，自相需為用，而不必相排。伸言之，今之人將朱子學說補充陽明心理一元之論，正所以使兩派益臻於盡善盡美而已。

七、明善與求真

《大學》之總綱曰，明德，親民，止於至善。而其下手之法曰格物、致知。明德親民者，所以登斯民於衽席，使其讀書明理，使其飽食暖衣，使其家給人足，使其敦睦和好。是所謂善也。然善不離乎知。不離乎真。如物之有彼此遠近，事之有輕重大小，乃至天文地理人事，無一不應辨別其性質與種類，而後知所以利用厚生。是所謂真也。《大學》首章立明德親民之綱，又條舉其目曰修身齊家治國平天下，斯為善之實現。然原善之由來，不外乎將思將知，應用於天文地理、物理人事，更進而至於正心誠意，即辨別善惡是非，以為德性之存養。此則求真之義，由物理界而推及於一人之身與心也。如明善與求真，其義雖二，而其目的則一。《中庸》論明善誠身之道曰「誠者天之道也，誠之者人之道也。誠者不勉而中，不思而得。」此誠字言乎天理之自然、自在、自足。至於人類在天地之間者，在乎擇善固執，在乎學問思辨，即《大學》所謂格物致知之工夫也。柏拉圖氏言至高之善如日光，一面其熱力能生萬物，他一面予人以光，使目能視。柏氏此言，乃善之最好譬喻。即誠與明，或曰善與真，二者互相關聯不可離二是矣。

柏拉圖氏《對話》中，有〈菲律勃司〉[7]一篇。篇首舉雙方之主張。菲氏曰，凡關係於人生之快樂者為善。蘇格拉底氏反對之曰：凡屬於思想、知識、記憶與正論者，較快樂為勝。繼而蘇氏又伸言之，所謂樂與苦，不離乎心之知。樂多少苦多少，必先有心而後能覺知。但以快樂為善，而忘心之知，其不得為確論，不待言矣。反之，求其但有知而無感覺者，除上帝外，殆無人能之者。則理知一端不能獨自為善，亦可以見。況所謂樂者有種種，有為飲食之樂，有為狗馬之樂，有男女之樂，不轉瞬間可以成為痛苦。是謂樂之種類，有待於知之識別。於是蘇氏之結論，為樂與知相需為用，不可缺一。然二者之調和，非可率爾為之，其中有多少之比例，有口味之合否。譬之以蜜糖與水調和，水可比於知，糖可比之於樂。此二者比例適合，乃能成為可口之飲料。此蘇氏於〈菲律勃司〉一篇之主張，即樂利與理知之不容偏廢也。

吾人讀〈菲律勃司〉一篇者，可以窺見希臘思想中之注重快樂，其與吾國倫理學重仁義禮智之德性者殊科。然吾人放眼觀之，孟子為主仁義最力之人，其書中何嘗不知園囿鳥獸之樂，何嘗不知有五畝之宅之樂，何嘗不知有斑白不負載之樂？雖孟子所謂樂，乃與民同樂之樂，與希臘人之言個

7 今譯為〈菲力帕斯篇〉，對話的主題是「享樂」。文中，蘇格拉底與代表享樂主義哲學的菲力帕斯討論享樂的道德。

人快樂者不同。然儒家以樂為善中之一部分，亦即《易經》利者義之和之義。至云以個人之樂為善，除列子有「當身之娛」之言外，儒家鮮有道之者。如是以明善為綱，以格物致知為求真之方法，乃收身修家齊國治天下平之樂，此則儒家明善求真之歸宿也。

八、習行與求知

知與行，本為一種理念所以實現之兩面，行而不知，是為冥行躑躅，知而不行，是為空言無實。盡人所共知共曉矣。吾國儒家，在孔子生時，已受長沮桀溺四體不動五穀不分之譏，意者士與農工與軍人分業過度之所致歟？朱明末造，顏習齋目睹家國危亡之日，書生束手無策，乃推其所以致此之故，曰不習不行。習齋評朱子之言曰：

> 文家把許多精神費在文墨上，誠可惜矣。先生輩捨生盡死，在「思、讀、講、著」四字上做工夫，全忘卻堯舜三事六府，周孔六德六行六藝，不肯去學，不肯去習，又算什麼？千餘年來，率天下入故紙堆中，耗盡身心氣力作弱人病人無用人者，皆晦庵為之也。

朱晦庵一人是否負此吾國文弱之大病，暫不深論。然吾國人犯此文弱與不務實不好動之病，無可疑也。習齋之言，發之於明末清初，除其門人李恕谷輩之發揮外，少有轉移當時風氣之效。迄於清末，曾文正出入戎馬之中，乃發見操作之有益於身心，而有「習勞則神欽」之箴言。謂曾氏受習齋學說之影響，可也。自吾國與西方交通，見其軍人之操練，工人之技術，大學學生之遊戲，與夫科學家在試驗室實事求是之工夫，然後知所謂讀書人之所事，不獨咕嗶伊唔，而別有乎足勤動與實物接觸之實用工作在矣。習齋又曰：

天地間豈有不流動之水，不著地不見泥沙不見風石之水，一動一著，仍是一物不照矣。今玩鏡裡花水中月，信足以娱人心目，若去鏡水，則花月無有矣。即對鏡水一生，徒自欺一生而已矣。若指水月以照臨，取鏡花以折佩，必不可得之數也。故空靜之理，愈談愈惑，空靜之功，愈妙愈妄。

習齋之惡空惡靜，指二氏言之，同時兼及於宋明儒者。然我以為所謂實所謂空之有用與否，視其所修所養者如何，宗教家默坐澄心，哲學家冥心孤往，以求其思想體系，乃至科學家如愛因斯坦氏執一紙一筆靜坐斗室之中，豈能以此輩之空之虛，而謂為無用？良以學術有關於高深之理論，每出於一人靜中之思索，如哲學，如宇宙論，如邏輯數理等屬之。有關於分科之學可以試驗者，如心理、生物、物理、化學等屬之。更有在農場上種植工廠中製造之者，其為實為虛，視其所研究者之性質。然實用之有賴於默索，有賴於空虛，為學者所同認。質言之，實與虛乃不可相離者也。

唯全國讀書人倘盡趨文字書本之學，而忘手足之勤動，實物之接觸，則其為學術界之大害，可以近百年來東西文化交通後證之。孔子曰吾少也賤，故多能於鄙事。以孔子之大聖而習於料量之平六畜之蕃息，可以見手足之勤勞，無礙於身心性命之學。清初之張楊園[8]，亦以躬耕為備。其言曰：「學者捨稼穡外，別無治生之道。能稼穡，則無求於人，而廉恥立。知稼穡之難，則不敢妄取於人，而禮讓興。」竊以為習齋與楊園處亡國之後，大悔讀書人紙筆之學之無用，而告以勤勞操作，豈有在今日大陸上天翻地覆之餘，而尚不思所以矯正「四體不勤五穀不分」之病者歟？

九、倫理之變與不變

吾人處二十世紀之今日，而論道德問題，其第一事應答覆者，曰倫理之變與不變。自人類有史以來，賴乎宗教，社會風俗，與夫政治制度，乃成為安定之社會。其間似有一種倫理關係，行之千百年而不變者。近代學者對於社會組織，開始研究後，覺所謂倫理者，隨社會之變而變。舉其顯者言之，如昔日君主政體下，有天無二日民無二王之忠。近代民主政體既成，人民主權，各人有各人

8 張楊園（一六〇八—一六七四年），字考夫，號念芝，為明末清初著名的理學家，一生崇奉程朱理學，以教授學生為務，著有《補農書》一書。

基本權利之信條，隨之而起。古代大家庭制度之下，有所謂百行孝為先，或以百忍為五代同堂之美德。昔日以婦人從一而終為美德，至近代則離婚為習見之事。因此社會制度之變，乃覺昔日視倫理具有天不變道亦不變之性質者，為不可信。因而對於倫理抱懷疑或否定論者，大有人在矣。

吾人試平心靜氣以觀之，所謂社會組織，如政制由部落而封建而君主而民主，家庭由祖父孫之同堂而成為一夫一妻之小家庭，乃至男女婚姻男女離合之自由，其日在變遷之中，誠無可疑矣。然人類之良知，人類善惡是非之準繩，乃至個人良心上所以為然或所以為不然之判斷，是否並此而喪失。此則吾人唯有以一否字答之而已。

同此人類，同此心理，同此善惡是非之準繩，因其生活環境之改造，所以表現其德性之方式，因時因地而不同。然其合乎人之所以為人之道，自古至今，終始一貫者矣。何以言之，昔日封建時代或君主時代以忠於其主為務，民主時代，人之有選擇政府之權，人人有批評政府之權，同時人人有守法奉公之義務，以維持其國家之生存。此由於對一人之忠，擴大而為各人之自由。吾未見其悖乎善惡是非之準繩，而不合乎人之所以為人之道也。昔時夫唱婦隨或以婦人從一而終為美德，然自人類平等以觀，各有所愛各有所知，則男女之離合，自以各隨自己判斷之為合理，吾亦未見其悖乎善惡是非之準繩，而不合乎人之所以為人之道也。至於家庭之聚族而居，古人早已知其致婦女勃豀，而創為分爨之制。使子弟各自食其力，知所以自立，此亦無悖乎善惡是非之準繩，而不合於人之所以為人之道也。由以上社會制度之變，而各人表現其德性者各異，吾但知其為良心良知之充類至盡而已。社會制度之所以變，自有物質因素參於其間。然其合於人性人道之行為；則不論人種之為白為黃為黑，宗教之為印為回為耶，無有一人有提出異議者矣。因此可以見東海聖人西海聖人，心同理同之言，信而有證矣。其中有一應得之結論曰：變中有不變者在，人心是矣，善惡是非之準繩是矣，倫理是矣。古往今來政治社會制度之所以變，或因戰亂，或因暴政，或因束縛太甚，或因分配不均，然所以謀人之各得其所者，不外乎平等自由與胞與之三義。此三義之背後之主動，則人而已，心則已，理而已矣。人心理三者所以表現之道德，雖有時為一人或少數人計，然其趨勢之歸於人人之平等自由，是乃所以充其人之所以為人之量也。此充其人之所以為人之量之大理想，誠未能一蹴而幾。此由於強之凌弱，富之欺貧，或民主與獨裁政體之各異。然此全人類中之各人應成其所以為人，古今中外殆無一人不同以為然，而衷心嚮往之者也。此非我一人於社會劇變之今日，故作此祖護人同理同之言也，古人早已先我言之矣。陽明於曰：

> 大人者以天地萬物為一體者也，其視天下猶一家，中國猶一人焉。若夫間形骸而分爾我者，小人矣。大人之能以天地萬物為一體也，非意之也。其心本若是，其與天地萬物為一也。豈唯大人，雖小人之心，亦莫不然，彼顧自小之耳。是故見孺子之入井，而必有怵惕惻隱之心焉，是其仁之與孺子而為一體也。孺子猶同類者也。見鳥獸之哀鳴觳觫，而必有不忍之心焉，是其仁之與鳥獸而為一體也。鳥獸猶有知覺也，見木石之摧折而必有憫惜之心焉，於其仁之與草木為一體

也。草木獨有生意者也，見瓦石之毀壞，而必有顧惜之心焉，是其仁之與瓦石而為一體也。是其一體之仁也，雖小人之心亦必有之，是乃根於天命之性而自然昭靈不昧者也。是故謂之明德。

吾所謂變中之不變，亦即陽明所謂昭靈不昧之心，所以明善惡是非之辨之良知也。此其一體之仁或稍變，且無時而不在。然其所以表現之者，君主時代謂之為忠，民主時代謂之為自由，為公平競賽。君主時代謂之為守王法，民主時代謂之為人人守其所自立之法。君主時代曰勞心者治人，勞力者治於人，民主時代曰人各有工作機會曰人人平等。君主時代曰天秩天序，民主時代曰自由競爭。昔日貴守成，今日貴進步。昔日貴知足尚儉，今日貴供足給求。昔日視勞動為賤役，今日稱勞動為神聖。凡因社會結構與政體之變，其生活方式隨之而各異，而德性之節目亦因之而繁多。然德性之節目雖多，而不害其倫理之為一。伸言之，德性為多種性，而倫理為一元性也。此德性條目之多種，何一不出於天地一體之仁之良心乎？我所以力持變中之不變，或不變中之變，或曰一中之多或多中之一者，其義在此也。

變中之不變或多中之一之說，非我一人之私言也。孟子既先我言之矣。孟子曰：「伯夷聖之清者也，伊尹聖之任者，柳下惠聖之和者也。」謂之為清者，由於其目不視惡色，耳不聽惡聲，非其君不事，非其民不使。謂之為任者，由於思天下之民匹夫匹婦有不與被堯舜之澤者，若己推而納諸溝中。謂之為和者，由於其進不隱賢，必以其道，遺佚而不怨，厄窮而不憫。如是清任和之所以為德之名不同，而其同歸於道，同歸於善則一。此則唯集大成之孔子能之。意者此三種之德，唯孔子能合而一之。此三德既可以合而為一，則道德條教之多者之可以匯歸於倫理之一，又何疑乎？

吾人因以見世界上人類發展之經過雖不同，然其所以建立其倫理者，同出於一本，曰人曰心曰理而已。吾人信此心此理之不滅，則人類暫時之黑暗，終有光明之一日也。

十、結　論

抑吾尚有重言以聲明之者，即西方之倫理學，與孔孟以來正心修身之教，大不相類。西方之倫理學，在討論人之行為之規範。其主題與吾國孔孟之言，非不相同。然其反覆討論者，曰何謂善。善為快樂，或為應為之義務，此善之察知，由於經驗抑由直覺。凡此議論，乃學術性之辨難，與吾國直指出各人之所當為，曰為人父止於慈，為人子止於孝，為人君止於仁，為人臣止於敬者迥乎各別。一則由討論以求其成為一門科學，一則求各人所當為者責之勉之。此則吾國學者之所以重省察克治，與夫正心修身。唯其責之也嚴，故其有志於道者，必以改過遷善變化氣質，為第一件大事。方今世界大通，各國間有宗教之殊，社會構造之異，乃至倫理觀念之別。一則由討論以求其成為一門科學，一則求各人所當為者責之勉之。此則吾國學者之所以重省察克治，與夫正心修身，唯其責之也嚴，故其有志於道者，必以改過遷善變化氣質，為第一件大事。方今世界之大通，各國間有宗教之殊，社會構造之異，乃至倫理觀念之別，由此種種殊相之比較，即不免乎討論研究，即不免乎知識成分之參雜。換詞言之，道德之直接指示，將成為倫理學之理論的探討，無可幸免者矣。吾國學者，倘能自識其道德教育之特點，而求所以保持其所固有，或不至降道德而淪為倫理的理論。其所以補救之法，即由理論探討之中，以求返於善惡是非之準繩之力行。此則我所禱祀求之者也。吾國尊德性輕功利之原則，不獨施之於己，且時時見之於國家政策。歷代中，有以觀兵耀武開疆拓土為大戒者。或者吾族之所以長存，不至若其他古國和埃及、波斯、羅馬之滅亡者，殆亦由於此修德教，懷遠人之所致。茲舉《鹽鐵論．本議第一》之言以為吾文之結束。

唯始元六年，有詔書使丞相御史與所舉賢良文學語問民間所疾苦，文學對曰：竊聞治人之道，防淫佚之原，廣道德之端，抑末利而開仁義，毋示以利，然後教化可興，而風俗可移也。今郡國有鹽鐵酒榷均輸，與民爭利，散敦厚之樸，成貪鄙之化，是以百姓就本者寡，趨末者眾。夫文繁則質衰，末盛則本虧。末修則民淫，本修則民愨。民愨則財用足，民侈則飢寒生。願罷鹽鐵酒榷均輸，所以進本退末，廣利農業便也。大夫曰匈奴背叛不臣，數為寇暴於邊鄙，備之則勞中國之士，不備則侵盜不止。先帝哀邊人之久患苦為虜所繫獲也，故修障塞，飭烽燧，屯戍以備之邊。用度不足，故興鹽鐵，設酒榷，置均輸，蕃貨長財，以佐助邊費。今議者欲罷之，內空府庫之藏，外乏執備之用，使備塞乘城之士，飢寒於邊，將何以贍之，罷之不便也。

文學再駁之曰：

天子不言多少，諸侯不言利害，大夫不言得喪，畜仁義以風之，廣德行以懷之。是以近者親附，而遠者悅服。故善克者不戰，善戰者不師，善師者不陣，修之於廟堂而折衝還師，王者行仁政，無敵於天下，安用費哉？

儒家之言仁義，自孟子迄於漢之文學，迄未衰歇。此種議論，在當代聞之者，視為迂闊，然此固吾國個人修養與國家政策固有之傳統也。豈到今日而銷聲匿跡，或澌滅以盡乎？

古史地理論叢

錢穆／

本書彙集考論古代歷史、地理長短散文共二十二篇，其主要意義二：一則古代歷史上之異地同名來探究古代各部族遷徙之跡，從而究其各地經濟、政治、人文進化先後之序，為治中國古代史者提出至關重要應加注意之一節目 。二為泛論中國歷史上南北兩地域經濟政治、人文演進之古今變遷，指示出一些大綱領，同為治理中國人地理者所當注意。要之為治歷史必通地理提示出許多顯明之事例。容有極專門處，但亦有極普通處，須待學者細讀詳參 。

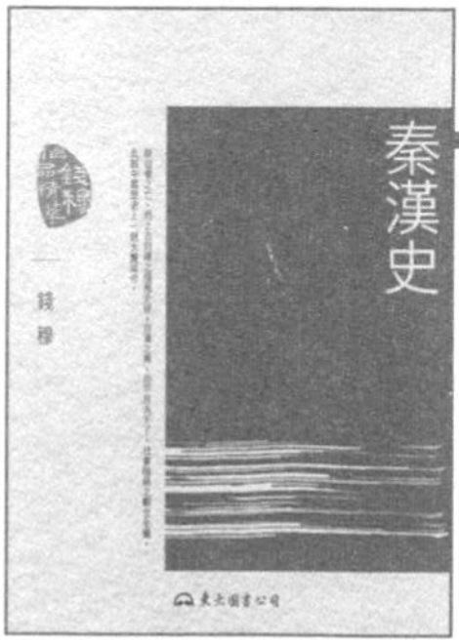

秦漢史

錢穆／

也許你知道中國歷史上，秦滅六國，一統天下；漢高祖革命，成為一個平民皇帝；王莽利用禪讓之論，代漢而興。然而，你知道秦始如何統治龐大的帝國？焚書坑儒的真相又為何？漢帝國對外擴張遇什麼樣的問題？重農抑商背後的事實是什麼？

史學大師錢穆，以嚴謹的史學研究方法，就學術、政治及社會各面，深入淺出地對秦漢史加以探討。全面性的論述，不但一解秦漢學的疑惑，更能提高讀者的眼界，是對中國歷史有興趣的讀者，不不讀的一部佳作。

中國歷史研究法

錢穆／

本書根據賓四先生於民國五十年在香港講演之內容，記載修整而成內容分通史、政治史、社會史、經濟史、學術史、歷史人物、歷史理、文化史等八部分。此下三十年，賓四先生個人有關史學諸著作大體意見悉本於此，故本書實可謂賓四先生史學見解之本源所在，可視為其對中國史學大綱要義之簡要敘述。

中國史學發微

錢穆／著

本書大部為著者最近發表有關史學之精要綱領。史籍浩繁，尤其中國二十五史乃及三通九通，數說無窮。但本書屬提綱挈領，探本窮源，所為極簡要極玄通。讀者即係初學，可以由此得其門戶。中人可以得其道路。老成可以得其歸極。要之，可以隨所超詣，各有會通。人人有得，可各試讀。

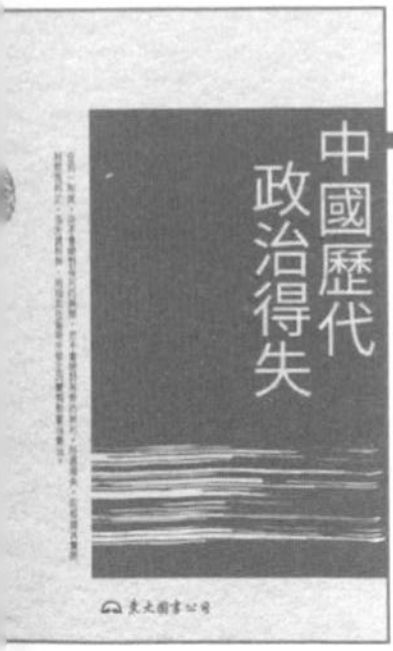

中國歷代政治得失

錢穆／著

本書提要鉤玄，專就漢、唐、宋、明、清五代治法方面，有關政府組織、百官職權、考試監察、財經賦稅、兵役義務，種種大經大法，敘述其因革演變，指陳其利害得失，要言不煩，將歷史上許多專門知識，簡化為現代國民之普通常識，於近代國人對自己的傳統政治、傳統文化多誤解處，一一加以具體而明白的交代，實為現代知識分子所必讀。

國史新論

錢穆／著

一國家當動盪變進之時，其已往歷史，莫不在冥冥中發生無限力量。此乃人類歷史本身無可避免之大例，否則歷史將不成為一種學問，而人類亦根本不會有歷史性之演進。惟中國近百年來，面臨前所未有之變局，而不幸在此期間，智識份子積極於改革社會積弊，紛紛針貶傳統中國政治、社會文化等特質，卻產生中國自古為獨裁政體、封建社會等錯誤見解。錢穆先生寢饋史籍數十寒暑，務求發明古史實情，探討中國歷史真相。並期待能就新時代之需要，為國內一切問題，提供一本源可供追溯。

國家圖書館出版品預行編目資料

解讀張君勱／楊照策劃、主編.——初版一刷.——臺北市：三民，2024
面；　公分.——（展讀民國人文）

ISBN 978-957-14-7715-2（平裝）
1. 張君勱 2. 學術思想 3. 文集

782.887　　112017822

展讀民國人文

解讀張君勱

策劃、主編｜楊照
責任編輯｜王敏安
美術編輯｜黃孟婷

創辦人｜劉振強
發行人｜劉仲傑
出版者｜三民書局股份有限公司（成立於 1953 年）

三民網路書店
https://www.sanmin.com.tw

地址｜臺北市復興北路 386 號（復北門市）(02)2500-6600
臺北市重慶南路一段 61 號（重南門市）(02)2361-7511

出版日期｜初版一刷 2024 年 3 月
書籍編號｜S782680
ISBN｜978-957-14-7715-2